公路路面施工与养护

贾广平　李晓哲　杨海◎主编

中国石化出版社
HTTP://WWW.SINOPEC-PRESS.COM

图书在版编目(CIP)数据

公路路面施工与养护 / 贾广平，李晓哲，杨海主编
. —北京：中国石化出版社，2023. 9
ISBN 978-7-5114-7232-8

Ⅰ. ①公… Ⅱ. ①贾… ②李… ③杨… Ⅲ. ①路面施工②公路养护 Ⅳ. ①U416. 2②U418

中国国家版本馆 CIP 数据核字(2023)第 164834 号

中国石化出版社出版发行
地址:北京市东城区安定门外大街 58 号
邮编:100011　电话:(010)57512500
发行部电话:(010)57512575
http://www. sinopec-press. com
E-mail:press@ sinopec. com
北京艾普海德印刷有限公司印刷
全国各地新华书店经销
*
787 毫米×1092 毫米 16 开本 15 印张 372 千字
2023 年 9 月第 1 版　2023 年 9 月第 1 次印刷
定价:78. 00 元

《公路路面施工与养护》
编 委 会

主　编　贾广平　渭南市公路局

李晓哲　保利长大工程有限公司

杨　海　凉山州国有交通投资发展集团有限责任公司

副主编　冯坚田　广深珠高速公路有限公司

蔡浪平　广东长大道路养护有限公司

编　委　罗永巍　四川省交通建设集团有限责任公司

吕德帅　浙江交工国际工程有限公司

邓词彬　广州帛铎工程技术咨询有限公司

何珊珊　广州帛铎工程技术咨询有限公司

Preface 前言

随着“交通强国”战略的深入推进，我国公路运输事业蓬勃发展。2022年6月10日，中共中央宣传部举行“中国这十年”系列主题新闻发布会指出：“公路网密度达到每百平方公里55公里，比2012年增长24.6%。”

路面是重要的交通基础设施。路面施工和养护技术正在实现从学习吸收到集成创新的转变，加快实现跨越式发展。路面施工与养护是建设高质量公路的重要任务。如何开展高要求路面施工、经济高效路面养护的工作，确保公路服务水平，是值得探讨和研究的一项重要课题，这需要对公路路面施工流程和技术要点、养护重点和技术措施进行全面学习和把握。

全书分为7章，主要内容包括绪论、路面基层施工、沥青路面施工、水泥混凝土路面施工、沥青路面养护、水泥混凝土路面养护和公路路面检测。可供公路施工、维修与养护管理技术人员学习使用。

编者在编写过程中，参考了交通运输部《公路沥青路面设计规范》(JTG D50—2017)、《公路沥青路面养护技术规范》(JTG 5142—2019)、《公路路面基层施工技术细则》(JTG/T F20—2015)、《公路水泥混凝土路面施工技术细则》(JTG/T F30—2014)等相关规范。

由于编者实践经验和专业水平所限，本书难免有疏漏或不妥之处，恳请广大读者批评指正。

Contents 目录

第一章 绪 论

第一节 我国公路现状

一、公路的发展概述

公路是主要供汽车和行人等通行的工程设施。公路工程则是以公路为对象，且进行规划、设计、施工、养护与管理工作的全过程及其工程实体的总称。

1886 年，德国的 Karl Benz 和 Gottlieb Daimler 在同一年制造出世界上第一辆汽车，他俩成为公认的现代汽车发明者。从 1886 年汽车出现到第一次世界大战结束，是公路发展的早期阶段。这一时期，汽车数量不多，多数公路由原来的马车道改造而成。

1920—1945 年是公路发展的中期阶段，这一时期公路运输开始普及，公路的修建标准逐步成型，欧美各国已初步形成了国家的公路干线网，畜力车相继被淘汰。在这一阶段，公路发展历史上有两件大事：一是高速公路的出现；二是一门新型的学科——交通工程的产生。这两件事将公路的发展推向了现代公路的新阶段。

1945 年至今是公路的飞速发展阶段，这一阶段公路的发展速度很快，特别是 20 世纪 70 年代以来，国外公路运输进入大发展时期，发达国家的公路网体系(包括高速公路网骨架)已基本建成。

20 世纪初汽车进入我国，通行汽车的公路开始发展起来。但在半封建半殖民地的旧中国，公路建设缓慢，到 1949 年全国通行的公路约 8.07 万 km，且大多位于东南沿海地区。中华人民共和国成立后，公路建设速度很快，相应的建造技术也大幅度提高。特别是改革开放后的 40 多年来，公路建设迅速发展，公路通车里程由 1978 年底的 88 万 km 猛增到 2017 年末的 477.35 万 km。其中，高速公路达到 13.65 万 km，里程规模居世界第一。我国公路建设虽然取得重大成就，但仍不能满足国民经济发展的需要和人民对美好生活的向往，因此还需要持续不断地增加公路的建设里程及提高建设标准。

2017 年 2 月，国务院印发的《“十三五”现代综合交通运输体系发展规划》提出，到 2020 年基本建成安全、便捷、高效、绿色的现代综合交通运输体系，部分地区和领域率先基本实现交通运输现代化，预计 2020 年我国公路通车里程达到 500 万 km。

2022 年 6 月 10 日，中共中央宣传部举行“中国这十年”系列主题新闻发布会，会议上提到，从 2012 年到 2021 年底，铁路、公路增加里程约 110 万 km，高速公路对 20 万以上人口城市的覆盖率超过 95%。截至 2022 年 6 月，高速公路通车里程超过 16 万 km；公路网密度达到每百平方公里55km，比2012年增长24.6%；累计新建改建农村公路约253万km，解决了1040个乡镇、10.5万个建制村通硬化路的难题；农村公路总里程从2011年底的356.4万km增加到2021年底的446.6万km，增加90多万km。

《国家公路网规划(2013—2030年)》指出，到2030年国家公路网总规模达到40.1万km，形成布局合理、功能完善、覆盖广泛、安全可靠的国家干线公路网络，实现首都辐射省会、省际多路连通、地市高速通达、县县国道覆盖。

《国家公路网规划(2022—2035年)》指出，到2035年国家公路网规划总规模约46.1万km，由国家高速公路网和普通国道网组成，其中国家高速公路约16.2万km(含远景展望线约0.8万km)，普通国道约29.9万km。

二、“四新”技术在公路路面养护中的运用

(一)“四新”技术在公路路面养护中的具体应用

“四新”技术在公路路面养护中的具体应用主要有雾封层技术、微表处、薄层罩面技术、路面再生技术。

1. 雾封层技术

雾封层技术主要是将各种有效的封层混合材料，通过科学有效的喷雾型封层方式进行封层，主要的封层材料一般可以采用再生沥青、乳化沥青、专业封层油性材料等。封层类材料的施工一般通过可靠的施工机械设备进行，在施工过程中，通过科学有效的控制技术，保障施工封层质量。这种技术能够节约封层材料，同时还能够构筑均匀合理的养护层，减少外界不良气候和环境条件的影响，尤其是可以减少水分下渗的破坏作用。

2. 微表处

在《公路沥青路面养护技术规范》(JTG 5142—2019)中，微表处的定义为采用专用设备将改性乳化沥青、粗细集料、填料、水和添加剂等，按设计配合比拌和成稀浆混合料摊铺到沥青路面上，并形成很快开放交通的具有高抗滑和耐久性能的封层。稀浆封层的定义为采用专用设备将乳化沥青、粗细集料、填料、水和添加剂等，按设计配合比拌和成稀浆混合料摊铺到沥青路面上形成的封层。

在工程实践中，微表处和稀浆封层的区别主要有以下四点。

1)适用路面不同

微表处主要用在高速公路的预防性养护与填补轻度车辙，还适用于新建公路的抗滑磨耗层。稀浆封层主要用于二级及以下公路的预防性养护，也能用在新建公路的下封层中。

2)集料质量不同

微表处用集料的磨耗损失要低于30%，比稀浆封层用集料不大于35%的要求更为严格；微表处用集料通过4.75mm筛的合成矿料的砂当量要高于65%，且明显高于用于稀浆封层时45%的要求。

3)技术要求不同

稀浆封层采用未改性的不同型号乳化沥青。微表处采用改性的快凝型乳化沥青而且残留物含量要高于62%，高于稀浆封层用乳化沥青高于60%的要求。

4）混合料设计指标不同

微表处混合料必须满足浸水 6 天湿轮磨耗指标，稀浆封层不需要。微表处可用作车辙填充，其混合料提出了负荷车轮碾压 1000 次后试样侧向位移低于 5%的要求，而稀浆封层则没有。

3. 薄层罩面技术

薄层罩面技术可以用于不良公路路面改造，也可以应用在新路面的铺设中，主要工作原理就是通过构筑良好的薄层罩面结构，形成保护层，对公路起到良好的保护作用。旧路面的施工作业方式需要在必要的清理路面作业之后进行，均匀地涂刷黏层油，保障薄层罩面与原路面具有良好的整体连接效果。施工材料一般选择热拌沥青混合料。

4. 路面再生技术

依据《公路沥青路面再生技术规范》（JTG/T 5521—2019），路面再生技术可分为厂拌热再生、就地热再生、厂拌冷再生和就地冷再生。

1）厂拌热再生

厂拌热再生是指在拌和厂将沥青混合料回收料破碎、筛分后，以一定的比例与新矿料、新沥青、沥青再生剂等加热拌和为混合料，然后铺筑形成沥青路面的技术。

2）就地热再生

就地热再生是指采用专用设备对沥青路面就地进行加热、翻松，掺入一定数量的新沥青、新沥青混合料、沥青再生剂等，经热态拌和、摊铺、碾压等工序，实现旧沥青路面面层再生的技术。

就地热再生技术分为两种，分别为复拌再生和加铺再生。

（1）复拌再生是指将旧沥青路面加热、翻松，就地掺加一定数量的沥青再生剂、新沥青混合料、新沥青(需要时)，经热态拌和、摊铺、压实成型。

（2）加铺再生是指将旧沥青路面加热、翻松，就地掺加一定数量的沥青再生剂、新沥青(需要时)，拌和形成再生沥青混合料，利用再生复拌机的第一熨平板摊铺再生沥青混合料，利用再生复拌机的第二熨平板将新沥青混合料摊铺于再生沥青混合料之上，两层一起压实成型。

3）厂拌冷再生

厂拌冷再生是指在拌和厂将沥青混合料回收料或者无机回收料破碎、筛分后，以一定的比例与新矿料、再生结合料和水等在常温下拌和为混合料，然后铺筑形成沥青路面的技术。

4）就地冷再生

就地冷再生是指采用专用设备对沥青层进行就地铣刨，掺入一定数量的新矿料、再生结合料和水，经过常温拌和、摊铺、压实等工序，实现旧沥青路面再生的技术。

路面再生技术是一种效率极高的旧路改造技术，能够有效减少施工成本，同时达到良好的道路性能改善效果。

（二）在公路路面养护中应用“四新”技术时的管理措施

在公路路面养护中应用“四新”技术时的管理措施主要有以下几点。

1. 提高养护队伍的专业化程度

面对养护新技术的应用要求，施工人员必须具备良好的施工水平，企业可以通过重点引入一部分具备丰富知识和较高技能水平的人才，全面提高施工作业队伍的整体素质水平。此外，构建专业化的养护技术培训机制，让技术人员进行各种技术知识的学习，并提供相应的学习条件。

2. 创新科技，加强机械化养护水平

养护设备是养护“战场”的“武器”。随着公路的发展，传统的“小米加步枪”已远远不能满足现代化公路的养护管理需要。企业必须拥有“精兵良器”，必须配置现代化和科学化的技术设备。施工人员要掌握设备原理，充分发挥机械设备的作用。比如，在路面裂缝的处理中，先用手提式扩缝机扩缝，再用鼓风机对扩缝除尘、烘干，最后进行灌缝处理。这样可以防止雨水渗漏，避免病害进一步发展，有效解决了裂缝尤其是不规则裂缝的问题。

3. 提倡建养并重，加强早期预防性养护

公路的建设规模在不断扩大，在满足建设数量和质量要求的基础上，要充分做好有关的养护工作。公路如果缺乏良好的早期预防和养护机制，前期公路使用中部分较小的问题可能会不断发展为较大的问题，最终产生更大的维护成本。因此，前期施工过程中，应做好常态化预防性养护工作。

4. 提高养护管理者的素质和水平

在进行养护工作的过程中，保障施工人员具备良好的职业素质是十分关键的，管理人员要不断地加强思想价值引导，对于良好的行为进行必要的奖励，通过有效的奖励机制约束施工人员的行为，使得管理者能够实现自身的管理目标。同时，管理人员要注重自身管理技能的培养，加强学习和培训，积极探索各种管理理论，保障具备良好的责任态度，确保养护作业质量。

第二节　“交通强国”战略下公路的发展

一、迈向公路交通强国的战略构想

公路交通是关系人民群众切身利益的重大民生问题，是促使我国繁荣昌盛的重要因素，公路交通强国的构建，是交通运输更好地服务于社会经济发展、完成第二个百年奋斗目标、实现强国梦的重要支撑，历史赋予了公路交通在中华民族伟大复兴中的神圣使命。

（一）公路交通强国的内涵和战略思路

1. 公路交通强国的内涵

未来我国将成为全球第一大经济体，成为公路交通强国时，我国公路交通系统应具有以下四个特点。

1）世界排名靠前的基础设施规模

我国的公路规模目前已居世界前列，以后将具有更加完善的路网体系，公路交通服务国家经济和社会发展的能力也将更加充分。未来，我国的路网不但规模巨大，而且品质优秀，公路建设也将达到全球最高水平，并有多个全世界最具影响力的巨型项目，如港珠澳大桥、渤海海峡跨海通道工程等。

2）运输服务水平居世界前列

未来我国公路交通将在安全、便捷、经济、舒适等方面，拥有全球领先的公路运输服务水平，运输效率和信息化水平高，旅客满意度也将大大提升，路网状况更为优越，路网运行更加畅通，网络管护水平也将领先世界。

3）科技领先

实施创新驱动发展战略是我国走向公路交通强国的必然要求，未来我国将拥有支撑公路系统可持续发展的科技创新能力和政策保障体系。公路出行更加多样化，安全舒适的新型载运工具更多，高科技应用更广泛，“人车路”协同交互技术更完备，中国将成为全球高新技术的公路交通研发中心，掌握一批关键核心技术，并具备把科研成果与关键技术实际转化的体制和机制。

4）国际影响力突出

通过实施“一带一路”等走出去战略，我国的公路交通规划、设施建造、运营、养护技术以及管理服务、规范标准愈加成熟，并将肩负起一定的全球责任，中国模式不断向外输出技术、输出标准、输出品牌，届时全球范围均可以享受到“中国式服务”，公路交通“中国元素”享誉全球。

2. 公路交通强国的战略思路

1）战略视角

公路交通强国战略是公路交通运输领域最高层次的纲领性战略，主要解决事关发展全局的长期性、根本性的问题。要充分体现全面性、前瞻性和宏观性，需做到以下“三个坚持”。

（1）坚持世界眼光与中国特色相统筹。既要立足于我国的基本国情，注重历史传承，积极探索具有中国特色的公路交通发展路径；又要坚持国际标准、世界眼光，充分借鉴国际先进经验，实现国内外联动发展。

（2）坚持行业视角与社会视角相统一。既要立足于公路交通自身发展规律，找准薄弱环节和发展重点；又要跳出行业看交通，从经济和社会发展全局出发，提高对国家重大战略的支撑和引领作用。

（3）坚持难点问题和长远目标相结合。既要立足当前，从迫切需要解决的现实难题推理，明确公路发展的着力点；又要着眼长远，积极响应经济社会和市场需求的新热点，统筹考虑公路交通长远设想，促进公路交通行业稳健发展。

2）战略定位

公路是国家重要的战略资源。着眼未来，公路交通作为国民经济的基础性、先导性产业的战略地位仍然没有变，公路交通一直是区域经济和产业发展的基础和先导，在未来较长的一段黄金发展期，公路交通仍然是国家稳增长、促改革、惠民生的重点领域。

公路是综合交通运输体系的基础和骨干。公路具有“门到门”优势、路网覆盖面广，是使用最广泛甚至是一些地区唯一的交通方式，是综合交通体系的基础网络；以高速公路为主体的骨架公路是综合运输大通道的重要组成部分，公路客运量和货运量在综合运输体系中所占比重达92%和72%左右，是我国旅客和货物运输的主体，是我国最主要的运输方式。

公路是交通运输行业转型升级的重点。公路是我国综合运输体系中资金占用量大、资源消耗和碳排放较多的方面，实现资源节约、环境友好的任务重。公路交通行业及相关产业与工程机械、装备制造等现代制造业紧密联系，也是物联网、大数据等现代信息技术运用最广泛的领域之一，在实施国家创新驱动发展战略中责任重大。

（二）发达国家公路交通的发展经验与启示

从交通发展历程看，国外发达国家的公路发展都有阶段性特点和普遍性规律，不同背景下不同时期有着不同的发展战略与政策。

经梳理分析，主要发达国家交通发展进程可分为三个发展阶段：①基础设施大规模建设阶段；②应用新技术提升整体效率阶段；③注重用户感受与可持续发展能力阶段。

各发达国家在公路交通发展过程中也存在如下共性：①普遍重视贫困地区公路建设，以促进国土均衡开发和提升国力；②注重科技进步和创新在公路交通领域广泛应用并取得实效；③高度关注公路交通安全发展并重视资源和环境保护。

从国外公路交通发展历程和特点看，国际先进的公路交通系统普遍具有以下四个特征：①建成了覆盖广泛、成熟稳定的公路交通网络，有效支撑国土空间开发和区域经济社会发展；②具有便捷多样的客运服务系统和集约高效的货运服务系统，实现“人便于行、货畅其流”；③形成创新引领的公路交通发展模式，现代技术广泛运用，系统运行安全绿色智能；④形成现代化的公路交通行业管理体系，制度标准法规体系健全，在全球治理中具有一定影响力和话语权。

（三）由大国向强国迈进面临的机遇与挑战

1. 面临的机遇

在全球经济一体化不断加强和国内改革开放政策有效发挥的背景下，我国交通“走出去”面临许多有利的机遇。从国际看，全球经济正在调整中慢慢复苏，新一轮科技变革正在兴起，国际范围区域交通合作格局不断调整和变化。从国内看，我国到2050年实现第二个“百年目标”的战略节点不会变，我国实现社会主义现代化和中华民族伟大复兴的决心与意志也不会变。目前我国的综合经济实力不断增强，而且更为重要的是我国具有的集中力量办大事的国家能力日趋增强，中央决策能力和实施保障能力逐步提升，国家鼓励交通创新、支持交通技术进步的体制机制逐步完善，全国人民凝聚着中国特色社会主义道路自信和理论自信的无穷力量，这种力量可以持续优化提升我国交通运输发展规模与服务水平。

从技术发展和应用上看，目前世界科技日新月异，我国通过引进、再创新等途径消化吸收全球范围内的一些关键技术，并大幅度提高我国的自主创新能力，我国在互联网+、北斗导航技术等方面的后发优势已非常明显，为公路交通出行水平再次迈上新台阶，向更高质量的发展提供了坚实的保障。技术创新的持续发展，也有利于带动公路出行消费的升级，进一步增强公路交通领域的创新动力和能力，必将推动我国由公路交通大国向交通强国的转变。

2. 制约因素分析

当然，与未来经济社会发展要求相比，与实现人民满意交通的需求期望相比，我国公路交通运输发展水平仍然存在一定差距，主要是中西部地区、贫困地区的交通发展短板还较为明显，城市群城际通道连通不足，一体化运输服务水平亟待提升，公路交通投融资等方面改革仍需深化，适应现代综合交通运输体系发展的体制机制尚不健全。

必须清醒地看到，我国由公路交通大国迈向强国之路也存在较多的制约。如区域发展不平衡、资源环境的约束日渐突出。以前我们“摸着石头过河”，曾走过高投入、高消耗甚至是“先污染、后治理”的老路，随着生态环境要求进一步提升，以后传统发展路子走不通了，顺应时代转变公路交通运输发展方式，提高公路出行的质量与服务水平势在必行，刻不容缓。另外，我国的公路资金保障不足，公路交通产学研相结合的技术创新体系尚不健全，科技成果直接转化为生产力的能力相对较弱。

以上均说明，我国公路交通“大而不强”的问题还较为明显，未来构建公路交通强国之路还比较漫长。

二、“交通强国”战略下公路养护发展

（一）公路养护发展的形势需求

（1）公路养护发展是顺应国家发展形势，有力支撑交通强国建设的必然要求。

2019年9月，中共中央、国务院印发《交通强国建设纲要》，这是推进交通强国建设的纲领性文件。交通运输部也同时正式启动《国家综合立体交通网规划纲要（2021—2050年）》、交通运输“十四五”规划及《“十四五”公路养护发展规划》等的研究工作。“十三五”时期，我国公路事业快速发展并取得了显著成绩，为未来实现高质量发展奠定了坚实的基础

（2）公路养护发展是倡导科学发展理念，全面推动公路养护高质量发展的必然要求。

在当前社会经济发展变革的背景下，传统粗放式的养护方式已不符合发展的趋势，也不能满足行业的发展需求。资源环境等外部因素的制约，资金投入、专业水平等内在因素的限制，促使公路养护行业必须不断转变发展理念和发展方式，向绿色、高效、精细、智能等方向发展，通过质量、效率和动力变革，以高质量养护破解当前的发展瓶颈。

（3）公路养护发展是应对新形势新要求，统筹安排各项工作协调开展的必然要求。

国家“九五”计划以来，按照交通运输部“构筑主干线、优化交通网、增强保障力”的发展目标，公路路网结构日趋完善，公路里程大幅增加。随着中央与地方事权改革、交通行业事业单位改革、市场化改革等多项改革的深入推进，文化、枢纽、技术、信息、生态“五个制高点”的新形势都给公路养护发展带来了新的挑战与要求。

（4）公路养护发展是转变行业发展方式，科学引导公路未来发展方向的必然要求。

从历年路况水平、安全保障、应急保障、绿色低碳养护、信息化建设服务水平提升等方面取得的成效来看，公路建设有较大提升空间，也存在较为迫切的提升需求。有必要通过科学谋划，实现由粗放型管理向信息化管理转变，由传统人工作业模式向养护机械化转变，由经验决策向科学决策转变，实现公路养护发展现代化。

（二）公路养护发展思路

1. 深化公路养护体制机制改革

国家税费改革、事业单位改革、中央与地方事权改革等多项改革对公路养护管理职能转变提出了更高要求，未来公路养护部门改革的方向应该从破解养护任务与资金供给、公路养护与环境保护、公路行业转变与产业融合等协同发展问题进行，重点是从制度建设入

手，结合各项改革，继续深化公路养护体制机制改革，探索适合中国实际的公路养护发展新机制。

2. 补齐公路基础设施短板，推进部分地区提质升级

要以高速公路、国道为干线，省道为次干线，推进路网升级改造，提升路况质量，为群众出行提供优质服务。补齐农村交通基础设施短板，形成农村公路广覆盖。完善多层次公路网布局，优化存量资源配置，扩大优质增量供给。全面推进"四好"农村路建设，加快实施"组组通"工程，建立规范化、可持续管护机制，促进交通建设与农村地区资源开发、产业发展有机融合，加强特色农产品优势区与旅游资源富集区交通建设。大力推进"老少边穷"地区交通发展，实现以交通便利带动脱贫减贫。大力推动连接道路向其他景区和乡村旅游景点延伸，基本形成"快进慢游"的旅游交通网络。加快推进"服务区"+旅游、+物流、+商业综合体、+地方特色产业等特色服务功能的不断升级，增强公路设施的旅游服务功能。

3. 公路养护与管理高质量发展

推进公路养护与管理高质量发展，建立安全、绿色、智慧、高效的养护体系，加快公路养护与管理行业提质升级。始终贯彻"养护管理也是发展，而且是可持续发展"的理念，以"公路设施美、路域环境美、养护管理美、出行服务美、行风人物美"标准创建美丽干线公路，构建"畅、安、舒、美"的公路交通环境。扩大公路路网监测及数据应用范围，加大公路检测和评定，建立公路病害的追溯机制。从路况检测技术、大数据处理及管理技术、养护决策技术三方面提高公路养护的科学决策水平，指导公路养护向资产化、协同化、精细化、智能化发展。

4. 公路安全防护体系要完善、公路应急保障要反应快速

要提升公路安全防护水平，完善交通基础设施安全技术标准规范。持续加大基础设施安全防护投入，提升关键基础设施安全防护能力，加强桥梁隧道维修加固改造。要建立自然灾害交通防治体系，完善公路防排水设施，提高防灾抗灾能力。要强化交通应急救援能力，建立健全综合交通应急管理体制机制、法规制度和预案体系，加快应急救援专业装备、设施升级和队伍建设，积极参与全国性应急救援合作。

5. 绿色发展节约集约、低碳环保

要加快老旧设施更新利用、废旧材料再生和综合利用，推进交通资源循环利用产业发展。优化交通能源结构，推进拌和站等设备的新能源清洁能源应用。严守生态保护红线，严格落实生态保护和水土保持措施，将生态环保理念贯穿交通基础设施规划、建设运营和养护全过程，建设绿色交通廊道。

第三节　公路路面的结构组成和基本要求

一、路面的结构组成

依据《公路沥青路面设计规范》(JTG D50—2017)，路面结构可由面层、基层、底基层和必要的功能层组合而成。

1. 面层

面层是直接同行车和大气接触的表面层，它承受较大行车荷载的垂直力和水平剪切力的作用，同时还受到降水的侵蚀和气温变化的影响。因此，同其他层次相比，面层应具备较高的结构强度以抵抗垂直应力作用；较高的抗变形能力以抵抗剪切作用；较好的水稳定性以抵抗水损害和很好的温度稳定性以抵抗车辙；其表面还应有良好的抗滑性和平整度。

修筑面层所用的材料主要有沥青混合料、水泥混凝土、沥青碎(砾)石混合料、砂砾/碎石掺土或不掺土的混合料以及块料等。

沥青混凝土路面有时分两层或三层铺筑，如高速公路沥青面层总厚度 18~20cm，可分为上、中、下三层铺筑，并根据各分层的要求采用不同的级配。沥青面层主要承受垂直应力和剪切应力，因此沥青面层材料设计主要考虑抗车辙和抗剪切，路面上面层主要应考虑抗车辙、抗剪切和抗滑性能，中面层主要应考虑材料的抗车辙和抗剪切性能。

水泥混凝土路面分上下两层铺筑，分别采用不同强度等级的水泥混凝土。水泥混凝土路面上可加铺 4cm 沥青混凝土形成复合式结构。但砂石路面上所铺的 2~3cm 厚的磨耗层或 1cm 厚的保护层，以及厚度不超过 1cm 的简易沥青表面处治，不能作为一个独立的层次，应看作是面层的一部分。

2. 基层和底基层

基层主要承受由面层传来的车辆荷载的作用力(包括垂直力和水平力)，将垂直力扩散到下面的路基土中去；承受拉应力作用并维持良好的耐久性。因此，基层是路面结构中的承重层，应具有一定的强度和刚度并具有良好的抵抗疲劳破坏的能力。

当基层分为多层时，其最下面的一层称为底基层。

基层遭受大气因素的影响虽然比面层小，但是仍然有可能经受地下水和通过面层渗入雨水的侵蚀，所以基层结构应具有足够的水稳定性。基层表面虽不直接供车辆行驶，但仍然要求有较好的平整度，这是保证面层平整性的基本条件。

基层或底基层主要承受拉应力或拉应变，因此基层或底基层材料主要应考虑其抗疲劳特性。如果基层或底基层采用粒料材料，则必须考虑垂直力作用产生的永久变形。

修筑基层的材料主要有各种结合料(如石灰、水泥或沥青等)稳定土或稳定碎(砾)石、贫水泥混凝土、各种工业废渣(如煤渣、粉煤灰、矿渣、石灰渣等)和土以及砂、石所组成的混合料等，天然砂砾、各种碎石或砾石、片石、块石或圆石可以作为底基层材料，提高基层的整体抗冰冻、抗水侵害和承载能力。

基层太厚时，为保证工程质量可分为两层或三层铺筑。当采用不同材料来修筑基层(或底基层)时，应根据基层(或底基层)的受力特点和结构要求，合理使用当地材料来修筑。

3. 功能层

为保证面层和基层不受路基水温状况变化所造成的不良影响，必要时应设置功能层，它的主要功能是加强路面结构层之间的联结、改善路基的湿度和温度状况。

修筑功能层的材料强度要求不一定高，但水稳定性和隔温性能要好。常用的功能层材料主要有三类：①由松散粒料(如粗砂、砂砾、碎石等)组成的透水性材料层或防冻层；

②用水泥或石灰稳定土等修筑的稳定类材料层；③沥青或乳化沥青的封层、黏层、透层及应力吸收层。

二、路面基本要求

公路路面在使用过程中必须满足以下基本要求。

1. 具有一定的强度与刚度

强度是材料在荷载作用下不产生破坏或开裂的能力，而刚度是指路面抵抗变形的能力。如果结构层的刚度不满足一定的要求时，超过材料的容许应变或变形，路面将会出现开裂。路面各结构层的刚度对各层应力或应变的影响曲线定势不同，随着刚度的增加，各层层底的弯拉应力增加，但是弯拉应变减小；随着各层弯拉弹性模量的增加，对于相同的温度差，结构层温度应力也相应增加。很高的模量有利于路面结构整体刚度的提高，但是不利于路面结构整体发挥抵抗温度应力作用；很低的模量不利于路面结构整体刚度的提高，但是有利于路面结构整体抵抗温度应力的提高。因此，人们希望路面材料强度提高的同时，还能控制其模量的大小。

2. 具有一定的稳定性

路面稳定性包括高温稳定性、低温抗裂性和水稳定性。

沥青路面的高温稳定性是指沥青路面抵抗永久变形的能力，而水泥混凝土路面的高温稳定性是指高温下水泥混凝土路面板不产生膨胀等破坏的能力。沥青路面的低温抗裂性是指沥青路面抵抗低温开裂的能力，而水泥混凝土路面的低温抗裂性是指水泥混凝土路面板抵抗低温断板的能力。沥青路面的水稳定性是指沥青路面在行车荷载和水的综合作用下不产生松散、唧泥等破坏的能力；而水泥混凝土路面的水稳定性是指水泥混凝土路面板不产生唧泥等破坏的能力。

3. 具有一定的耐久性

路面耐久性主要体现为疲劳应力或疲劳应变。路面材料在低于极限抗拉强度下、经受重复拉应力或拉应变作用而最终导致的破坏称为疲劳破坏。相应的应力或应变称为疲劳应力或疲劳应变。导致路面材料最终破坏(即开始疲劳开裂)的荷载作用次数，称为疲劳寿命。影响混合料疲劳特性的因素很多，除了与材料的性质(种类、支撑度等)、加荷方式等因素有关外，还取决于材料的模量(或刚度)。

4. 具有一定的平整度

路面表面平整度是影响行车安全、行车舒适性以及运输效益的重要使用性能，特别是高速公路对路面平整度的要求更高。不平整的路表面会增大行车阻力，并使车辆产生附加的振动作用。这种振动作用会造成行车颠簸，影响行车的速度、安全驾驶的平稳和乘客的舒适。同时，振动作用还会对路面施加冲击力，从而加剧路面和汽车机件的损坏和轮胎的磨损，并增大油料的消耗。而且，不平整的路面还会积滞雨水，加速路面的破坏。因此，为了减少振动冲击力，提高行车速度和增加行车舒适性、安全性，路面应保持一定的平整度。

5. 具有一定的抗滑性

路面表面要求平整，但不宜光滑，汽车在光滑的路面上行驶时，车轮与路面之间缺乏足够的附着力或摩擦力。雨天高速行车、紧急制动、突然启动或爬坡转弯时，车轮也易产生空转或打滑，致使行车速度降低，油料消耗增多，甚至引起严重的交通事故。通常用摩擦系数表征抗滑性能，摩擦系数小，则抗滑能力低，容易引起滑溜交通事故。对于高速公路高速行车道要求具有较高的抗滑性能。

路面表面的抗滑能力可以通过采用坚硬、耐磨、表面粗糙的粒料组成路面表层材料来实现，有时也可以采用一些工艺措施来实现。

第二章 路面基层施工

路面是用各种材料或混合料分层修筑在路基顶面供车辆行驶的层状结构物，直接经受车辆荷载与自然因素的综合作用，因此路面的性能应能满足车辆安全、迅速、舒适的行驶要求。

路面施工是保证路面使用寿命的重要环节之一。路面结构组合设计、材料设计和厚度设计为路面使用寿命的延长提供了技术保障，而路面施工则是实现这些技术的最后环节。在路面施工过程中，必须层层把关、严格要求，路面施工工艺和施工质量直接影响到公路的行车安全和运营效益，是关系到公路整体服务水平的关键。

在路面结构中，直接位于路面面层之下的主要承重层称为基层。铺筑在基层下的次要承重层称为底基层。基层承受由面层传递的行车荷载的垂直应力作用，抵御自然因素的影响，是构成路面整体结构的主要组成部分。基层根据组成材料和使用性能的不同，可分为有结合料稳定类(有机结合料类和无机结合料类)和无结合料粒料类。

基层是面层的下卧层，主要承受由面层传来的车辆载荷的垂直应力，并将其扩散到下面的垫层和土基中，它是路面结构中的承重层，应具有足够的刚度和强度。虽然位于面层之下，但是仍有可能经受地下水和渗入雨水的侵蚀，所以应具有足够的水稳定性和冰冻稳定性，以及足够的抗冲刷能力。下文从水泥稳定类结构层施工、二灰稳定类结构层施工、石灰稳定类结构层施工、级配碎(砾)石结构层施工、填隙碎石结构层施工五个方面对路面基层施工进行阐述。

第一节　水泥稳定类结构层施工

在公路建设中，水泥稳定材料以其良好的整体性、足够的力学强度、抗水性和耐冻性，广泛应用于路面的基层、底基层中。

下文从水泥稳定材料结构层概述、水泥稳定材料结构层施工、水泥稳定材料结构层质量评定与工程计量三个方面对水泥稳定类结构层施工进行阐述。

一、水泥稳定材料结构层概述

以水泥为结合料，通过加水与被稳定材料共同拌和形成的混合料，称为水泥稳定材料，包括水泥稳定级配碎石、水泥稳定级配砾石、水泥稳定石屑、水泥稳定土、水泥稳定砂等。

用水泥稳定级配碎石铺筑的路面基层和底基层，分别称为水泥稳定碎石基层和水泥稳定碎石底基层。水泥是水硬性结合料，绝大多数土类都可以用水泥来稳定，改善其物理力学性质。水泥稳定材料基层具有良好的整体性、足够的力学强度、抗水性和耐冻性。

（一）强度形成原理及影响因素分析

水泥与土或集料拌和后，水泥矿物与土中的水分发生水解和水化反应，同时，从溶液中分解出氢氧化钙并形成其他水化物。当水泥的各种水化物生成后，有的自身继续硬化形成水泥石骨架，有的则与有活性的土进行反应。

水泥稳定材料的强度主要由水泥的水化反应、离子交换作用、化学激发作用、碳酸化作用四个过程形成，其中，第一步水泥的水化反应是其强度的主要来源。因此，水泥稳定材料的早期强度较高。

水泥稳定材料强度的影响因素有以下几个方面。

1. 土质与集料品质

土的类别、性质与集料品质是影响水泥稳定材料强度的重要因素之一。除有机质或硫酸盐含量高的土外，各种砂砾土、砂土、粉土和黏土均可用水泥稳定，但稳定的效果不尽相同。实践证明，用水泥稳定级配良好的碎(砾)石和砂效果最好，不但强度高，而且水泥用量最少；其次是砂性土；最后是粉性土和黏性土。重黏土由于难以粉碎和拌和，水泥用量过高而不经济，不宜单独用水泥稳定。土的液限不大于40%，塑性指数不大于17。

2. 水泥的成分和剂量

各种类型的水泥都可以用于稳定土与集料。对于同一种土，水泥矿物成分是决定水泥稳定材料强度的主导因素。在通常情况下，硅酸盐水泥的稳定效果较好，而铝酸盐水泥则较差。

水泥剂量以水泥质量占全部干燥被稳定材料质量的百分率表示。水泥稳定材料的强度随水泥剂量的增加而增长，但过多的水泥用量，虽可获得强度的增长，但经济上是不合理的，因而存在一个经济用量。所需的水泥用量，按强度和耐久性的需要并考虑其经济性，由试验确定。

水泥稳定材料强度要求较高时，宜采取控制原材料技术指标和优化级配设计等措施，不宜单纯通过增加水泥剂量来提高材料强度。

3. 含水率

当混合料中含水率不足时，水泥就要与土或集料争水，若土或集料对水有更大的亲和性，就不能保证水泥的完全水化和水解作用。水泥正常水化所需要的水量约为水泥质量的20%。另外，水泥稳定材料的含水率不适宜时，也不能保证大土团被粉碎和水泥在土中的均匀分布，更不能保证达到最大压实度的要求。

4. 工艺过程及养护条件

水泥、被稳定材料和水拌和得越均匀，水泥稳定材料的强度和稳定性越高。拌和不均匀会使水泥剂量少的位置强度不能满足设计要求，而水泥剂量多的地方则裂缝增加。

从开始加水拌和到完成压实的延迟时间，对水泥稳定材料的密实度和强度有很大的影响。间隔过长，水泥会部分结硬，一方面影响到水泥稳定材料的压实度，而压实度对强度的影响很大；另一方面将破坏已结硬水泥的胶凝作用，使水泥稳定材料的强度下降。

水泥稳定材料的强度也随龄期而增长，为保证水泥的水化，在初期养护阶段应洒水保持潮湿，每天洒水的次数和养护天数视当地气候条件而定。

（二）应用要求

水泥稳定集料类材料适用于各级公路的基层和底基层，水泥稳定细粒土用于各级公路的底基层以及三级、四级公路的基层。

（三）原材料要求

1. 水泥

水泥稳定类结构层使用的水泥应符合国家技术标准的要求，宜采用42.5级的普通硅酸盐水泥等。所用水泥的初凝时间应大于3h，终凝时间应大于6h且小于10h。不应使用快硬水泥、早强水泥以及已受潮变质的水泥。掺加缓凝剂或早强剂时，应对混合料进行试验验证。

2. 集料

1）粗集料

用作被稳定材料的粗集料宜采用各种硬质岩石或砾石加工成的碎石，也可直接采用天然砾石。

高速、一级公路极重、特重交通荷载等级基层的4.75mm以上粗集料应采用单一粒径的规格料。

天然砾石材料作为高速、一级公路底基层和二级及二级以下公路基层、底基层的被稳定材料，其技术要求应符合《公路路面基层施工技术细则》（JTG/T F20—2015）规定，并应级配稳定、塑性指数不大于9。

应选择适当的碎石加工工艺，用于破碎的原石粒径为破碎后碎石公称最大粒径的3倍以上。高速公路基层用碎石，应采用反击破碎的加工工艺。碎石加工中，根据筛网放置的倾斜角度和工程经验，应选择合理的筛孔尺寸。

2）细集料

细集料应洁净、干燥、无风化、无杂质，并有适当的颗粒级配。细集料有机质含量小于2%，硫酸盐含量不大于0.25%，塑性指数（0.075mm以下颗粒的）不大于17。

对0~3mm和0~5mm的细集料应分别严格控制大于2.36mm和4.75mm的颗粒含量。对3~5mm的细集料应严格控制小于2.36mm的颗粒含量。高速、一级公路中细集料中小于0.075mm的颗粒含量应不大于15%；二级以及二级公路中细集料中小于0.075mm的颗粒含量应不大于20%。

3）材料的分档与掺配

为提高混合料生产过程中集料级配的稳定性和可控性，材料分档应符合相关规定。

公称最大粒径为19mm、28.5mm和31.5mm的无机结合料稳定碎石或砾石的备料规格宜符合表2.1的规定。

表 2.1　不同粒径混合料的备料规格

公称最大粒径/mm	类型	一档	二档	三档	四档	五档	六档
19	三档备料	XG3	G11	G8	—	—	—
	四档备料Ⅰ	XG2	XG1	G11	G8	—	—
	四档备料Ⅱ	XG3	G11	G9	G5	—	—
	四档备料Ⅲ*	XG3(1)	XG3(2)	G11	G8	—	—
	五档备料Ⅰ	XG2	XG3	G11	G8	—	—
	五档备料Ⅱ*	XG3(1)	XG3(2)	G11	G9	G5	—
28.5	四档备料	XG3	G11	G8	G3	—	—
	五档备料Ⅰ	XG3	G11	G9	G5	G3	—
	五档备料Ⅱ	XG2	XG1	G11	G8	G3	—
	五档备料Ⅲ*	XG3(1)	X3(2)	G11	G8	G3	—
	六档备料Ⅰ	XG2	XG1	G11	G9	G5	G3
	六档备料Ⅱ*	XG3(1)	XG3(2)	G11	G9	G5	G3
31.5	四档备料	XG3	G11	C8	G2	—	—
	五档备料Ⅰ	XG3	G11	G9	G5	G2	—
	五档备料Ⅱ	XG3	G11	G9	G4	G2	—
	五档备料Ⅲ*	XG3(1)	XG312	G11	G8	G2	—
	六档备料Ⅰ	XG2	XC1	G11	G9	G5	G2
	六档备料Ⅱ*	XG3(1)	XG3(2)	G11	G9	G5	G2

注：* 表中 XG3(1) 和 XG3(2) 为两种不同级配规律的 0~5mm 的细集料。

4)混合料推荐级配

采用水泥稳定时，被稳定材料的液限应不大于 40%，塑性指数应不大于 17。塑性指数大于 17 时，宜采用石灰稳定或水泥和石灰综合稳定。

采用水泥稳定时，被稳定材料中含有一定量的碎石或砾石，小于 0.6mm 的颗粒含量在 30%以下时，塑性指数可大于 17；土的不均匀系数应大于 5，相关规定有以下几点。

(1) 用于高速、一级公路的底基层，被稳定材料的公称最大粒径应不大于 31.5mm，级配宜符合表 2.2 所示的 C-A-1 或 C-A-2 的规定，被稳定材料中不宜含有黏性土或粉性土。

(2) 用于二级公路的基层时，级配宜符合表 2.2 所示的 C-A-1 的规定，被稳定材料中不宜含有黏性土或粉性土。

(3) 用于二级以下公路的基层时，级配宜符合表 2.2 所示的 C-A-3 的规定，被稳定材料公称最大粒径应不大于 37.5mm。

(4) 用于二级及二级以下公路的底基层时，级配宜符合表 2.2 所示的 C-A-4 的规定，被稳定材料公称最大粒径应不大于 37.5mm。

采用水泥稳定，被稳定材料为粒径较均匀的砂时，宜在砂中添加适量塑性指数小于 10 的黏性土、石灰土或粉煤灰，加入比例应通过击实试验确定。添加粉煤灰的比例宜为 20%~40%。

表 2.2　水泥稳定材料的推荐级配范围

筛孔尺寸/mm	高速公路和一级公路底基层或二级公路基层	高速公路和一级公路底基层	二级以下公路基层	二级及二级以下公路底基层
	C-A-1	C-A-2	C-A-3	C-A-4
53	—	—	100	100
37.5	100	100	90~100	—
31.5	90~100	—	—	—
26.5	—	—	66~100	—
19	67~90	—	54~100	—
9.5	45~68	—	39~100	—
4.5	29~50	50~100	28~84	50~100
2.56	18~38	—	20~70	—
1.18	—	—	14~57	—
0.6	8~22	17~100	8~47	17~100
0.075	0~7	0~30	0~30	0~50

注：表中水泥稳定材料不包括水泥稳定级配碎石或砾石。

水泥稳定级配碎石或砾石的级配可采用表 2.3 所示的级配范围，并应符合下列规定。

表 2.3　水泥稳定级配碎石或砾石的推荐级配范围

筛孔尺寸/mm	高速公路和一级公路			二级及二级以下公路		
	C-B-1	C-B-2	C-B-3	C-C-1	C-C-2	C-C-3
37.5	—	—	—	100	—	—
31.5	—	—	100	100~90	100	—
26.5	100	—	—	94~81	100~90	100
19	86~82	100	68~86	83~67	87~73	100~90
14	79~73	—	—	78~61	82~65	92~79
13.2	72~65	86~76	—	73~54	75~58	83~67
9.5	62~53	72~59	38~58	64~45	66~47	71~52
4.75	45~35	45~35	22~32	50~30	503~0	50~30
2.36	31~22	31~22	16~28	36~19	36~19	36~19
1.18	22~13	22~13	—	26~12	26~12	26~12
0.6	15~8	15~8	8~15	19~8	19~8	19~8
0.3	10~5	10~5	—	14~5	14~5	14~5
0.15	7~3	7~3	—	10~3	10~3	10~3
0.075	5~2	5~2	0~3	7~2	7~2	7~2

注：在不影响混合料性能的前提下，允许有 2%~3%的超粒径含量。

（1）用于高速、一级公路时，级配宜符合表 2. 3 所示的 C-B-1、C-B-2 的规定。混合料密实时，也可采用 C-B-3 级配。C-B-1 级配宜用于基层，C-B-2 级配宜用于基层。

（2）用于二级及二级以下公路时，级配宜符合表 2. 3 中 C-C-1、C-C-2、C-C-3 的规定。C-C-1 级配宜用于基层和底基层，C-C-2 和 C-C-3 级配宜用于基层，C-C-3 级配宜用于极重、特重交通荷载等级下的基层。

（3）被稳定材料的液限宜不大于 28%。

（4）用于高速、一级公路时，被稳定材料的塑性指数宜不大于 5；用于二级及二级以下公路时，被稳定材料的塑性指数宜不大于 7。

3. 水

凡是饮用水(含牲畜饮用水)均可用于水泥稳定类结构层施工。

（四）混合料组成设计

1. 一般规定

（1）无机结合料材料组成设计的内容。无机结合料材料组成设计的内容包括原材料检验、混合料的目标配合比设计、混合料的生产配合比设计和施工参数确定四部分。

原材料检验应包括结合料、被稳定材料及其他相关材料的试验。所有检测指标均应满足相关技术标准或技术文件的要求。

目标配合比设计应包括下列技术内容：选择级配范围；确定结合料类型及掺配比例；验证混合料相关的设计及施工技术指标。

生产配合比设计应包括下列技术内容：确定料仓供料比例；确定水泥稳定材料的容许延迟时间；确定结合料剂量的标定曲线；确定混合料的最佳含水率与最大干密度。

无机结合料稳定材料组成设计中的施工参数确定应包含下列技术内容：确定施工中的结合料剂量；确定施工合理含水率及最大干密度；验证混合料强度技术指标。

（2）确定无机结合料稳定材料最大干密度指标时，宜采用重型击实方法，也可采用振动压实方法。

（3）应根据材料特点和混合料设计要求，通过配合比设计选择最优的工程级配。

（4）用于基层的无机结合料稳定材料，强度满足要求时，还应检验其抗冲刷和抗裂性能。

（5）施工过程中，材料品质或规格发生变化、结合料品种也发生变化时，应重新进行材料组成设计。

2. 强度与压实度要求

应采用 7d(day，天；下同)龄期无侧限抗压强度作为无机结合料稳定材料施工质量控制的主要指标。高速、一级公路应验证所用材料 7d 龄期无侧限抗压强度与 90d 龄期弯拉强度的关系。

水泥稳定材料的 7d 龄期无侧限抗压强度标准 R_d 规定见表 2. 4。压实度标准如表 2. 5 所示。

表 2.4　水泥稳定材料的 7d 无侧限抗压强度标准 R_d　　MPa

结构层	公路等级	极重、特重交通	重交通	中、轻交通
基层	高速、一级公路	5.0~7.0	4.0~6.0	3.0~5.0
	二级及二级以下公路	4.0~6.0	3.0~5.0	2.0~4.0
底基层	高速、一级公路	3.0~5.0	2.5~4.5	2.0~4.0
	二级及二级以下公路	2.5~4.5	2.0~4.0	1.0~3.0

表 2.5　水泥稳定材料的压实度标准　　%

公路等级		基层	底基层
高速公路和一级公路	稳定中、粗粒材料	≥98	≥97
	稳定细粒材料	—	≥95
二级及二级以下公路	稳定中、粗粒材料	≥97	≥95
	稳定细粒材料	≥95	≥93

3. 目标配合比设计

1）方法步骤

（1）确定目标级配曲线和合理的变化范围。

（2）选择不少于 5 个结合料剂量，分别确定各剂量条件下混合料的最大干密度和最佳含水率。

（3）根据试验确定的最佳含水率、最大干密度和压实度要求静压法成型标准试件，验证不同结合料剂量条件下混合料的技术性能（90d 或 180d 龄期弯拉强度和抗压回弹模量、7d 无侧限抗压强度），确定满足设计要求的最佳剂量。

2）水泥剂量推荐值

水泥稳定材料配合比试验水泥剂量推荐值如表 2.6 所示。

表 2.6　水泥稳定材料配合比试验推荐水泥剂量

被稳定材料	条件		推荐试验剂量/%
有级配的碎石或砾石	基层	$R_d \geq 5.0$MPa	5、6、7、8、9
		$R_d < 5.0$MPa	3、4、5、6、7
土、砂、石屑等		塑性指数<12	5、7、9、11、13
		塑性指数≥12	8、10、12、14、16
有级配的碎石或砾石	底基层	—	3、4、5、6、7
土、砂、石屑等		塑性指数<12	4、5、6、7、8
		塑性指数≥12	6、8、10、12、14
碾压贫混凝土	基层	—	7、8.5、10、11.5、13

3）强度试验

（1）试件的径高比应为 1∶1。无机结合料稳定细粒材料的直径应为 100mm，无机结合料稳定中、粗粒材料的试件直径应为 150mm。

（2）强度试验时，平行试验的最少试件数量应符合表 2.7 的规定。试验结果的变异系数大于表 2.7 中的规定时，应重做试验或增加试件数量。

表 2.7 平行试验最少试件数量 个

材料类型	变异系数要求		
	<10%	10%~15%	15%~20%
细粒材料①	6	9	—
中粒材料②	6	9	13
粗粒材料③	—	9	13

注：①细粒材料：公称最大粒径小于 16mm 的材料。

②中粒材料：公称最大粒径不小于 16mm，且小于 26.5mm 的材料。

③粗粒材料：公称最大粒径不小于 26.5mm 的材料。

（3）根据试验结果，强度代表值计算如式(2.1)所示。

$$R_d^0=\overline{R}\cdot(1-Z_\alpha C_v) \tag{2.1}$$

式中 R_d^0——抗压强度代表值，MPa；

$\overline{R}$——抗压强度平均值，MPa；

C_v——试验结果的偏差系数(以小数计)；

Z_α——保证率系数，高速、一级公路应取保证率 95%，此时 $Z_\alpha=1.645$；一般公路应取保证率 90%，此时 $Z_\alpha=1.282$。

（4）强度数据处理时，宜按 3 倍标准差的标准剔除异常数值，且同一组试验样本异常值剔除应不多于 2 个。强度代表值应不小于强度标准值，否则应重新进行配合比设计。

4）水泥最小剂量

根据拌和均匀性的要求，对水泥稳定材料的水泥最小剂量的规定见表 2.8。材料组成设计所得的水泥剂量小于表 2.8 所规定的最小剂量时，应采用表 2.8 中的最小剂量。

表 2.8 水泥最小剂量 %

被稳定材料	拌合方法	
	路拌法	集中厂拌法
中、粗粒土	4	3
细粒土	5	4

按下列步骤合成目标级配曲线并进行性能验证：

（1）按确定的目标级配，根据各档材料的平均筛分曲线，确定其使用比例，得到混合料的合成级配。

（2）根据合成级配进行混合料击实试验、强度试验，验证混合料性能。

根据已确定的各档材料使用比例和各档材料级配的波动范围，计算实际生产混合料的级配波动范围；并针对这个波动范围的上下限验证性能。

4. 生产配合比设计

生产配合比设计是指根据目标配合比确定的各档材料比例，对拌和设备进行调试和标定，确定合理的生产参数。实际上分两个阶段。

第一阶段：进行拌和设备的调试和标定。包括料斗称量精度的标定、结合料剂量的标定、拌和设备加水量的控制等内容，并应符合下列规定：

（1）绘制不少于5个点的结合料剂量标定曲线。

（2）按各档材料的比例关系，设定相应的称量装置，调整拌和设备各个料仓的进料速度。

（3）按设定好的施工参数进行第一阶段试生产，验证生产级配。不满足要求时，应进一步调整施工参数。

对水泥稳定材料，应进行不同成型试件条件下的混合料强度试验，绘制相应的延迟时间曲线，并根据设计要求确定容许延迟时间(即满足强度标准的前提下，水泥稳定材料拌和后至碾压成型之前所容许的最大时间间隔)。

第二阶段：分别按不同结合料剂量和含水率进行混合料试拌，并取样、试验。试验应符合下列规定：

（1）通过测定混合料中的实际含水率，确定施工中水流量计的设定范围。

（2）通过测定混合料中的实际结合料剂量，确定施工中结合料掺加的相关技术参数。

（3）通过击实试验，确定结合料剂量变化、含水率变化对混合料最大干密度的影响。

（4）通过抗压强度试验，确定材料实际强度水平和拌和工艺的变异水平。

5. 混合料生产参数的确定

（1）水泥剂量：工地实际采用的水泥剂量比室内试验确定的多0.5%~1%。集中厂拌法施工增加0.5%，路拌法施工增加1%。

（2）含水率：考虑施工过程中的气候条件，含水率可增加0.5%~1.5%。

（3）最大干密度：以最终合成级配击实试验的结果为标准。

二、水泥稳定材料结构层施工

水泥稳定材料尤其是水泥稳定碎(砾)石基层在沥青路面结构层中属于主要承重结构层，因此，其施工质量的好坏，关系着路面结构整体使用性能的发挥。

下面以水泥稳定碎(砾)石为例，对水泥稳定材料结构层施工进行阐述。

（一）一般规定

（1）水泥稳定碎(砾)石基层结构一般采用集中厂拌、摊铺机摊铺、压路机碾压密实的施工工艺。

（2）水泥稳定碎(砾)石基层结构压实厚度应不超过20cm；当设计厚度超过20cm时，宜分层铺筑。

（3）在正式施工前，必须铺筑试验段，对施工工艺进行总结；试验段的质量检查频率应是正常路段的两倍。

（4）水泥稳定碎(砾)石的施工宜在气温较高季节组织施工。施工期的日最低气温应在5℃以上，在有冰冻的地区，应在第一次重冰冻(−3~−5℃)到来的15~30d(天)之前完成施工。

（5）雨期施工时，应特别注意天气变化，避免水泥稳定碎(砾)石混合料遭受雨淋。降雨时，应停止施工，对已经摊铺的混合料应尽快碾压密实，并及时覆盖。禁止在雨天施工。

(6) 无特殊情况，基层施工应连续作业，中午不得停工，尽量减少施工接缝，桥头施工应与正常路段一次成型。

(7) 同一路段水泥稳定碎(砾)石左右幅施工应错开。当基层分层施工时，单幅两层连续施工完成并养护到位后，再开始另外单幅的施工。

(二) 施工工艺流程

水泥稳定材料结构层施工的方法主要分为路拌法施工和中心站(厂)集中厂拌法施工两种。用作高速公路、一级公路底基层和二级及二级以下公路基层的水泥稳定材料结构层可采用路拌法施工；对于高速公路、一级公路以及在居民区修筑的道路，水泥稳定土或集料混合料应当在中心站(厂)采用专用稳定土拌和机械拌制，然后再运输到施工现场进行摊铺，以保证拌和质量，消除“素土”夹层的危险，并可减少对施工现场的环境污染。

路拌法施工的工艺流程通常按下列顺序进行：准备下承层→施工放样→备料、摊铺土或集料→洒水闷料→整平和轻压→摆放和摊铺水泥→拌和(干拌)→加水并湿拌→整形→碾压→接缝和调头处的处理→养护。

厂拌法施工的工艺流程如图 2.1 所示(以水泥稳定碎石为例)。

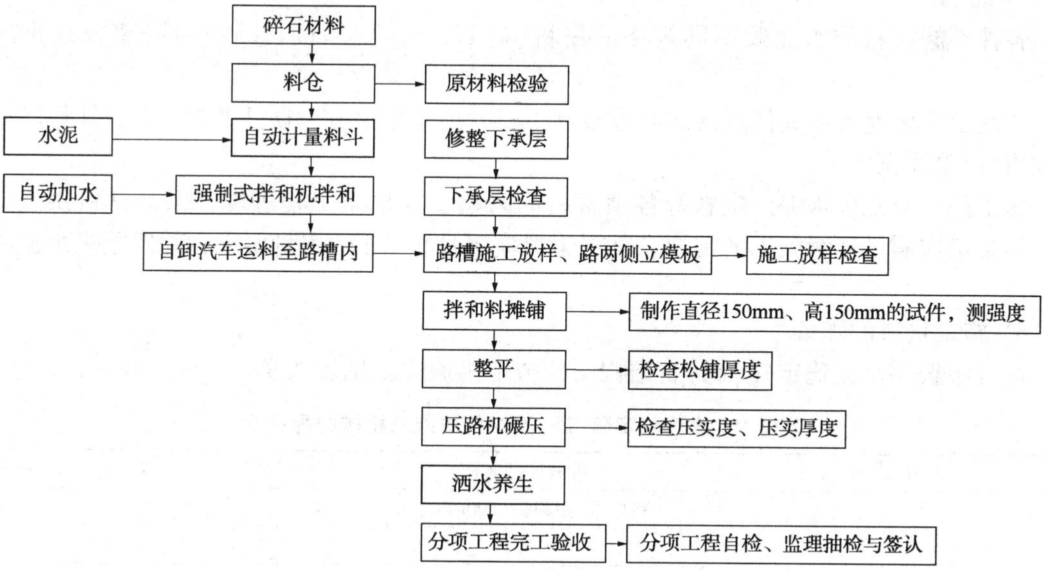

图 2.1　厂拌法水泥稳定碎石施工工艺流程

(三) 施工要点

鉴于目前大多数工程中，多采用集中厂拌法施工，因此，下文主要对厂拌法水泥稳定碎(砾)石施工进行阐述。

1. 施工准备

1) 准备下承层

基层的下承层是底基层及其以下部分，底基层的下承层可能是土基也可能包括垫层。级配碎石基层的下承层表面应平整、坚实，具有设计规定的路拱，没有任何松散的材料和软弱的地层。

下承层表面应平整、坚实，具有规定的路拱。下承层的平整度和压实度应符合检查验收规定要求。

当水泥稳定碎(砾)石做基层时，要准备底基层，底基层表面应洒水湿润；做底基层时，要准备土基或垫层。所有准备工作均应达到相应的规定要求。

对槽式断面的路段，两侧路肩上每隔一定距离(5~10m)交错开挖泄水沟(或做盲沟)。

2）施工放样

在底基层或老路面或土基上恢复中线，直线段每15~20m设一桩，平曲线段每10~15m设一桩，并在两侧路肩边缘外设指示桩。

在两侧指示桩上用明显标记标出水泥稳定碎(砾)石结构层边缘的设计高度。

3）支立模板

为了避免碾压时塌肩，保证边部的压实宽度、压实度、标高和横坡，在交验合格的下承层上，按(底)基层摊铺宽度在两侧立模。侧模一般采用钢模，基层分层采用等厚施工，每片侧模采用三根三角钢钎固定。钢钎钉在模板外侧两端及中间处，模板的高度与分层的压实厚度相同，支模时的宽度不小于设计宽度5cm，以保证成型后的(底)基层宽度。

4）备料

各种不同材料的水泥及不同规格的集料(碎石、砾石、石屑、砂)应隔离，禁止混合堆放。

在潮湿多雨地区或其他地区多雨季节施工时，应采取措施，防止集料(特别是石屑和砂等细集料)遭受雨淋。

施工前，应做好水泥、集料等各项材料的采购，并根据工程进度，保证材料供应。材料的储备量应满足连续施工的需要，基层集料应满足5~7d的用量要求；并要重视水泥防潮工作。

5）施工机械的配备

高等级公路水泥稳定碎(砾)石结构层的施工机械配备见表2.9。

表2.9 水泥稳定碎(砾)石结构层施工机械的配备表

结构层类型		机械设备名称	单位	数量	备注
底基层	水泥稳定碎(砾)石	路拌机/拌和机(500t以上)	台	2/1	
		平地机	台	1	
		推土机	台	1	
		三轮压路机(18~20t)	台	2	
		单钢轮振动压路机(20t以上)	台	2	
		轮胎压路机(25t以上)	台	—	
		自卸汽车(15t以上)	辆	不少于15	
基层	水泥稳定碎(砾)石	拌和机(500t/h)	台	1	
		摊铺机	台	2	性能一致
		单钢轮振动压路机(18t以上)	台	不少于2	
		单钢轮振动压路机(20t以上)	台	不少于2	
		轮胎压路机(25t以上)	台	不少于2	
		自卸汽车(15t以上)	辆	不少于15	

6）试验段施工

正式开工之前，应进行试验段施工。试验段应选择在验收合格的主线下承层上进行，试验段总长度宜为200~300m。

试验段开工前应符合相关规定：提交完整的目标配合比报告和生产配合比报告；正常施工时所配备的施工机械完全进场，且调试完毕；全部施工人员到位。

试验段施工期间应及时检测的技术项目：原材料全部技术指标；混合料拌和时的结合料剂量、含水率、级配，应各不少于4个样本；不同松铺系数条件下的实际压实厚度，宜设定2~3个松铺系数；不同碾压工艺下的混合料压实度，宜设定2~3种压实工艺，每种压实工艺的压实度检测样本应不少于4个；混合料压实后的含水率，应不少于4个样本；混合料击实试验测定干密度和含水率，应不少于3个样本；7d龄期无侧限抗压强度试件成型，样本量应符合要求。

养护7d后，试验段应及时检测的技术项目：①标准养护试件的7d无侧限抗压强度；②钻芯取样，评价芯样外观，样本量应不少于9个；③对完整芯样切割成标准试件，测定强度；④按车道，每10m一点测定弯沉指标，计算回弹弯沉值。

试验段铺筑阶段应对有关关键工序、工艺进行评价：①拌和设备各档材料的进料比例、速度及精度；②结合料的进料比例和精度；③含水率的控制精度；④松铺系数的合理值；⑤拌和、运输、摊铺、碾压机械的协调和配合；⑥压实机械的选择和组合，压实的顺序、速度和遍数。

当使用的原材料和混合料、施工机械、施工方法均符合要求，且试验段各检测结果也符合规定后，按要求编写试铺总结，经审批后作为申报正常路段开工的依据。

试验段经检验合格，作为正常路段的一部分。若不符合要求，经采取补救措施后仍无法满足使用功能的路段应铲除重铺。

2. 拌和

混合料的拌和能力应与摊铺能力相匹配。

拌和站设置要求：应安置在地势相对较高的位置，并做好排水设施。拌和场地应平整并具有足够的承载能力。高速、一级公路的拌和站场地应采用混凝土硬化，混凝土强度等级应不低于C15，厚度应不小于200mm。工程所需的原材料严禁混杂，应分档隔仓堆放，并有明显的标识。细集料、水泥等原材料应有覆盖。高速、一级公路上述材料严禁露天堆放，应放置于专门搭建的防雨棚内或库房内。开始拌和前，拌和站的备料至少应能满足5~7d的摊铺用料。

高速、一级公路应采用专用稳定土拌和设备拌制混合料。

无机结合料稳定中、粗粒材料的拌和设备应满足相关要求：高速、一级公路拌和设备产量不小于500t/h(保证连续摊铺)；料仓数目与规定的备料档数相匹配，宜比备料档数多一个；各料仓间的挡板高度应不小于1m(防加料时串料)；高速公路基层施工时，料斗与料仓下面应安装称量精度±0.5%的电子秤。

水泥料仓要求：应密闭、干燥，内部装“破拱”装置(防止水泥堵塞)。对高速公路，水泥料仓应配备计重装置，不宜通过电机转速计量水泥添加量。气温高于30℃时，水泥进入拌缸温度宜不高于50℃(控制降温时出现温缩裂缝)，否则应采取降温措施(如用冰块代替水)。气温低于15℃时，水泥进入拌缸温度宜不低于10℃。

加水量的计量：应采用流量计的方式。高速公路、一级公路，水的流量数值应在中央控制室的控制面板上有显示。

拌和机各料仓开口大小和皮带计量精度应事先标定，并在施工过程中经常检查和调整。

为保证混合料拌和的均匀性，高速公路基层的混合料拌和时，宜采用两次拌和的生产工艺，也可采用间歇式拌和生产工艺，拌和时间应不少于15s。

每次开始拌和前，应检查场内各处集料的含水率，计算当天的施工配合比。天气炎热或运距较远时，对稳定中、粗粒材料，混合料的含水率可高于最佳含水率0.5%~1%；对稳定细粒材料，含水率可高于最佳含水率1%~2%。

拌和过程中，应实时监测各料仓的生产计量。高速公路、一级公路，应每10min打印各档料仓使用量。若与设计要求相差超过10%时，应立即停机，正常后方可继续生产。

对高速、一级公路，应从拌和站取料，每隔2h测一次含水率；每隔4h测一次水泥剂量，并做好记录。

料仓的加料应有足够数量的装载机，以确保拌和站各仓集料充足并且相互之间数量协调。拌和站在每天结束后应清理干净，检查并进行适当维护，尤其要注意避免水泥结块而堵塞水泥下料口。

拌和机出料不应采取自由跌落式的落地成堆、装载机装料运输的办法。应配备带活门漏斗的料仓，由漏斗出料直接装车运输。

3. 运输

运输车辆应采用车况良好的大吨位自卸车。运输车辆数量应满足拌和、出料与摊铺需要，并略有富余。

运输车辆在每天开工前，要检验其完好情况。装料前应将车厢清洗干净。装车时车辆应前后移动，分三次装料，避免混合料离析。

为减少水分损失，混合料在运输过程中必须用篷布覆盖严密，直到摊铺机前准备卸料时方可掀开。

发料时，应认真填写发料单：记录车号、出料时间、吨位等。运至摊铺现场，应由收料人核对查收，并注明摊铺时间，以备检查，剔除超出延迟时间的混合料。

应尽快将拌和的混合料运送到铺筑现场。如运输车辆中途出现故障，应尽快排除；如车内混合料不能在初凝时间内运到工地，或预计混合料到碾压最终完成的延迟时间超过水泥初凝时间，必须予以废弃。对于高速公路、一级公路，水泥稳定材料从装车到运至现场，时间宜不超过1h，超过2h应作为废料处置。

4. 摊铺

在水泥稳定碎(砾)石基层边缘设置好高程控制线支架，根据松铺系数计算松铺厚度，决定控制线高度，挂好控制线。

下承层是稳定细粒材料时，宜先将下承层顶面拉毛或采用凸块式压路机碾压，再铺上层混合料；对于下承层是稳定中、粗粒材料时，应先清理干净下承层，并洒铺水泥净浆，再铺上层混合料。水泥净浆按水泥质量计，应为1.0~1.5kg/m^2。水泥净浆稠度以能洒布均匀为宜，洒布长度以不大于摊铺机前30~40m为宜。

等候卸料的混合料运输车多于 5 辆后开始摊铺，并应保持连续摊铺。

现场摊铺时，宜采用两台摊铺机梯队作业的方式。在单向双车道路面施工过程中，当单台大功率摊铺机抗离析效果较好时，也可采用单机全断面摊铺的摊铺方式。

采用双机梯队作业时，两台摊铺机型号应相同，前后相距不大于 10m。前台摊铺机采用路侧钢丝和设置在路中的铝合金导梁控制高程，后台摊铺机路侧采用钢丝、路中采用滑靴控制高程和厚度。前后两台摊铺机纵向重叠 300~400mm，中缝辅以人工修整。内侧一台摊铺机应采用宽度自动伸缩式摊铺机，以适应内侧宽度变化的需要。采用单机摊铺时，应采用两侧走钢丝的方法控制高程。

机前应设专人组织自卸车卸料，避免撞击摊铺机。

摊铺前及摊铺过程中，应检查摊铺机各部分的运转情况。

摊铺机的摊铺速度宜控制在 1m/min 左右。摊铺过程中，应根据拌和能力和运输能力确定摊铺速度，中途不得随意变更摊铺速度，以避免出现摊铺机停机待料的情况。

对于高速公路、一级公路，在摊铺过程中宜设立纵向模板。

摊铺机在安装、操作时，应采取混合料防离析措施。例如，摊铺机前增设橡胶挡板（防止竖向离析），底部距下承层不大于 10cm。摊铺机的螺旋布料器应有 2/3 埋入混合料中，螺旋布料器应匀速转动，避免过快或停顿。摊铺机后应设专人消除离析现象，铲除局部粗集料集中部位，并用新拌混合料填补。

结构物两侧摊铺应符合的要求：①应在施工前对结构物两侧工作面进行清理和修整，扫除松散材料和所有杂物，处理好欠压实、不平整等问题；②正交结构物两侧作为起点时，应采用相应厚度的垫块起始摊铺，并严格按照设计要求衔接路面结构层和过渡板，不得采用人工摊铺；③斜交结构物两侧等摊铺机无法工作的部位应采用人工摊铺，并应控制好操作时间、松铺厚度和平整度。

5. 碾压

在摊铺、修整后，压路机紧跟摊铺机在全宽范围内进行碾压。碾压应遵循“先轻后重、先慢后快、从低到高”的原则。

每台摊铺机后，压路机应紧跟碾压，碾压段落长度一般为 50~80m。碾压段落必须层次分明，并设置明显的分界标识。

碾压应根据施工情况配备足够数量的碾压设备，并应符合相关规定：①双向四车道高速、一级公路的半幅摊铺时，应配备不少于 4 台重型压路机；②双向六车道半幅摊铺时，应配备不少于 5 台重型压路机。

水泥稳定材料结构层施工中，应在混合料处于或略大于最佳含水率的状态下碾压。气候炎热干燥时，碾压时的含水率可比最佳含水率大 0.5%~1.5%。

压路机碾压时，应重叠 1/3 轮宽。压路机换挡要轻且平顺，不要拉动铺面。在第一遍初步稳压时，倒车后尽量原路返回；换挡位置应在已压好的段落上；在未碾压的一头换挡倒车位置应错开，呈齿状；出现个别拥包时，应进行铲平处理。

专人负责指挥碾压，严禁漏压、产生轮迹。成型后的表面应平整、无轮迹。对稳定细粒材料，最后碾压收面可用凸块式压路机。

出现软弹现象，应及时挖出混合料，换新料碾压。

碾压宜在水泥初凝前及试验确定的延迟时间内完成，并达到要求的压实度。

压路机停机应错开，相互间距约3m，且停在已碾压好的路段上。严禁压路机在正在碾压的路段或刚完成的路段上掉头。除非特殊情况，应尽可能避免紧急制动。

为保证水泥稳定碎(砾)石基层边缘压实度，应有100mm的超宽压实；对用方木或型钢模板支撑时，超宽可适当减小。

目前，高速、一级公路路面结构层中基层的厚度普遍比较大，都需要分层摊铺。但是，大厚度基层分层铺筑工艺降低了基层的整体性，容易造成上下施工层黏结不牢、平整度不理想、纵向接缝处理困难、施工离析、施工效率低下等问题。针对这些问题，科研人员研究出了水稳双层连续摊铺工艺。采用这种工艺施工时，下基层经摊铺、碾压，压实度检测合格后进行上层基层摊铺、碾压，然后统一进行养生、强度检测验收。经实践，这种工艺可以有效地改善层间结合状态，缩短养生周期及节约成本，缩短施工周期，被不少单位使用。但是这种方法缺乏对下层质量的有效控制，下层出现质量问题时，上层也需要同时处理，因此，鉴于目前国内施工现状，需谨慎施工。

其实，双层连续摊铺工艺虽然对层间结合有所改善，但是从本质上还是未完全解决层间结合问题。随着施工机械的发展，大功率抗离析摊铺机和新型压实机械的不断出现，使水稳大厚度整层成型技术成为现实。水稳大厚度整层成型技术可有效克服离析，实现超宽度、超厚度摊铺，提高了基层混合料摊铺的均匀度、平整度、密实度。施工进度较快，人员投入较少，经济效益也比较突出。其实，这些新技术、新工艺的创造都离不开设备的改进，每个工程技术人员都应树立科技创新意识，积极推进技术的进步。

6. 接缝处理

1）纵缝

摊铺时应避免纵向接缝。两台摊铺机梯队施工时的纵向接缝应采用斜接缝，压路机跨缝碾压时一次碾压密实。

无法避免存在纵向接缝时，纵缝应垂直相接，严禁斜接，并应符合相关规定：在前一幅摊铺时，宜在靠中央的一侧用方木或钢模板做支撑，方木或钢模板的高度应与稳定材料层的压实厚度相同；摊铺另一幅前拆除支撑。

2）横缝

混合料摊铺时，应连续作业。若因故中断时间超过2h，则应设横向接缝，并应符合相关规定。

（1）人工将末端含水率合适的混合料弄整齐，紧靠混合料末端放置两根方木，方木的高度与混合料压实厚度相同，整平紧靠方木的混合料。

（2）方木的另一侧用砾石或碎石回填约3m长，高度高出方木2~3cm，并碾压密实。

（3）重新开始摊铺混合料之前，将砾石、碎石和方木除去，并将下承层断面清扫干净。

（4）摊铺机返回到已压实层的末端，重新开始摊铺混合料。

如摊铺中断时间超过2h未按上述方法处理横向接缝，应按相关方法处理：应将摊铺机附近及其下面未经压实的混合料铲除，并将已压实且高程和平整度符合要求的末端挖成与路中心线垂直并垂直向下的断面，清理干净后，再摊铺新的混合料。

每天收工之后，第二天开工的接头断面也应设置横向接缝。具体做法：压路机碾压完，沿端头斜面行驶至下卧层上停机过夜；第二天将压路机沿斜面行驶至前一天施工的结构层上，并将已压实且高程和平整度符合要求的末端作为接缝位置，沿横向断面垂直挖除该位置至斜面下端头部分的混合料，摊铺机从接缝处起步摊铺；压路机沿接缝横向碾压，由之前的压实层逐渐推向新铺层，碾压完毕后再正常碾压。碾压完毕，接缝处纵向平整度应符合相关规范要求。

7. 养护及交通管制

无机结合料稳定材料碾压完毕，经质量检查合格后，应及时养护。

养护期应不少于7d，宜延长至上层结构开始施工的前2d。

养护可采取洒水养护、薄膜覆盖养护、土工布覆盖养护、铺设湿砂养护、草帘覆盖养护、洒铺乳化沥青养护等方式。

洒水养护时，每天洒水次数应视气候而定。高温期上、下午各1次。养护期应保持表面湿润。

薄膜覆盖养护时，薄膜厚度应不小于1mm。薄膜之间应搭接完整。薄膜覆盖后应用砂土堆填，养护至上层施工前1~2d方可掀开。对蒸发量大的地区或养护时间大于15d的工程应适当补水。

养护期间，应封闭交通。除洒水车和小型通勤车外，严禁其他车辆通行。

过冬时应采取必要的保护措施，如覆盖10~20cm砂土保护层，以防止低温损伤。

下基层施工结束7d后，即可进行上基层水泥稳定碎(砾)石的施工。两层水泥稳定碎(砾)石施工间隔不超过30d。

上基层则根据透层油类型确定养护工艺，当采用高渗透乳化沥青时，应在碾压成型后表面稍变干燥但尚未硬化的情况下喷洒；当采用煤油稀释沥青时，应在水稳层用土工布覆盖养护3~4d后及时喷洒，下封层施工完且水稳层达到7d强度后方可开放交通。

基层在养护过程中出现收缩裂缝，经过弯沉检测，结构层的承载能力满足设计要求时，可继续铺筑上面的沥青面层，也可在裂缝位置灌缝、铺设玻璃纤维格栅或洒铺热改性沥青处理裂缝。灌缝原则上不对裂缝扩缝。铺设玻璃纤维格栅与洒铺热改性沥青综合处治是当前处治裂缝向上反射的最佳措施，适用于基层裂缝比较严重的路段。

（四）施工质量控制

施工前和施工过程中，对各种原材料进行抽样试验，质量应符合现行施工技术规范规定的技术要求，每个检查项目的平行试验次数或一次试验的试样数必须按相关试验规程的规定进行，并以平均值评价是否合格。

水泥稳定材料结构层在铺筑过程中的质量控制包括外形尺寸检查和内在质量检验两部分。外形尺寸检查项目、频度和质量标准应符合相关的规定。

施工过程中的内在质量控制分为原材料质量控制、拌和质量控制、摊铺质量控制及碾压质量控制四部分。对集中厂拌、摊铺机摊铺的施工工艺，应按后场与前场划分。后场质量控制的项目、内容，前场质量控制的项目、内容应符合相关的规定，实际检测频率、检测结果应满足相关技术要求。

三、水泥稳定材料结构层质量评定与工程计量

水泥稳定材料结构层施工完毕，施工单位应进行自检，并完成质量评定，才能申请交工验收。验收合格后才能进行计量与支付。

（一）水泥稳定材料结构层的质量评定

水泥稳定材料结构层完工后，施工单位、工程监理单位和建设单位应按相同的工程项目划分进行工程质量的监控和管理。施工单位应将全线以 1～3km 作为一个评定路段，按规定频度，随机选取测点，对水泥稳定材料结构层进行全线自检，并应在规定时间内提交全线检测结果及施工总结报告，申请交工验收。水泥稳定材料结构层质量评定的基本要求、实测项目、外观质量要求及质量保证资料整理顺序如下。

1. 基本要求

（1）水泥稳定粒料应选择质坚干净的粒料，矿渣应分解稳定，未分解的渣块应予以剔除。

（2）采用路拌法时，路拌深度应达到层底。

（3）水泥稳定材料碾压终了的时间不应超过水泥的终凝时间。

（4）碾压检查合格后立即覆盖或洒水养生，养生期应符合规范规定。

2. 实测项目

水泥土基层和底基层实测项目见表 2.10。水泥稳定粒料基层和底基层实测项目见表 2.11。

表 2.10　水泥土基层和底基层实测项目

项次	检查项目		规定值或允许偏差				检查方法和频率
			基层		底基层		
			高速、一级公路	其他公路	高速、一级公路	其他公路	
1△	压实度/%	代表值		≥95	≥95	≥93	按《标准》附录 B 检查，每 200m 测 2 点
		极值	—	≥91	≥91	≥89	
2	平整度/mm		—	≤12	≤12	≤15	3m 直尺：每 200m 测 2 处×5 尺
8	纵断高程/mm		—	-5，-15	+5，-15	+5，-20	水准仪：每 200m 测 2 个断面
4	宽度/mm		满足设计要求		满足设计要求		尺量：每 200m 测 4 点
5△	厚度/mm	代表值	—	-10	-10	-12	按《标准》附录 H 检查，每 200m 测 2 点
		合格值	—	-20	-25	-30	
6	横坡/%		—	—	±0.3	±0.5	水准仪：每 200m 测 2 个断面
7△	强度/MPa		满足设计要求		满足设计要求		按《标准》附录 G 检查

注：△表示对结构安全、耐久性和主要使用功能起决定性作用的检查项目，下同。

表 2.11 水泥稳定粒料基层和底基层实测项目

项次	检查项目		规定值或允许偏差				检查方法和频率
			基层		底基层		
			高速、一级公路	其他公路	高速、一级公路	其他公路	
1△	压实度/%	代表值	≥98	≥97	≥96	≥95	按《标准》附录 B 检查，每 200m 测 2 点
		极值	≥94	≥93	≥92	≥91	
2	平整度/mm		≤8	≤12	≤12	≤15	3m 直尺：每 200m 测 2 处×5 尺
8	纵断高程/mm		+5，-10	+5，-15	+5，-15	+5，-20	水准仪：每 200m 测 2 个断面
4	宽度/mm		满足设计要求		满足设计要求		尺量：每 200m 测 4 点
5△	厚度/mm	代表值	-8	-10	-10	-12	按《标准》附录 H 检查，每 200m 测 2 点
		合格值	-15	-20	-25	-30	
6	横坡/%		±0.3	±0.5	±0.3	±0.5	水准仪：每 200m 测 2 个断面
7△	强度/MPa		满足设计要求		满足设计要求		按《标准》附录 G 检查

3. 外观质量要求

外观质量要求有以下几点。

(1) 表面应无坑洼、无松散、无碾压轮迹。

(2) 水泥稳定材料表面连续离析不得超过 10m，累计离析不得超过 50m。

4. 质量保证资料整理顺序

质量保证资料整理顺序有以下几个步骤。

(1) 开工报告及附件。

(2) 工序报验资料及附件(各层报)。工序报验资料及附件(各层报)具体包括：中间检验申请单，施工放样报验单，水泥稳定粒料(水泥稳定土)基层和底基层现场质量检验报告单，水泥稳定土基层(底基层)施工原始记录，平整度检验记录表，纵断高程检验记录表、宽度检验记录表、横坡检查记录，路面结构厚度检验记录表，压实度试验记录(灌砂法)，无侧限抗压强度试验报告单，水泥(石灰)剂量试验，水准测量记录，含水率试验记录(施工控制)，路面基层集料技术性能试验、级配试验。

(3) 分项工程报验资料及附件。分项工程报验资料及附件具体包括：中间交工证书，工程报验单，分项工程质量检验评定表(水泥稳定××基层)(分项评定)，压实度检验评定表，平整度检验记录表，纵断高程检验记录表，宽度检验记录表，路面结构厚度检验评定表，横坡检验记录表，无侧限抗压强度评定表，压实度试验记录(灌砂法)，压实度检验汇总表，纵断高程检验汇总表，中线偏位、宽度、横坡、边坡检验汇总表，平整度、路面厚度检验汇总表，无侧限抗压强度试验汇总表。

(二) 水泥稳定材料结构层的工程计量

1. 计量规定

水泥稳定材料结构层应按图纸和监理工程师指示铺筑，经监理工程师验收合格的顶面面积，按不同厚度以平方米计量。

任何地段的长度应沿路幅中线水平量测。对个别特殊形状的面积，承包人可采用适当计算方法计量，并经监理工程师批准，以平方米计量。除监理工程师另有指示外，超过图纸所规定的面积，均不予计量。

桥梁与明涵处的搭板、埋板下变截面水泥稳定土底基层、基层应按图纸所示和监理人的指示铺筑。经监理人验收合格后，以立方米计量。

混合料拌和站、储料场的建设、拆除、恢复均包含在相应工程项目中，不另行计量。

2. 支付

按上述规定计量，经监理工程师验收且列入工程量清单的以下工程子目的工程量，其每一计量单位将以合同单价支付。此项支付包括材料、劳力、设备、运输等及其他为完成水泥稳定材料结构层所必需的所有费用，是对完成工程的全部偿付。

3. 计量清单及内容

水泥稳定材料结构层工程计量清单及内容见表 2. 12。

表 2. 12　水泥稳定材料结构层工程计量清单及内容

子日号	子日名称	单位	计量规则	工作内容
304-1	水泥稳定土底基层	m^2	依据图纸所示压实厚度，安装铺筑的顶面面积以平方米为单位计量	1. 验查、清理下承层、洒水 2. 拌和、运输、摊铺 3. 整平、整形 4. 洒水、碾压、初期养护
304-3	水泥稳定土基层			
304-2	搭板、埋板下水泥稳定上底基层	m^3	依据图纸所示尺寸、范围、按照铺筑体积以立方米为单位计量	

第二节　二灰稳定类结构层施工

此节从二灰稳定材料结构层概述、二灰稳定材料结构层施工、二灰稳定材料结构层质量评定与工程计量三个方面对二灰稳定类结构层施工进行阐述。

一、二灰稳定材料结构层概述

综合稳定材料是指以两种或两种以上材料为结合料，通过加水与被稳定材料共同拌和形成的混合料，包括水泥石灰稳定材料、水泥粉煤灰稳定材料、石灰粉煤灰稳定材料等。其中，石灰粉煤灰稳定材料又可分为石灰粉煤灰、石灰粉煤灰土、石灰粉煤灰砂、石灰粉煤灰砂砾、石灰粉煤灰碎石、石灰粉煤灰矿渣、石灰粉煤灰煤矸石等。这些材料分别简称二灰、二灰土、二灰砂、二灰砂砾、二灰碎石、二灰矿渣、二灰煤矸石等。而工业废渣稳定材料是指以石灰或水泥为结合料，以煤渣、钢渣、矿渣等工业废渣为主要被稳定材料，通过加水拌和形成的混合料。

二灰稳定材料初期强度低，但随着龄期的增长，强度的增长幅度大。二灰稳定材料还具有水硬性好、缓凝性好、抗裂性好、板体性好、抗磨性差、温度影响较大等特点。限于篇幅，这里以二灰稳定材料为例，阐述其应用。

（一）应用要求

二灰稳定集料类材料适用于各级公路的基层和底基层，二灰、二灰土、二灰砂用于各级公路的底基层以及三级、四级公路的基层。冰冻地区、多雨潮湿地区，石灰粉煤灰稳定集料类材料宜用于高速公路、一级公路的下基层或底基层。

二灰稳定类结构层施工期的气温要求同水泥稳定材料结构层。

（二）原材料要求

1. *石灰*

石灰的质量要求同石灰稳定材料的要求。

2. *粉煤灰*

干排或湿排的硅铝粉煤灰（含有2%~6%的氧化钙）和高钙粉煤灰（含有10%~40%的氧化钙）等均可应用。粉煤灰中SiO_2、Al_2O_3和Fe_2O_3的总含量应大于70%，粉煤灰的烧失量不应超过20%，比表面积宜大于2500cm²/g（或90%通过0.3mm筛孔，70%通过0.075mm筛孔）。湿粉煤灰的含水率不宜超过35%。

3. *被稳定材料*

二灰稳定材料中的粗、细集料要求与水泥稳定材料中的粗、细集料要求基本相同，在此不做赘述。

二灰稳定材料可采用表2.13所示的级配范围，并应符合下列规定。

（1）用于高速、一级公路的基层时，石灰粉煤灰的总质量宜占15%，应不大于20%，被稳定材料的公称最大粒径应不大于26.5mm，级配宜符合表2.13所示LF-A-2L和LF-A-2S的规定。

（2）用于高速、一级公路的底基层时，各档被稳定材料总质量宜不小于80%，级配宜符合表2.13所示LF-A-1L和LF-A-1S的规定。对极重、特重交通荷载等级，级配宜符合表2.13所示LF-A-2L和LF-A-2S的规定。

（3）用于二级及二级以下公路基层时，被稳定材料的公称最大粒径应不大于31.5mm，总质量宜不小于80%，并符合表2.13所示LF-B-2L和LF-B-2S的规定。

（4）用于二级及二级以下公路底基层时，被稳定材料的总质量不宜小于70%，并符合表2.13所示LF-B-1L和LF-B-1S的规定。对极重、特重交通荷载等级，级配可选择符合表2.13所示LF-B-2L和LF-B-2S的规定。

表2.13　二灰稳定级配碎石或砾石的推荐级配范围

筛孔尺寸/mm	高速公路和一级公路				二级及二级以下公路			
	稳定碎石		稳定砾石		稳定碎石		稳定砾石	
	LF-A-1S	LF-A-2S	LF-A-1L	LF-A-2L	LF-B-1S	F-B-2S	LF-B-1L	LF-B-2L
31.5	100	—	100	—	100~90	100	100~90	100
26.5	95~91	100	96~93	100	94~81	100~90	95~84	100~90
19	85~76	89~82	88~81	91~86	83~67	87~73	87~72	91~77
16	80~69	84~73	84~75	87~79	78~61	82~65	83~67	86~71
13.2	75~62	78~65	79~69	82~72	73~54	75~58	79~62	81~65
9.5	65~51	67~53	71~60	73~62	64~45	66~47	72~54	74~55

续表

筛孔尺寸/mm	高速公路和一级公路				二级及二级以下公路			
	稳定碎石		稳定砾石		稳定碎石		稳定砾石	
	LF-A-1S	LF-A-2S	LF-A-1L	LF-A-2L	LF-B-1S	F-B-2S	LF-B-1L	LF-B-2L
4.75	45~35	45~35	55~45	55~45	50~30	50~30	60~40	60~40
2.36	31~22	31~22	39~27	39~27	36~19	36~19	44~24	44~24
1.18	22~13	22~13	28~16	28~16	26~12	26~12	33~15	33~15
0.6	15~8	15~8	20~10	20~10	19~8	19~8	25~9	25~9
0.3	10~5	10~5	14~6	14~6	—	—	—	—
0.15	7~3	7~3	10~3	10~3	—	—	—	—
0.075	5~2	5~2	7~2	7~2	7~2	7~2	10~2	10~2

4. 水

凡是饮用水(含牲畜饮用水)均可用于二灰稳定材料结构层施工。

(三) 混合料组成设计

混合料的组成设计应按照《公路路面基层施工技术细则》(JTG/T F20—2015)的要求进行。组成设计的内容包括：依据二灰稳定材料混合料的强度标准，通过试验选取最适于稳定的土；确定石灰与粉煤灰的比例；确定石灰粉煤灰与土的比例；确定混合料的最佳含水率。

1. 二灰稳定材料混合料配比范围

二灰稳定材料混合料采用质量配合比计算，以石灰：粉煤灰：集料(或土)的质量比表示。

(1) 对于硅铝粉煤灰，采用石灰粉煤灰做基层或底基层时，石灰与粉煤灰的比例可以是1：2~1：9。

(2) 采用二灰土做基层或底基层时，石灰与粉煤灰的比例常用1：2~1：4，石灰粉煤灰与细粒土的比例可以是30：70~90：10(采用30：70比例时，石灰与粉煤灰之比宜为1：2~1：3)。

(3) 采用二灰粒料做基层时，石灰与粉煤灰的比例常用1：2~1：4；石灰粉煤灰与级配粒料的比例可以是20：80~15：85。

为提高石灰工业废渣的早期强度，可外加1%~2%的水泥。

2. 二灰稳定土底基层混合料的组成设计

(1) 二灰稳定土混合料组成设计各项试验应按《公路工程无机结合料稳定材料试验规程》(JTG E51—2009)的要求进行。

(2) 用重型击实法确定最佳含水率和最大干密度，取符合强度要求的最佳配合比作为二灰稳定土的生产配合比。

(3) 对塑性指数为8~12、液限小于50%、有机质含量不大于10%的粉砂土，可在石灰、粉煤灰土中外加1%~2%的水泥；水泥可选用42.5级的普通硅酸盐水泥或矿渣硅酸盐水泥，使二灰稳定土混合料满足抗压强度的规定。

（4）对于塑性指数大于20、自由膨胀率不大于65%、有机质含量不大于10%的高塑性土，根据土的塑性指数，掺入一定剂量（3%～5%）的生石灰拌匀，闷置7d进行改性，测定其自由膨胀率和塑性指数。选取改性后土的自由膨胀率小于40%，且塑性指数降到18～20的掺灰剂量作为高塑性土改性的石灰剂量；在满足以上要求的前提下，应选用小的石灰剂量作为改性土用石灰的掺量。将改性后的土再按一般性土的方法进行二灰稳定土的设计和施工。改性土中生石灰加上二灰稳定土用消石灰和粉煤灰之和以不超过二灰稳定土总质量的40%为宜，改性用生石灰加上二灰稳定土用消石灰之和与粉煤灰质量比以小于1∶2为宜。

（5）具体步骤：二灰稳定土底基层混合料的组成具体步骤有以下几点。

① 制备同一种土样，4～5种不同配合比的二灰土混合料。其配合比应在上述所列范围内。对于二灰混合料或其他混合料，其配合比也应在上述所列相应的范围内。

② 确定各种二灰土或二灰混合料的最佳含水量和最大干压实密度。

③ 按工地预定达到的压实度，分别计算不同配合比时二灰土或二灰试件的干压实密度。

④ 按最佳含水量和计算得到的干压实密度制备试件。进行强度试验时，作为平行试验的试件数量同水泥稳定材料的试件数量规定。如试验结果的偏差系数大于规定的值，则应重做试验，并找出原因，加以解决。如不能降低偏差系数，则应增加试验数量。

⑤ 试件在规定温度下保湿养护6d，浸水1d后，进行无侧限抗压强度试验。计算试验结果的平均值和偏差系数。二灰稳定材料的7d无侧限抗压强度标准见表2.14。压实度标准同水泥稳定材料。

表2.14　二灰稳定材料的7d无侧限抗压强度标准 R_d　　MPa

结构层	公路等级	极重、特重交通	重交通	中、轻交通
基层	高速、一级公路	≥1.1	≥1.0	≥0.9
	二级及二级以下公路	≥0.9	≥0.8	≥0.7
底基层	高速、一级公路	≥0.8	≥0.7	≥0.6
	二级及二级以下公路	≥0.7	≥0.6	≥0.5

⑥ 根据强度标准，选定合适的混合料配比，具体方法同水泥稳定材料。

3. 二灰稳定碎石基层混合料组成设计

二灰碎石混合料配合比设计应采用重型击实法，根据施工图设计确定的强度标准，通过试验选择骨架嵌挤、均匀密实、施工和易性好的混合料结构，并确定石灰和粉煤灰的剂量、最大干密度和最佳含水率。设计步骤如下。

（1）取工地实际使用的集料，分别进行筛分，按颗粒组成进行计算。二灰碎石混合料组成的设计级配应符合《公路沥青路面设计规范》（JTG D50—2017）或《公路路面基层施工技术细则》（JTG/T F20—2015）的相关要求。

（2）取工地使用的材料，石灰、粉煤灰与级配集料的比例以及石灰与粉煤灰比例参考前文所述。当制备不同比例的混合料时，可采用重型击实法确定各组混合料的最佳含水率和最大干密度。

（3）在最佳含水率状态下，按要求压实度（重型击实标准，98%）制备混合料试件，在标准条件下养护 6d，浸水 1d 后取出测定无侧限抗压强度。

(4) 二灰碎石混合料 7d 浸水无侧限抗压强度设计标准应满足相关要求；对于组成设计，应采用一个限值。

(5) 计算抗压强度代表值，取符合强度要求的配合比作为二灰碎石的生产配合比，方法同二灰稳定土。

二、二灰稳定材料结构层施工

（一）一般规定

二灰稳定材料结构层施工一般规定有以下几点。

(1) 高等级公路二灰稳定土底基层一般应采用中心站集中厂拌法施工，特殊情况可采用路拌法。二灰稳定碎石基层应采用集中厂拌、摊铺机摊铺、压路机碾压的施工工艺。

(2) 在正式施工前，必须铺筑试验段，对施工工艺进行总结；试验段的质量检查频率应是正常路段的两倍。

(3) 压实厚度应不超过 20cm，设计厚度超过 20cm 时，宜分层铺筑。压实厚度可根据所选用的压路机种类、吨位确定。施工段落的长度应与配套的施工机械相匹配，每个施工段落长度以 200m 为宜。

(4) 施工期的日最低气温应在 5℃以上，宜在温暖气候养护 15d 以上。多雨地区，应避免在雨季进行二灰稳定土底基层施工。

（二）施工工艺流程

1. 路拌法施工的流程

路拌法施工的流程通常按下列的顺序进行：准备下承层→施工放样→运输和摊铺土→运输和摊铺粉煤灰→运输和摊铺石灰→拌和洒水→整形→碾压→接缝和调头处理。

2. 厂拌法施工的工艺流程

厂拌法施工工艺流程如图 2.2 所示。

（三）施工技术要点

下文将对路拌法二灰稳定土底基层的施工技术相关要点进行阐述。

1. 粉煤灰备料

场地集中堆放的粉煤灰应予以覆盖，避免雨淋。如在堆放过程中，部分粉煤灰凝结成块，使用前应将灰块打碎。

运到现场的粉煤灰应含有足够的水分(含水量为 15%～20%)，以防飞扬。特别在干燥和多风季节，必须使料堆表面保持潮湿，或者覆盖。

2. 路拌法施工(二灰稳定土)

(1) 根据用土比例和每车土量，将素土或改性土按指定位置堆放，均匀卸在路槽顶面，并用推土机配合平地机粗平，用轻型压路机稳压一遍，检查布土厚度和含水率。

(2) 根据粉煤灰用量比例和每车粉煤灰的数量，将粉煤灰均匀卸在摊平并打好方格的土层上，用人工或机械将粉煤灰摊平。检查粉煤灰的摊铺厚度和含水率，用路拌机拌和均匀，粗平、稳压。

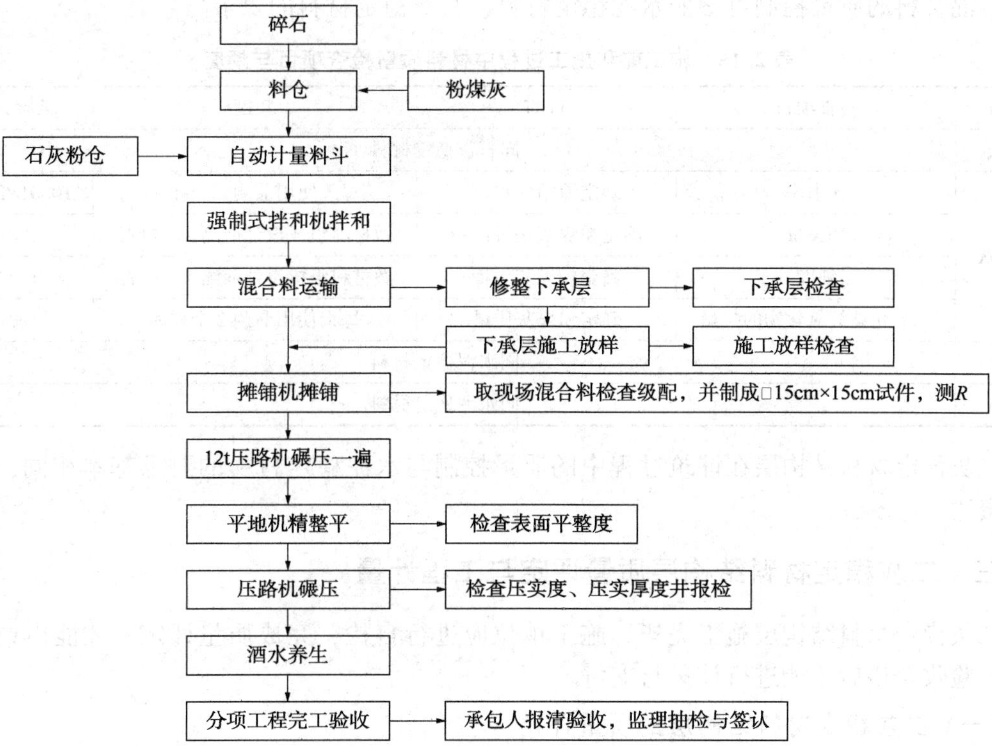

图 2.2　二灰碎石厂拌法施工工艺流程图

(3) 石灰应在使用前一周充分消解，并通过 10mm 筛孔；在粗平、稳压的粉煤灰土层上用布灰机或打方格人工布灰，均匀摊平，布石灰量应稍高于设计剂量。

(4) 需外掺水泥时，还应均匀撒布水泥。

(5) 石灰布料后，应在当天采用路拌机进行拌和。拌和过程中应注意混合料的含水率和拌和深度，不得出现素土夹层；随时检查拌和的均匀性，不允许出现花白条带；土块应打碎，最大尺寸不大于 15mm。

(6) 检查松铺厚度和混合料的含水率、石灰剂量，并按规定取样制备抗压强度试件。根据天气情况，夏天作业时混合料含水率应较最佳含水率高 1%~2%。

(7) 拌和好的混合料不得过夜，应当天碾压成型。掺加水泥的二灰稳定土更应缩短拌和时间，从加入水泥起到碾压结束应在水泥初凝时间内完成。

(8) 底基层表面高出设计高程部分应予以刮除并将刮下的二灰稳定土清除；局部低于设计高程之处，不能进行贴补，必须将其挖除重铺。对于二灰稳定中、粗粒材料，应先将石灰、粉煤灰拌和均匀，然后均匀地摊铺在材料层上，再一起拌和。

3. 中心站集中厂拌法施工

当采用生石灰时，应将生石灰粉装入储料罐中；当采用水泥、石灰综合稳定时，则水泥应装入另一个储料罐中。粉煤灰可通过料仓配料。

(四) 施工质量控制

施工前和施工过程中，可参照表 2.15 所示的检查项目与频度，对各种原材料进行抽样试验。混合料的质量控制可参照水泥稳定材料、石灰稳定材料的要求。

表 2.15 施工前和施工过程中材料质量检查项目与频度

材料	检查项目	目的	频度	试验方法
石灰	同石灰稳定材料			
粉煤灰	含水率	确定原始含水率	每天使用前测 2 个样品	T0801/T0803
	烧失量	确定粉煤灰是否适用	做材料组成设计前测 2 个样品	T0817
	细度	确定粉煤灰质量	做材料组成设计前测 2 个样品	T0818
	二氧化硅等氧化物的含量	确定粉煤灰质量	每天使用前测 2 个样品	T0816
土	同水泥稳定材料			
集料	同水泥稳定材料			

二灰稳定材料结构层在铺筑过程中的质量控制与水泥稳定材料的要求基本相同，在此不做赘述。

三、二灰稳定材料结构层质量评定与工程计量

二灰稳定材料结构层施工完毕，施工单位应进行自检，完成质量评定，才能申请交工验收。验收合格后才能进行计量与支付。

（一）二灰稳定材料结构层的质量评定

二灰稳定材料结构层工程完工后，施工单位应以 1~3km 作为一个评定路段，按规定频度与方法，对二灰稳定材料结构层进行全线自检，并应在规定时间内提交全线检测结果及施工总结报告，申请交工验收。二灰稳定材料结构层工程质量评定的基本要求、实测项目、外观质量要求及质量保证资料整理顺序如下。

1. 基本要求

应选择质坚干净的粒料，石灰应充分消解，矿渣应分解稳定，未分解渣块应予以剔除。

路拌深度应达到层底。

石灰类材料应处于最佳含水率状态下碾压。

碾压检查合格后立即覆盖或洒水养生，养生期应符合规范规定。

2. 实测项目

二灰土基层和底基层实测项目见表 2.16，二灰稳定粒料基层和底基层实测项目见表 2.17。

表 2.16 二灰土基层和底基层实测项目

项次	检查项目		规定值或允许偏差				检查方法和频率
			基层		底基层		
			高速、一级公路	其他公路	高速、一级公路	其他公路	
1△	压实度/%	代表值	—	≥95	≥95	≥93	按《标准》附录 B 检查，每 200m 测 2 点
		极值	—	≥91	≥91	≥89	

续表

项次	检查项目		规定值或允许偏差				检查方法和频率
			基层		底基层		
			高速、一级公路	其他公路	高速、一级公路	其他公路	
2	平整度/mm		—	—	≤12	≤15	3m 直尺：每 200m 测 2 处×5 尺
3	纵断高程/mm		—	—	+5，-15	+5，-20	水准仪：每 200m 测 2 个断面
4	宽度/mm		满足设计要求		满足设计要求		尺量：每 200m 测 4 点
5△	厚度/mm	代表值	—	-10	-10	-12	按《标准》附录 H 检查，每 200m 测 2 点
		合格值	—	-20	-25	-30	
6	横坡/%		—	±0.5	±0.3	±0.5	水准仪：每 200m 测 2 个断面
7△	强度/MPa		满足设计要求		满足设计要求		按《标准》附录 G 检查

表 2.17　二灰稳定粒料基层和底基层实测项目

项次	检查项目		规定值或允许偏差				检查方法和频率
			基层		底基层		
			高速、一级公路	其他公路	高速、一级公路	其他公路	
1△	压实度/%	代表值	≥98	≥97	≥96	≥95	按《标准》附录 B 检查，每 200m 测 2 点
		极值	≥94	≥93	≥92	≥91	
2	平整度/mm		≤8	≤12	≤12	≤15	3m 直尺：每 200m 测 2 处×5 尺
3	纵断高程/mm		+5，-10	+5，-15	+5，-15	+5，-20	水准仪：每 200m 测 2 个断面
4	宽度/mm		满足设计要求		满足设计要求		尺量：每 200m 测 4 点
5△	厚度/mm	代表值	-8	-10	-10	-12	按《标准》附录 H 检查，每 200m 测 2 点
		合格值	-15	-20	-25	-30	
6	横坡/%		±0.3	±0.5	±0.3	±0.5	水准仪：每 200m 测 2 个断面
7△	强度/MPa		满足设计要求		满足设计要求		按《标准》附录 G 检查

3. 外观质量要求

外观质量要求包括表面应无坑洼、无松散、无碾压轮迹；表面连续离析不得超过 10m，累计离析不得超过 50m。

4. 质量保证资料整理顺序

质量保证资料整理顺序如下。

1）开工报告及附件

开工报告及附件的内容及整理顺序同碎（砾）石结构层。

2）工序报验资料及附件（各层报）

工序报验资料及附件（各层报）包括中间检验申请单、施工放样报验单、二灰稳定粒料（二灰稳定土）基层和底基层现场质量检验报告单、二灰稳定土基层（底基层）施工原始记录、平整度检验记录表、纵断高程检验记录表、宽度检验记录表、横坡检查记录表、路面结构厚度检验记录表、压实度试验记录(灌砂法)、无侧限抗压强度试验报告单、水泥(石灰)剂量试验、水准测量记录、含水率试验记录表(施工控制)、路面基层集料技术性能试验、级配试验。

3) 分项工程报验资料及附件

分项工程报验资料及附件包括中间交工证书、工程报验单、分项工程质量检验评定表(二灰稳定××基层)(分项评定)、压实度检验评定表、平整度检验记录表、纵断高程检验记录表、宽度检验记录表、路面结构厚度检验评定表、横坡检验记录表、无侧限抗压强度评定表、压实度试验记录(灌砂法)、压实度检验汇总表、纵断高程检验汇总表、中线偏位/宽度/横坡/边坡检验汇总表、平整度/路面厚度检验汇总表、无侧限抗压强度试验汇总表。

(二) 二灰稳定材料结构层的工程计量

1. 计量规定

(1) 二灰稳定材料结构层应按图纸和监理工程师指示铺筑，经监理工程师验收合格的顶面面积，按不同厚度以平方米计量。

(2) 任何地段的长度应沿路幅中线水平量测。对个别特殊形状的面积，承包人可采用适当计算方法计量，并经监理工程师批准，以平方米计量。除监理工程师另有指示外，超过图纸所规定的面积，均不予计量。

(3) 桥梁和明涵处的搭板、埋板下变截面石灰粉煤灰稳定土底基层按图纸所示和监理人的指示铺筑。经监理人验收合格后，以立方米计量。

(4) 混合料拌和站、贮料场的建设、拆除、恢复均包含在相应工程项目中，不另行计量。

2. 支付

按上述规定计量，经监理工程师验收且列入工程量清单以下的工程子目的工程量，其每一计量单位将以合同单价支付。此项支付包括材料、劳力、设备、运输及其他为完成二灰稳定材料结构层所必需的所有费用，是对完成工程的全部偿付。

3. 计量清单及内容

二灰稳定材料结构层工程计量清单及内容见表 2.18。

表 2.18 二灰稳定材料结构层工程计量清单及内容

子目号	子目名称	单位	计量规用	工作内容
305-1	二灰稳定 土底基层	m^2	依据图纸所示压实厚度，按照铺筑的顶面积以平方米为单位计量	1. 检查、清理下承层、洒水 2. 拌和、运输、摊铺 3. 整平、整形 4. 洒水、碾压、初期养护
305-2	搭板，埋板下二灰稳定土底基层	m^3	依据图纸所示尺寸、范围，按照铺筑体积以立方米为单位计量	1. 检查、清理下承层、洒水 2. 铺筑材料拌和、运输、摊铺 3. 整平、整形 4. 洒水、碾压、初期养护

续表

子目号	子目名称	单位	计量规用	工作内容
305-3	二灰稳定土基层	m^2	依据图纸所示压实厚度，按照铺筑的顶面积以平方米为单位计量	1. 检查、清理下承层、洒水 2. 铺筑材料拌和、运输、摊铺 3. 整平、整形 4. 洒水、碾压、初期养护
305-4	石灰煤渣稳定土基层			

第三节 石灰稳定类结构层施工

在公路建设中，基层尤其是底基层材料主张就地取材，因此在石灰产地，石灰稳定材料就显示出其经济适用的优势。

以下从石灰稳定材料结构层概述、石灰稳定材料结构层施工、石灰稳定材料结构层质量评定与工程计量三个方面对石灰稳定类结构层施工进行阐述。

一、石灰稳定材料结构层概述

石灰稳定材料结构层也是路面半刚性基层的类型之一，其中，石灰土因其板体性好、价格低廉，在一些地区应用较广，也常用于路基路床的改善。

以石灰为结合料，通过加水与被稳定材料共同拌和形成的混合料，称为石灰稳定材料，包括石灰稳定级配碎石土、石灰土等。用石灰稳定细粒土得到的强度符合规定要求的混合料，称为石灰土。

用石灰稳定材料铺筑的路面基层和底基层，分别称为石灰稳定材料基层和底基层。

（一）强度形成原理及影响因素分析

在土中掺入适当的石灰，并在最佳含水率下压实后，既发生了一系列的物理力学作用，也发生了一系列的物理化学作用，从而使土的性质发生根本的改变。石灰稳定土强度形成主要依靠离子交换作用、结晶硬化作用、火山灰作用、碳酸化作用形成。在初期，主要表现在土的结团、塑性降低、最佳含水率的增大和最大密实度的减小等，而后期变化主要表现在结晶结构的形成，从而提高其板体性、强度和稳定性。其中，火山灰作用是石灰稳定材料获得强度与水稳性的基本原因，但这种作用比较缓慢。

石灰稳定土强度的影响因素有以下几个方面。

1. 土质

各种成因的粉质黏土、粉质砂土、粉土类土、黏土类土都可以用石灰来稳定，但生产实践表明，黏质土较好，其稳定的效果显著，强度也高。当采用塑性指数过高的土时不易粉碎，且增加干缩裂缝；采用塑性指数偏小的土时容易拌和，但难以碾压成型，稳定效果不显著。选用土质，既要考虑其强度，还要考虑到施工时易于粉碎、便于碾压成型。一般选用塑性指数为 15~20 的黏质土。塑性指数偏大的黏质土，要加强粉碎，粉碎后，土中 15~25mm 的土块不宜超过 5%。经验证明，塑性指数小于 12 的土不宜用石灰稳定。对于硫酸盐类含量超过 0.8%或有机质含量超过 10%的土，对强度有显著的影响，不宜直接采用。

2. 灰质

当石灰的等级越高时，稳定效果越好；石灰的细度越大，其表面积越大，在相同剂量下与土粒的作用越充分，因而效果越好。同时，石灰消解后不能在空气中存放过久，以免碳化降低活性。

3. 石灰剂量

石灰剂量是指石灰质量占全部被稳定材料颗粒干质量的百分率。石灰剂量对石灰稳定土强度影响显著，石灰剂量较低(小于3%~4%)时，石灰主要起稳定作用，土的塑性、膨胀、吸水量减小，使土的密实度、强度得到改善。随着剂量的增加，强度和稳定性均提高，但剂量超过一定范围时，强度反而降低。生产实践中常用的最佳剂量范围，对于黏性土及粉性土为8%~14%；对砂性土则为9%~16%。剂量的确定应根据结构层技术要求进行混合料组成设计。

4. 含水率

水是石灰稳定土的重要组成部分，具有以下作用：①使石灰与土发生物理化学反应，形成强度；②水是土的粉碎、拌和与压实的必要条件，最佳含水率下可达到最佳压实效果；③养护时保持一定湿度。

不同土质的石灰稳定土有不同的最佳含水率，需通过标准击实试验确定，并用以控制施工中的实际加水量。

5. 压实度

石灰稳定土的强度随压实度的增加而增长。实践证明，石灰稳定土的压实度每增减1%，强度增减约4%。密实的石灰稳定土，其抗冻性好、水稳定性也好，缩裂现象也少。

6. 龄期

石灰稳定土强度具有随龄期增长的特点。石灰稳定土初期强度低，随着时间的逐渐增长而趋于稳定。一般情况下，石灰稳定土的强度在90d以前增长比较显著，以后则比较缓慢。石灰稳定土的这种特性对施工程序的衔接有相当的灵活性。

7. 养护条件

养护条件主要指温度与湿度。养护条件不同，其强度也有差异。当温度高时，物理化学反应、硬化、强度增长快；反之，强度增长慢，在负温条件下甚至不增长。因此，要求施工的最低温度应在5℃以上。经验证明，夏季施工的石灰稳定土强度高，质量可以保证。湿度条件对石灰稳定土的强度有很大影响，在一定潮湿条件下养护，强度的形成比在一般空气中养护要好。

(二) 应用要求

石灰稳定材料适用于各级公路的底基层以及二级和二级以下公路的基层。由于石灰土容易产生收缩裂缝且抗冲刷能力差，因此，不得用于二级公路的基层和二级以下公路或高级路面的基层。

当工程位于多雨地区，应避免在雨期进行石灰稳定材料结构层的施工。石灰稳定中粒土和粗粒土在雨期施工时，应采用排除表面水的措施，防止运到路上的集料过分潮湿，同时还应采取措施保护石灰免遭雨淋。

（三）原材料选择

1. 石灰

石灰的技术要求应符合表 2.19 中，Ⅰ级、Ⅱ级、Ⅲ级消石灰或生石灰的技术规定。高速、一级公路用石灰应不低于Ⅱ级技术要求，二级公路用石灰应不低于Ⅲ级技术要求，二级以下公路用石灰宜不低于Ⅲ级技术要求。

高速、一级公路的基层，宜采用磨细生石灰粉。二级以下公路使用等外石灰时，有效氧化钙含量应在 20%以上，且混合料强度应满足要求。

施工中应尽量缩短石灰的存放时间，宜分批进料，做到既不影响施工进度，又不过长时间存放。如在野外堆放时间较长，应采取覆盖封存措施。

使用消石灰时，石灰消解宜在使用前 7~10d 进行。消石灰应过 10mm 筛后使用。消解石灰用水应适量，不得形成扬尘或灰膏而影响使用。

使用生石灰时，应采用 1mm 筛孔过筛，去除烧结不透的石灰。

表 2.19　生石灰、消石灰的技术要求

项目 类别		钙质生石灰			镁质生石灰			钙质消石灰			镁质消石灰			试验方法
		Ⅰ	Ⅱ	Ⅲ	Ⅰ	Ⅱ	Ⅲ	Ⅰ	Ⅱ	Ⅲ	Ⅰ	Ⅱ	Ⅲ	
有效钙加氧化镁含量/%		≥85	≥80	≥70	≥80	≥75	≥65	≥65	≥60	≥55	≥60	≥55	≥50	T0813
未消化残渣含量/%		≤7	≤11	≤17	≤10	≤14	≤20	—	—	—	—	—	—	T0815
含水率/%		—	—	—	—	—	—	≤4	≤4	≤4	≤4	≤4	≤4	T0801
细度	0.60mm 方孔筛的筛余/%	—	—	—	—	—	—	0	≤1	≤1	0	≤1	≤1	T0814
	0.15mm 方孔筛的筛余/%	—	—	—	—	—	—	≤13	≤20	—	≤13	≤20	—	T0814
钙镁石灰的分类界限，氧化镁含量/%		≤5			>5			≤4			>4			T0812

2. 土

塑性指数为 15~20 的黏性土以及含有一定数量黏性土的中粒土和粗粒土均适宜用石灰稳定。用石灰稳定无塑性指数的级配砂砾、级配碎石和未筛分碎石时，应添加 15%左右的黏性土。塑性指数在 15 以上的黏性土更适宜用石灰和水泥综合稳定。塑性指数在 10 以下的粉质砂土和砂土用石灰稳定时，应采取适当的措施或采用水泥稳定。塑性指数偏大的黏性土，应加强粉碎，粉碎后土块的最大尺寸不应大于 15mm。可以采用两次拌和法，第一次加部分石灰拌和后，闷放 1~2d，再加入其余石灰，进行第二次拌和。土中有机质含量不应大于 10%，硫酸盐含量不应大于 0.8%。

级配碎石、未筛分碎石、砂砾、碎石土、砂砾土、煤矸石和各种粒状矿渣等均适宜用作石灰稳定土的材料。石灰稳定土中碎石、砂砾或其他粒状材料的含量应在 80%以上，并应具有良好的级配。具体要求同水泥稳定材料中的粗、细集料要求。

3. 水

凡是饮用水（含牲畜饮用水）均可用于石灰稳定材料结构层施工。

（四）混合料组成设计

石灰稳定材料的 7d(天)无侧限抗压强度标准 R_d 应符合表 2. 20 的规定，压实度标准应符合表 2. 21 的规定。石灰稳定材料混合料组成设计方法同水泥稳定材料。

表 2. 20　石灰稳定材料的 7d 无侧限抗压强度标准 R_d　　MPa

结构层	高速、一级公路	二级及二级以下公路
基层	—	≥70. 8
底基层	≥0. 8	0. 5~0. 7

表 2. 21　石灰稳定材料的压实度标准　　%

公路等级		基层	底基层
高速、一级公路	稳定中、粗粒材料	—	≥97
	稳定细粒材料	—	≥95
二级及二级以下公路	稳定中、粗粒材料	≥97	≥95
	稳定细粒材料	≥95	≥93

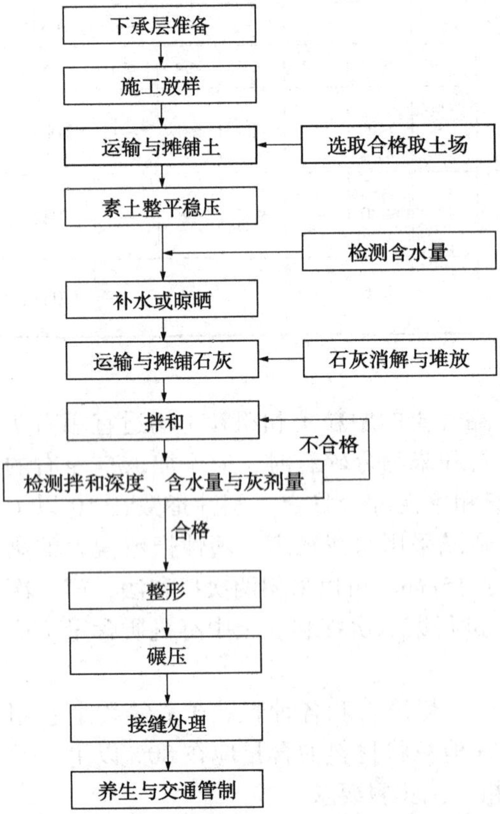

图 2. 3　石灰稳定土路拌法施工工艺流程

二、石灰稳定材料结构层施工

（一）施工工艺流程

石灰稳定类结构层施工的方法主要分为路拌法施工、中心站(厂)集中厂拌法施工和人工沿路拌和法施工三种。用作高速公路、一级公路底基层的石灰稳定材料结构层宜采用中心站(厂)集中厂拌法施工，对于二级、三级、四级公路一般采用路拌法施工；对于三级、四级公路，在无路拌机械的情况下，也可采用人工沿路拌和法施工。

下文主要介绍石灰稳定土路拌法施工。路拌法施工的工艺流程如图 2. 3 所示。

（二）施工技术要点

1. 准备工作

1）准备下承层

石灰稳定材料层的下承层准备工作同水泥稳定碎(砾)石的下承层准备。

2）施工放样

在底基层或土基上恢复中线，直线段每 15~20m 设一桩，平曲线段每 10~15m 设一桩，并在对应断面的路肩外侧设指示桩。在两侧指示桩上用红漆标出石灰稳定材料层边缘的设计高。

3）备料

（1）被稳定材料。采集材料前，应先将树木、草皮和杂土清除干净。料中的超尺寸颗粒应予筛除。应在预定采料深度范围内自上而下采集材料，不宜分层采集，不应将不合格的材料采集在一起。分层采集材料时，应将不同层位的材料混合装车运送到现场。对于塑性指数小于 15 的黏性土在机械拌和时，可视土质和机械性能确定土是否需要过筛。

（2）石灰。石灰宜选择临近水源、地势较高且宽敞的场地集中覆盖封存堆放。预计堆放时间较长时，应用土或其他材料覆盖封存，石灰堆放在集中拌和场地时，宜搭设防雨棚。生石灰应在使用前 7~10d 充分消解，消解后的石灰应保持一定的湿度，以免过干飞扬，但也不能过湿成团。消石灰宜过 10mm 筛，并尽快使用。

（3）材料用量。根据各段石灰稳定材料层的宽度、厚度及预定的压实度(换算为压实密度)，计算各路段需要的干燥材料数量。根据料场材料的含水量和运料车辆的吨位，计算每车料的堆放距离。根据石灰稳定土层的厚度和预定的干密度及石灰剂量，计算每平方米石灰稳定土需用的石灰质量，并计算每车石灰的摊铺面积，如使用袋装生石灰粉，则计算每袋石灰的摊铺面积。计算每车石灰的卸放位置，即纵向和横向间距，或计算每袋石灰的纵横间距。

2. 运输及摊铺

1）运输

堆料前应用两轮压路机碾压 1~2 遍，整平表面，并在预定堆料的路段上洒水，使其湿润，但不应由于过分潮湿而造成泥泞。材料装车时，应控制每车料的数量基本相等。在同一料场供料的路段，由远到近将料按计算的距离(间距)卸置于下承层表面的中间或两侧。卸料距离应严格掌握，避免料不够或过多。材料在下承层上的堆置时间不宜过长。材料运送宜比摊铺工序提前 1~2d。路肩用料与稳定材料层用料不同时，应先将两侧路肩培好。路肩料层的压实厚度应与稳定材料层的压实厚度相同。在两侧路肩上，宜每隔 5~10m 交错开挖临时泄水沟。

2）摊铺被稳定材料

摊铺时，应事先通过试验确定被稳定材料的松铺系数。人工摊铺混合料时，其松铺系数如表 2.22 所示。在摊铺被稳定材料前，应先在未堆料的下承层上洒水使其湿润，但不应由于过分潮湿而造成泥泞。对能封闭交通的道路，摊铺被稳定材料应在摊铺石灰的前一天进行。摊料长度应与施工日进度相同，以够次日加石灰、拌和、碾压成型为准。对不能封闭交通的道路以及雨期，宜在当天摊铺被稳定材料。用平地机或其他合适的机具将土均匀摊铺在预定的宽度上，表面应力求平整，并有规定的路拱。摊铺过程中，应注意将土块、超尺寸颗粒及其他杂物拣除。如土中有较多土块，应进行粉碎。检验松铺材料层的厚度，看其是否符合预计要求(松铺厚度 = 压实厚度×松铺系数)。必要时，应进行减料或补料工作。

表 2.22 混合料松铺系数参考值

材料名称	松铺系数	说明
石灰土	1.53~1.58	现场人工摊铺土和石灰，机械拌和，人工整平
石灰土	1.65~1.70	路外集中拌和，运到现场人工摊铺
石灰土、砂砾	1.52~1.56	路外集中拌和，运到现场人工摊铺

3）摊铺石灰

摊铺石灰时，如黏性土过干，应事先洒水闷料，使土的含水率略小于最佳值。细粒材料宜闷料一夜；中粒土和粗粒土，视细粒材料的含量，缩短闷料时间。在人工摊铺的材料层上，用6~8t两轮压路机碾压1~2遍，使其表面平整，并有一定密实度。然后，按计算的每车石灰的纵横间距，用石灰在被稳定材料层上做卸置石灰的标记，同时划出摊铺石灰的边线，用刮板将卸置的石灰均匀摊开。石灰摊铺完后，表面应没有空白位置。应量测石灰的松铺厚度，校核石灰用量。

3. 拌和与洒水

（1）采用专用稳定材料拌和设备拌和时，应设专人跟随拌和机，随时检查拌和深度，并配合拌和机操作员调整拌和深度，除直接铺在土基上的一层外，严禁在拌和层底部留有“素土”夹层。拌和深度应达到稳定层底并宜侵入下承层不小于5~10mm，以利于上下层黏结。

（2）二级以下公路在没有专用拌和设备的情况下，可用农用旋转耕作机与多铧犁或平地机相配合拌和，拌和时间不宜过长。

（3）拌和石灰稳定碎石或砾石，先将石灰和需添加的黏性土拌和均匀，然后均匀地摊铺在碎石或砂砾层上，再一起进行拌和。用石灰稳定塑性指数大的黏土时，由于黏土难以粉碎，宜采用两次拌和法。即先加70%~100%预定剂量的石灰进行拌和，闷放1~2d，然后补足需用的石灰，进行第二次拌和。

（4）在拌和过程中，应及时检查含水率。混合料的含水率宜略大于最佳值，含水率不足时，宜用喷管式洒水车补充洒水。洒水车不应在正进行拌和以及当天计划拌和的路段上调头和停留，以防局部水量过大。拌和机械应紧跟在洒水车后面进行拌和。尤其在纵坡大的路段上更应配合紧密，减少水分流失。

（5）在洒水过程中，要人工配合拣出超尺寸颗粒，清除粗细石料“窝”以及局部过湿之处。拌和完成的标志是：混合料色泽一致，没有灰条、灰团和花面，以及无明显粗细集料离析现象。

4. 整形与碾压

1）整形

（1）平地机整形。混合料拌和均匀后，应及时用平地机初步整形。在直线段，平地机由两侧向路中心刮平；在平曲线段，平地机由内侧向外侧刮平。必要时，再返回刮一遍。在初平的路段上，应用拖拉机、平地机或轮胎压路机快速碾压一遍。整形前，对局部低洼处应用齿耙将其表层50mm以上的材料耙松，并用新拌的混合料找平，再碾压一遍。应用平地机再整形一次，将高处料直接刮出路外，严禁形成薄层贴补现象。反复整形，直至满足技术要求，每次整形都应达到规定的坡度和路拱。特别要注意接缝处的整平，接缝必须顺适平整。

（2）人工整形。人工整形时，应用锹和耙先将混合料摊平，再用路拱板整形。用拖拉机初压 1~2 遍后，应根据实测松铺厚度，确定纵横断面高程，并设置标记和挂线。

在整形过程中，严禁任何车辆通行，并保持无明显的粗细集料离析现象。

2）碾压

碾压时，应根据路宽、压路机的轮宽和轮距的不同，制订碾压方案，使各部分碾压到的次数尽量相同，路面的两侧宜多压 2~3 遍。

整形后，当混合料的含水率满足要求时，应立即对结构层进行全宽碾压。直线段，由两侧路肩向路中心碾压。平曲线段，由内侧路肩向外侧路肩进行碾压。碾压时，轮迹应重叠 1/2 的轮宽，后轮应超过两段的接缝处。后轮压完路面全宽时即为一遍。碾压一直进行到要求的密实度为止，一般需压 6~8 遍。

压路机前两遍的碾压速度宜为 1. 5~1. 7km/h，以后宜为 2. 0~2. 5km/h。

严禁压路机在已完成或正在碾压的路段上掉头或紧急制动。

碾压过程中，石灰稳定材料的表面应始终保持湿润。如表面水蒸发得过快，应及时补洒少量的水。如有“弹簧”、松散、起皮等现象，应及时翻开重新拌和，或用其他方法处理，使其达到质量要求。

在碾压结束之前，用平地机终平一次，纵坡、路拱和超高应符合设计要求。终平应仔细进行，必须将局部高出部分刮除并扫出路外，对于局部低洼之处，不再进行补充，留待铺筑面层时处理。

5. 养护

石灰稳定材料结构层的养护同水泥稳定材料结构层的养护。

6.“机械掉头”的处理和接缝施工

1）“机械掉头”的处理

拌和机械及其他机械不宜在已压成的石灰稳定材料层上调头。如必须在上进行掉头，应采取措施（如覆盖一张厚塑料布或油毡纸，再铺上约 100mm 厚的土、砂或砾石）保护调头部分，使石灰稳定土表层不受破坏。整平时，宜用平地机将塑料布或油毡纸上的大部分材料除去，之后人工再除去余下的材料，并收起塑料布或油毡纸。

2）接缝施工

（1）纵向接缝施工。石灰稳定材料层的施工应尽可能避免纵向接缝，必须分两幅施工时，纵缝应垂直相接，并按下述方法处理：在前一幅施工时，在靠中央一侧应用方木或钢模板做支撑，方木或钢模板的高度与稳定土层的压实厚度相同。混合料拌和结束后，靠近支撑木（或板）的部分，应人工进行补充拌和，再整形和碾压。在铺筑后一幅前，拆除支撑木（或板）。后一幅混合料拌和结束后，靠近前一幅的部分，应人工进行补充拌和，再整形和碾压。

（2）横向接缝施工。每天施工到最后一段应做好横向施工缝。应在已经碾压完成的无机结合料稳定材料层的末端，挖一条横贯铺筑层全宽的宽约 300mm 的槽，直至下承层顶面，形成与路的中心线垂直并垂直向下的断面，并放两根与压实厚度等厚、长为全宽一半的方木紧贴垂直面。用挖出的材料回填槽内其余部分。第二天邻接作业段拌和后除去方木，用混合料回填。靠近方木未能拌和的一小段，应人工补充拌和。整平时，接缝处的稳定材料应较已完成断面高出约50mm。新混合料碾压过程中，应将接缝修整平顺。

另外，两工作段的搭接部分，应采用对接形式。前一段拌和后，留5~8m不进行碾压。后一段施工时，将前段留下未压部分，再加部分无机结合料重新拌和，并与后一段一起碾压。

(三) 施工过程中的质量控制

施工前和施工过程中，可参照表2.23中的检查项目与频度，对各种原材料进行抽样试验。混合料应按表2.24的试验项目和要求检测评定。其他可参照水泥稳定材料的要求。

表2.23 施工前和施工过程中材料质量检查项目与频度

材料	检查项目	目的	频度	试验方法
石灰	含水率	确定原始含水率		T0801/T0803
	有效钙、氧化镁	确定石灰质量	做材料组成设计和生产使用时分别测2个样品，以后每月测2个样品	T0811/T0812/0T813
	残渣含量	确定石灰质量	做材料组成设计和生产使用时分别测2个样品，以后每月测2个样品	T0815
土	同水泥稳定材料			
集料	同水泥稳定材料			

表2.24 混合料试验项目和要求

项次	检查项目	目的	频度	试验方法
1	重型击实试验	最佳含水率和最大干密度	材料发生变化时	T0804
2	抗压强度	配合比试验及施工期间质量评定	每次配合比试验	0T805
3	绘制EDTA标准曲线	对施工过程中石灰剂量有效控制	石灰品种变化时	T0809

石灰稳定材料结构层在铺筑过程中的质量控制与水泥稳定材料的要求基本相同，可参照水泥稳定材料结构层施工内容与《公路路面基层施工技术细则》(JTG/T F20—2015)。

三、石灰稳定材料结构层质量评定与工程计量

石灰稳定材料结构层施工完毕，施工单位应进行自检，并完成质量评定，才能申请交工验收。验收合格后才能进行计量与支付。

(一) 石灰稳定材料结构层的质量评定

石灰稳定材料结构层工程完工后，施工单位、工程监理单位和建设单位应按相同的工程项目划分进行工程质量的监控和管理。施工单位应将全线以1~3km作为一个评定路段，按规定频度与方法，对石灰稳定材料结构层进行全线自检，并应在规定时间内提交全线检测结果及施工总结报告，申请交工验收。石灰稳定材料结构层工程质量检验评定时的基本要求、实测项目、外观质量要求及质量保证资料整理顺序的内容如下。

1. 基本要求

(1) 应选择质坚干净的粒料，石灰应充分消解，矿渣应分解稳定，未分解渣块应予剔除。

(2) 路拌法路拌深度应达到层底。

(3) 石灰类材料应处于最佳含水率状态下碾压。

(4) 碾压检查合格后立即覆盖或洒水养生，养生期应符合规范规定。

2. 外观质量要求

(1) 表面应无坑洼、无松散、无碾压轮迹。

(2) 石灰稳定粒料基层和底基层表面连续离析不得超过10m，累计离析不得超过50m。

3. 质量保证资料整理顺序

质量保证资料整理顺序如下。

(1) 开工报告及附件。

(2) 工序报验资料及附件(各层报)。工序报验资料及附件(各层报)包括中间检验申请单、施工放样报验单、石灰稳定粒料(水泥稳定土)基层和底基层现场质量检验报告单、石灰稳定土基层(底基层)施工原始记录、平整度检验记录表、纵断高程检验记录表、宽度检验记录表、横坡检查记录表、路面结构厚度检验记录表、压实度试验记录(灌砂法)、无侧限抗压强度试验报告单、水泥(石灰)剂量试验(乙二胺四乙酸滴定法)、水准测量记录、含水率试验记录(施工控制)、路面基层集料技术性能试验、级配试验。

(3) 分项工程报验资料及附件。分项工程报验资料及附件包括中间交工证书、工程报验单、分项工程质量检验评定表(石灰稳定××基层)(分项评定)、压实度检验评定表、平整度检验记录表、纵断高程检验记录表、宽度检验记录表、路面结构厚度检验评定表、横坡检验记录表、无侧限抗压强度评定表、压实度试验记录、压实度检验汇总表、纵断高程检验汇总表、中线偏位/宽度/横坡/边坡检验汇总表、平整度/路面厚度检验汇总表、无侧限抗压强度试验汇总表。

(二) 石灰稳定材料结构层的工程计量

1. 计量规定

(1) 石灰稳定材料结构层应按图纸和监理工程师指示铺筑，经监理工程师验收合格的顶面面积，按不同厚度以平方米计量。

(2) 任何地段的长度应沿路幅中线水平量测。对个别特殊形状的面积，承包人可采用适当计算方法计量，并经监理工程师批准，以平方米计量。除监理工程师另有指示外，超过图纸所规定的面积，均不予计量。

(3) 桥梁和明涵处的搭板、埋板下变截面石灰稳定土底基层、基层按图纸所示和监理人的指示铺筑。经监理人验收合格后，以立方米计量。

(4) 混合料拌和站、贮料场的建设、拆除、恢复均包含在相应工程项目中，不另行计量。

2. 支付

按上述规定计量，经监理工程师验收且列入工程量清单的以下工程子目的工程量，其每一计量单位将以合同单价支付。此项支付包括材料、劳力、设备、运输及其他为完成石灰稳定材料结构层所必需的所有费用，是对完成工程的全部偿付。

3. 计量清单及内容

石灰稳定材料结构层工程计量清单及内容见表 2. 25。

表 2. 25　石灰稳定材料结构层工程计量清单及内容

子目号	子目名称	单位	计量规则	工作内容
303-1	石灰稳定土底基层	m^2	依据图纸所示压实厚度，按照铺筑的顶面积以平方米为单位计量	1. 检查、清理下承层、洒水 2. 拌和、运输、摊铺 3. 整平、整形 4. 洒水、碾压、初期养护
303-3	石灰稳定土基层			
303-2	搭板、埋板下石灰稳定土底基层	m^3	依据图纸所示尺寸，按照铺筑体积以立方米为单位计量	

第四节　级配碎(砾)石结构层施工

级配碎(砾)石结构层是粒料类基层中的一种，它是由粗、细碎石和石屑各占一定比例，级配符合要求的碎石混合料铺筑而成。级配碎(砾)石结构层适用于各级公路的基层和底基层，也可用作较薄沥青面层与半刚性基层之间的中间层，从而可减轻和消除半刚性基层开裂对沥青面层的影响，避免出现反射裂缝。

一、级配碎(砾)石的概述

(一) 级配型集料的组成与适用场合

由各种大小不同粒级集料组成的混合料，当其颗粒组成符合技术规范的密实级配的要求时，称其为级配型集料。在级配型集料中，没有水泥、石灰等胶结料，也没有沥青，所以在国外常称其为无胶结料粒料或无胶结料材料。在级配型集料中，常含有一定数量的细土(指小于 0. 5mm 颗粒)，细土中有一定数量的粉粒(指小于 0. 05mm 颗粒)和黏粒(指小于 0. 002mm 的颗粒)，并有或大或小的塑性指数。级配碎(砾)石宜用几种不同粒径的碎石组配而成，用作中间层的级配碎(砾)石也宜用几种不同粒径的碎石组配而成。它能更好地保证碎石的颗粒组成符合规定的要求，并达到较高的强度和稳定性。级配型集料包括级配碎石、级配碎砾石(碎石和砂砾的混合料，也常将砾石中的超尺寸颗粒粉碎后与砂砾一起组成碎砾石)和级配砾石(或称为级配砂砾)。

级配型集料可以用作沥青路面和水泥混凝土路面的基层和底基层，也可用作路基的改善层。在排水良好的前提下，级配型集料可在不同的气候区用于不同交通等级的道路上。在潮湿多雨地区使用级配型集料特别有利。

(二) 级配型集料强度的影响因素

级配型集料基层结构是按密实混合料原则进行修建的，其强度形成是靠集料间的摩擦力和细粒土的黏结力，经碾压密实联结构成。要保证这种结构具有足够的强度，一定要使组成混合料的集料具有最佳级配和良好的颗粒形状，经过充分拌和，使各级集料分布均匀，并碾压密实，否则将影响结构层的强度。工程实践和试验证明，这种基层结构的强度和稳定性还与集料的类型、集料的粒径有着密切的关系。级配碎石最好，级配碎砾石次之，级配砂砾最差。集料最大粒径含量、5mm 以下颗粒含量和小于 0.075mm 颗粒的含量，对混合料的密实度和强度有较大的影响。

粒径 0.5mm 以下的颗粒含量是决定其液限和塑性指数的主要成分，对混合料结构层的水稳定性和冰冻稳定性有很大影响，液限和塑性指数越高，则级配型集料的水稳定性越差。因此，选用这类材料用作沥青路面的基层时，必须重视土基的含水量，偏离时应严格控制此种细料的含量。根据国内外以往的施工经验，级配型集料基层的塑性指数超过一定数值的路段，沥青面层往往出现早期的病害。因此，在实际工作中，对于级配型集料基层主要应控制颗粒的级配组成，特别是其中的最大粒径，5mm 以下、0.5mm 以下和 0.075mm 以下的颗粒含量和塑性指数；同时在施工中要严格控制级配型集料的均匀性和压实度。

（三）路面结构中使用级配型集料的方法

级配型集料用作路面的不同层次或用于路面中的不同位置，主要取决于材料本身的特性、材料的质量、气候条件、交通组成和交通量以及每个国家的使用经验。

在一般情况下，在路面结构中使用级配型集料有以下三种方法。

(1) 在轻交通道路上用在薄沥青面层下，几乎所有的国家都可以采用这种结构。

(2) 在重交通道路上用在厚沥青面层下。在这种情况下，可能有两种方式：一种是施工质量很好的高质量的级配碎石，直接用在厚沥青面层下作为基层；另一种是施工质量略次的级配型集料用于较深的位置，通常用于有结合料基层的下面。

(3) 不少国家将级配碎石用作沥青面层与水硬性结合料处置基层(有的国家称为底基层)之间的中间层，以减轻水硬性结合料处置层的干缩裂缝反射到沥青面层上，即减轻反射裂缝。也有利于排除路面结构层中的水，减少甚至消除基层的冲刷现象。这种路面结构又常称之为“倒装结构”。

工程实践证明，使用级配型集料的两个决定性因素是施工质量和轴荷载。当这两个条件有利时，级配碎石即使在薄沥青面层或沥青表面处置下也会工作得很好。当轴荷载较重时，在某一交通水平以上这种路面结构就不太合适。

根据一些国家的资料统计，在高速公路和一级公路上使用级配碎石用作沥青路面的基层时，基层上沥青材料层的总厚度变化在 22~31cm。级配型集料还可用作低等级道路上的面层，即用作中级路面。此时，级配型集料中的细土含量和塑性指数都比较高。因此，适宜用作面层的级配型集料，不适宜用作沥青路面、水泥混凝土路面的基层和底基层。

细土含量和塑性指数都较高的级配型集料虽然可以用作中级路面，直接承受行车的作用，但考虑到过一定时间后中级路面会被改善成沥青路面，为了避免在铺筑沥青面层时将原中级路面挖翻处置，对于中级路面也宜采用《公路路面基层施工技术细则》(JTG/T F20—2015)中规定的级配型集料用作承重层，另外采用细土含量和塑性指数都较高的细级配型集料用作磨耗层，例如砂土磨耗层、细砂砾磨耗层或细碎石磨耗层等。

（四）对级配型集料的要求

就力学性质和稳定性而言，级配碎石是级配型集料中最好的材料，也是无结合料材料中最好的材料。决定级配型集料层力学性质的主要参数是弹性模量(或回弹模量)、抗剪强度和抗永久形变能力。

级配型集料层的理想性质：它应有高的劲度(相当于弹性模量)，以提供良好的荷载分布性质；同时应有较高的抗剪强度，以减轻车辆(包括施工机械)作用下的辙槽；也应具有较高的透水性，以使进入的自由水能快速排出；其中细土应该没有塑性，以保证良好的水稳定性，并应当具有无冰冻敏感性。

决定级配型集料层力学性质的参数，主要与集料的摩擦作用、嵌锁作用和黏结作用有关。摩擦作用本身则与所产生的应力及颗粒接触面上能达到的摩擦力有关，应力与集料层的密实度和所处的位置有关，而集料层的密实度则与颗粒的级配和形状有关，颗粒接触面上能达到的摩擦力与颗粒的强度和颗粒的表面纹理有关。

影响级配型集料结构层力学性质的其他重要因素还有集料的含水量、加工和摊铺集料的均匀性和碾压密实度以及下承层的承载能力。

在实际工程中，对于级配型集料主要是控制颗粒的级配组成，特别要注意控制最大粒径，5mm 以下、0.5mm 以下和 0.075mm 以下的颗粒含量及塑性指数。同时，在施工中要严格控制级配型集料的均匀性和压实度。要做好级配碎石路面，在设计和施工两方面都要做好，特别是施工十分重要，即如何保证拌和均匀、含水量合适和均匀，摊铺均匀以及压实到规定的密实度是施工过程中的重要环节，也是保证路面结构具有良好使用性能和长期使用寿命的重要环节。

级配碎石可适用于各等级公路的基层和底基层，也可用作较薄沥青面层与半刚性基层之间的中间层。用于二级和二级以上公路基层和底基层的级配碎石，应用预先筛分成几组不同粒径的碎石(如 37.5~19.0mm、19.0~9.5mm、9.5~4.75mm)及 4.75mm 以下的石屑组配而成。其他等级公路，级配碎石可用未筛分碎石和石屑组配而成。当缺乏石屑时，也可以添加细砂砾或粗砂，或用颗粒组成合适的含细集料较多的砂砾与未筛分碎石配合成级配碎砾石。但其强度和稳定性不如添加石屑的级配碎石。

二、级配碎(砾)石结构层的材料要求

级配碎(砾)石结构层的材料要求主要有以下几点。

(1) 用于二级和二级以上公路基层和底基层的级配碎石，应用预先筛分成几组不同粒径的碎石(如 37.5~19.0mm、19.0~9.50mm、9.50~4.75mm)及 4.75mm 以下的石屑组配而成。

(2) 用于二级和二级以上公路基层和底基层的级配碎石，可用未筛分碎石和石屑组配而成。

(3) 当缺乏石屑时，也可以添加细砂砾或粗砂，或用颗粒组成合适的含细集料较多的砂砾与未筛分碎石配合成级配碎砾石。

(4) 级配碎石可适用于各等级公路的基层和底基层。

(5) 级配碎石也可用作较薄沥青面层与半刚性基层之间的中间层。

(6) 级配碎石用作二级和二级以下公路基层时，其最大粒径应控制在 37.5mm 以内；当级配碎石用作高速公路和一级公路的基层以及半刚性路面的中间层时，其最大粒径宜控

制在 31.5mm 以下。

（7）级配碎石用作半刚性路面的中间层以及二级以上公路的基层时，应采用集中厂拌法拌制混合料，并用摊铺机摊铺混合料。

（8）轧制碎石的材料可以是各种类型的坚硬岩石（软质岩石除外）、圆石或矿渣。圆石的粒径应是碎石最大粒径的 3 倍以上；矿渣应是已崩解稳定的，其干密度和质量比较均匀，干密度不应小于 $960kg/m^3$。

（9）级配碎石中所用的碎石，针片状颗粒的总含量不得超过 20%。碎石中不应有黏土块、植物等有害物质。

（10）石屑或其他细集料可以使用一般碎石场的细筛余料，也可以利用轧制沥青表面处治和贯入式用石料时的细筛余料，或专门轧制的细碎石集料。也可以用砂砾或粗砂代替石屑。砂砾的颗粒尺寸应该合适，必要时应筛除其中的超尺寸颗粒。砂砾或粗砂应有较好的级配。

（11）级配碎石或级配碎砾石用作二级和二级以下公路基层时，其颗粒组成和塑性指数见表 2.26 所示 1 号级配的规定。级配碎石用作高速公路和一级公路基层时，其颗粒组成和塑性指数应满足表 2.26 所示 2 号级配的规定。同时，级配曲线宜为圆滑曲线。

表 2.26　级配碎石或级配碎砾石的颗粒组成范围

通过下列筛孔的质量百分率/% \ 筛孔尺寸/mm	编号 1	编号 2	通过下列筛孔的质量百分率/% \ 筛孔尺寸/mm	编号 1	编号 2
37.5	100		2.36	17~37	17~37
31.5	90~100	100	0.60	8~20	8~20
19.0	73~88	85~100	0.074	0~7①	0~7①
9.50	49~69	52~74	液限/%	小于 28	小于 28
4.75	29~54	29~54	塑性指数	小于 6 或 9②	小于 6 或 9②

注：①对于无塑性的混合料，小于 0.075mm 的颗粒含量应接近高限，使压实后的基层透水性小；②潮湿多雨地区宜采用塑性指数小于 6 的材料，其他地区的塑性指数宜小于 9。

（12）在塑性指数偏大的情况下，塑性指数与 0.5mm 以下细土含量乘积应符合下列规定。

① 在年降雨量小于 600mm 的中干旱和干旱地区，地下水位对土基没有影响时，其塑性指数与 0.5mm 以下细土含量的乘积不应大于 120。

② 在潮湿多雨地区，塑性指数与 0.5mm 以下细土含量的乘积不应大于 100。细土的液限和塑性指数对级配型集料的水稳定性有很大影响。液限和塑性指数越大，集料的水稳定性越不好。试验证明：级配型集料中加入少量塑性细土，不但要降低级配型集料的承载能力，而且要降低级配型集料的刚性和抗形变能力，使得级配型集料在相同荷载作用下产生较大的形变。

因此，使级配型集料基层的塑性指数降到零，可以明显地减少塑性形变或辙槽。在实际工作中，对于级配碎石以及无塑性指数的级配砾石，除严格掌握其颗粒组成外，不应向其中添加任何塑性土。

我国早期的沥青路面直接采用优质级配碎石和级配砾石作为基层。随着时代的进步，交通量大、车载质量和轴载质量大、重车比例大成为我国近二十年来交通发展的主要特点。此时，原有的级配碎石基层暴露出明显的弊端，新建或改建的高等级公路沥青路面发生一些严重的早期破坏，有的使用不到一年就开始大面积损坏，有的使用3~5年就发生明显损坏，路面的使用质量和使用寿命普遍不能达到应有的水平。这主要因为级配碎石是一种松散材料，它具有塑性变形大、刚度小、应力扩散能力差等缺点，在重交通(交通量大和重车比例多)的情况下，会产生过大的残余变形或工后变形，致使沥青路面的平整度受到影响，严重时会发生剪切破坏和疲劳破坏。

各国道路建设的实践经验证明，级配型集料用作沥青路面的基层时，必须严格控制其液限和塑性指数。凡级配型集料的塑性指数超过一定数值的路段，沥青面层往往过早破坏。在不同情况下的低塑性的级配型集料基层，却使用效果很好。限制级配型集料中细土的液限和塑性指数，是为了在集料的含水量增加时，仍能保持集料有足够的强度。一般说来，同样用作基层的级配型集料，在冰冻地区和非冰冻地区，在潮湿地区和干旱地区，对于其中细土的液限和塑性指数的规定是有所不同。

最先，美国和欧洲国家(主要是冰冻地区)对这两个指标做出规定：一般要求液限不大于6。但是，近30多年来，随着交通量的发展，对用作沥青路面基层的级配型集料的塑性指数的规定渐趋严格。实践证明，如级配型集料的塑性指数偏大，可以控制塑性指数与0.5mm(或4.25mm)以下颗粒含量的乘积不超过一定数值，以保证级配型集料的稳定性。对于这个乘积，我国在规范中规定：在年降雨量小于600mm的中干旱和干旱地区，地下水位对土基没有影响时，乘积不应大于120；在潮湿多雨地区，乘积不应小于100。

(13) 级配碎石用作中间层时，其颗粒组成和塑性指数应符合表2.26中2号级配的规定。

(14) 未筛分碎石用作二级和二级以下公路底基层时，其颗粒组成和塑性指数应符合表2.27中1号级配的规定；用作高速公路和一级公路底基层时，其颗粒组成和塑性指数应满足表2.27中2号级配的规定。

表2.27 未筛分碎石底基层颗粒组成

筛孔尺寸/mm ＼ 通过下列筛孔的质量百分率/%	编号		筛孔尺寸/mm ＼ 通过下列筛孔的质量百分率/%	编号	
	1	2		1	2
53.0	100		4.75	10~30	17~45
37.5	85~100	100	2.36	8~25	11~35
31.5	69~88	83~100	0.60	6~18	6~21
19.0	40~63	54~84	0.074	0~10	0~10
9.5	19~43	29~59			
液限/%	小于28	小于28	塑性指数	小于6或9*	小于6或9*

注：*潮湿多雨地区宜采用塑性指数小于6的材料，其他地区的塑性指数宜小于9。

(15) 级配碎石或级配碎砾石所用石料的压碎值应满足下列规定。

① 对于基层高速公路和一级公路：不得大于26%；二级公路：不得大于30%；二级公

路以下：不得大于 35%。

② 对于底基层高速公路和一级公路：不得大于 30%；二级公路：不得大于 35%；二级公路以下：不得大于 40%。

三、级配碎石结构层的施工要点

在级配碎石结构层施工和使用过程中，影响级配型集料结构层力学性质的其他重要因素还有集料含水量、加工和摊铺集料的均匀性和碾压密实度以及下承层的承载能力。要做好级配碎石这种结构的路面，在设计和施工两个方面都要做好，特别是施工十分重要。根据国外的经验，如何保证级配碎石的级配和塑性指标符合要求，如何保证拌和均匀、含水量合适和均匀，如何保证摊铺均匀以及压实到规定的密实度，是施工过程中的几个重要环节，也是保证这种路面结构具有良好的使用功能和长期使用寿命的重要环节。

（一）一般规定

在级配碎石层进行施工时应遵守下列规定。

（1）级配碎（砾）石混合料颗粒级配应符合规定，配料必须准确，塑性指数应符合规定。

（2）级配碎（砾）石混合料必须拌和均匀，没有粗细颗粒离析现象。

（3）级配碎（砾）石混合料宜采用集中厂拌、摊铺机摊铺的施工方法。

（4）级配碎石（砾石）应使用 12t 以上的三轮压路机进行碾压，每层的压实厚度不应超过 15~18cm。用重型振动压路机和轮胎压路机碾压时，每层的压实厚度可达 20cm。当设计厚度超过 20cm 时应分层铺筑，每层最小压实厚度不小于 10cm。

（5）级配碎石（砾石）在最佳含水率时进行碾压，当采用重型击实标准设计时，基层压实度应大于 99%，底基层压实度应大于 97%。

（6）高等级公路级配碎（砾）石混合料在正式施工前，必须铺筑试验段，对施工工艺进行总结；试验段的质量检查频率应是正常路段的两倍。

（7）施工期的日最低气温应在 5℃以上，严禁雨天施工。

（二）路拌法施工

1. 施工工艺流程

级配碎石路拌法施工的工艺流程如图 2.4 所示。

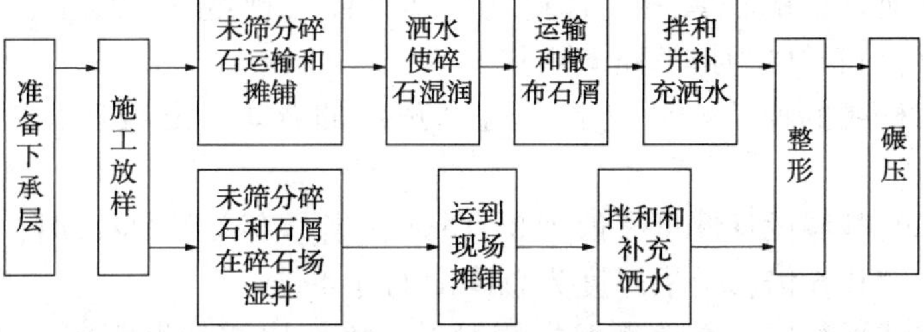

图 2.4　级配碎石路拌法施工的工艺流程

2. 准备下承层

不宜做成槽式断面，其平整度和压实度应符合规范的规定。不论是路堤还是路堑的下承层，必须用12~15t三轮压路机或等效的碾压机械进行碾压，一般应碾压3~4遍。

3. 施工放样

施工放样工序级配碎石层的施工放样工序，同“水泥稳定土”中的相关要求。

4. 施工备料工序

计算材料用量。采用未筛分碎石和石屑组成级配碎石时，应计算未筛分碎石和石屑的配合比。采用不同粒级的单一尺寸碎石和石屑组成级配碎石时，应计算不同粒级的碎石和石屑的配合比。根据各路段基层或底基层的宽度、厚度及预定的压实干密度，并按确定的配合比分别计算各路段需要的未筛分碎石和石屑的数量或不同粒级碎石和石屑的数量，并计算每车料的堆放距离。

在料场中对未筛分碎石进行加水，使其的含水量较最佳含水量大1%左右，以减少运输过程中的集料离析现象(未筛分碎石的最佳含水量约为4%)。

未筛分碎石和石屑可按预定比例在料场进行混合，同时洒水加湿，使混合料的含水量超过最佳含水量1%，以减轻施工现场的拌和工作量以及运输过程中的离析现象(级配碎石的最佳含水量约为5%)。

5. 集料的运输

为便于掌握运输量大小，有利于集料分布均匀，集料在装车运输时应控制每车料的数量基本相等。

在同一料场供料的路段内，宜按照由远到近的顺序卸料。卸料距离应严格掌握，避免料不足或过多。未筛分碎石和石屑分别运送时，应先运送碎石、后运送石屑。

料堆每隔一定的距离应留一缺口，以便使施工机械从缺口处进出。

碎石集料不宜过早运送到路上。原先含水量合适的集料过早运到路上，水分会被蒸发，集料中的含水量会不符合要求。在雨季施工时，碎石过早堆放在路上，下雨时料堆会变为滞水堆，使堆下下承层的含水量明显增大，影响下承层的强度均匀性，在日后的施工碾压过程中，甚至会产生局部弹软现象。因此，集料在下承层上的堆置时间不应过长。运送集料比摊铺集料工序宜只提前1~2d。

6. 集料的摊铺

应事先通过试验确定集料的松铺系数并确定松铺厚度。人工摊铺混合料时，其松铺系数为1.40~1.50；平地机摊铺混合料时，其松铺系数为1.25~1.35。

用平地机或其他合适的机具将混合料均匀地摊铺在预定的宽度上，表面应力求平整，并具有规定的路拱，同时作为摊铺路肩用料。

认真检验松铺材料的厚度，看其是否符合预定的要求。必要时，应进行减料或补料工作。

级配碎石、砾石基层设计厚度一般为8~16cm，当厚度大于16cm时，应分层进行铺筑，下层厚度为总厚度的0.6倍，上层厚度为总厚度的0.4倍。

未筛分碎石摊铺平整后，在较潮湿的情况下，将石屑按计算距离卸置其上，否则一旦开始拌和石屑就会落到底部。用平地机并辅以人工将石屑均匀地摊铺在碎石层上。

采用不同粒级的碎石和石屑时，应将大碎石铺在下面，中碎石铺在大碎石层之上，小碎石铺在中碎石层上面。洒水使碎石湿润后再摊铺石屑。

7. 拌和及整形

对于二级和二级以上公路，应采用专业稳定土拌和机拌和级配碎石。对于二级和二级以下公路，在无稳定土拌和机的情况下，也可采用平地机或多铧犁与缺口圆盘耙相配合进行拌和。

用稳定土拌和机拌和 2 遍以上。拌和深度应直到级配碎石底层。在进行最后一遍拌和之前，必要时先用多铧犁紧贴底面翻拌一遍。

用平地机拌和，宜拌和 5~6 遍，使石屑均匀分布到碎石料中。平地机拌石作业长度，每段宜为 300~500m。

在进行拌和时，平地机刀片的安装角度见表 2.28。

表 2.28　平地机刀片的安装角度

拌和条件	平面角 α/(°)	倾角 β/(°)	切角 γ/(°)
干拌	30~50	45	3
湿拌	33~40	45	2

拌和结束时混合料的含水量应当均匀，并比最佳含水量大 1%左右；同时没有粗细颗粒离析现象。

用缺口圆盘耙与多铧犁相配合拌和级配碎石时，用多铧犁在前面翻拌，圆盘耙紧跟在后面拌和。即采用边翻边耙的方法，共翻耙 4~6 遍。圆盘耙的速度应尽量快，且随时检查翻耙的深度。用多铧犁翻拌时，第一遍由路的中心开始，将碎石混合料向中间翻，同时机械应慢速前进。第二遍从两边开始，将混合料向外翻。在拌和过程中，用洒水车洒足所需的水分。

使用在料场已拌和均匀的级配碎石混合料时，摊铺后混合料如有粗细颗粒离析现象，应用平地机进行补充拌和。

用平地机将拌和均匀的混合料按规定的路拱进行整平和整形，在整形的过程中应注意消除粗细集料离析现象。

用拖拉机、平地机或轮胎压路机在初步整平的路段上快速碾压一遍，以暴露潜在的不平整之处。

在进行快速碾压后，再用平地机进行整平和整形，在整形的过程中必须禁止任何车辆通行。

8. 碾压工序

整形后，当混合料的含水量等于或略大于最佳含水量时，立即用 12t 以上的三轮压路机进行碾压，每层压实厚度不应超过 15~18cm；用重型振动压路机或轮胎压路机进行碾压，每层压实厚度不应超过 20cm。

直线段和不设超高的平曲线段，由两侧路肩开始向中心碾压；在有超高的平曲线段，由内侧路肩向外侧路肩进行碾压。在碾压时，后轮应重叠 1/2 轮宽；后轮必须超过两段的接缝处。后轮压完路面的全宽时，即为一遍。碾压一直进行到要求的密实度为止。一般需碾压 6~8 遍，应使表面无明显的轮迹。

严格控制压路机的碾压速度。头两遍碾压速度采用 1.5~1.7km/h 为宜，以后可采用

2.0~2.5km/h 的速度。

为保证整个路基的施工质量，使压实度均匀、合格，对于不易碾压的两侧，可以多压2~3 遍。

严禁压路机在已完成的或正在碾压的路段上进行车辆调头和急刹车。

凡含土的级配碎石层，都应进行滚浆碾压，一直压到碎石层无多余细土泛到表面为止。滚到表面的浆(或事后变干的薄层土)应予清除干净。

9. 横缝处理

在两作业段的衔接处，应搭接拌和。第一段拌和后，留 5~8m 不进行碾压。第二段施工时，前段留下未压部分与第二段一起拌和平整后进行碾压。

10. 纵缝处理

在一般情况下，应尽量避免出现纵向接缝。在必须分两幅进行铺筑时，纵缝应采取搭接拌和措施。前一幅全宽碾压密实，在后一幅拌和时，应将相邻的前幅边部约 0.3m 搭接拌和，整平后一起碾压密实。

(三) 中心站集中厂拌法施工

级配碎石混合料除可以采用路拌法施工外，还可以在中心站用多种机械进行集中拌和，如用强制式拌和机、卧式双转轴桨叶式拌和机、普通水泥混凝土拌和机等。

对于高速公路和一级公路级配碎石基层和中间层，宜采用不同粒级的单一尺寸碎石和石屑，按预定配合比在拌和机内拌制级配碎石混合料。

不同粒级的碎石和石屑等细集料应隔离，分别进行堆放，这样可便于准确地将各种料混合。

级配碎石混合料中的细集料应加以覆盖，防止雨淋增大其含水量而影响基层的施工质量。

在正式拌制级配碎石混合料之前，必须先调试所用的厂拌设备，使设备在操作中运转正常，使混合料的颗粒组成和含水量达到规定的要求。

在采用未筛分碎石和石屑时，如果未筛分碎石和石屑的颗粒组成发生明显变化时，应重新调试设备。

将级配碎石用于高速公路和一级公路时，应采用沥青混凝土摊铺机或其他碎石摊铺机摊铺碎石混合料。

为确保混合料的摊铺质量，摊铺机后面应设专人消除粗细集料离析现象。

为保证混合料的碾压质量，应用振动压路机、三轮压路机进行碾压。

级配碎石用于二级和二级以下公路时，当没有摊铺机时也可以用自动平地机(或摊铺箱)摊铺混合料。

级配碎石在摊铺中应注意以下几个方面：①根据摊铺层的设计厚度和要求达到的压实干密度，计算每车级配碎石混合料可以达到的摊铺面积；②将级配碎石混合料均匀地卸在路幅中央，当路幅较宽时也可将级配碎石混合料卸成两行，以便于均匀摊铺；③用平地机将级配碎石混合料按松铺厚度摊铺均匀；④设一个三人小组跟在平地机的后面，及时消除粗细集料出现的离析现象。对于粗集料“窝”和粗集料“带”，应添加细集料，并拌和均匀；

对于细集料“窝”，应添加粗集料，并拌和均匀。用平地机摊铺混合料后的整形和碾压均与路拌法施工相同。

集中厂拌法施工时的横向接缝按下述方法处理。

① 用摊铺机摊铺混合料时，靠近摊铺机当天未压实的混合料，可与第2天摊铺的混合料一起碾压，但应注意此部分混合料的含水量是否符合要求。必要时，应进行人工补充洒水，使其含水量达到规定的要求。

② 用平地机摊铺混合料时，每天的工作缝可按路拌法中的方法进行处理。

应当尽量避免出现纵向接缝。如摊铺机的摊铺宽度不够，必须分两幅摊铺时，宜采用两台摊铺机一前一后相隔5~8m同步向前摊铺混合料。在仅有一台摊铺机的情况下，可先在一条摊铺带上摊铺一定长度后，再开到另一条摊铺带上进行摊铺，然后一起进行碾压。

在不能避免纵向接缝的情况下，纵缝必须垂直相接，不应采取斜接，并按下述方法进行处理。

① 在前一幅摊铺时，在靠后一幅的一侧用方木或钢模板做支撑，方木或钢模板的高度与级配碎石层的压实厚度相同。

② 在摊铺后一幅之前，将方木或钢模板除去。

③ 如在摊铺前一幅时未用方木或钢模板支撑，靠边缘的30cm左右难以压实，而且形成一个斜坡，在摊铺后一幅时，应先将未完全压实部分和不符合路拱要求部分挖松并补充洒水，待后一幅混合料摊铺后一起进行整平压实。

级配碎石用作半刚性路面的中间层以及用作二级以上公路的基层时应采用集中厂拌法拌制混合料，并用摊铺机摊铺混合料。

级配碎石基层在未洒透层浇筑沥青或未铺封层时应当禁止一切车辆通行，以保护表层不受破坏。

级配碎石基层在冬季施工时应注意摊铺与碾压。冬季进行级配碎石基层的施工，在摊铺、碾压等工序上，应当注意以下几点：

① 应严格控制作业面的大小，保证当日摊铺段当日能碾压完毕，不能出现当日摊铺次日碾压。

② 混合料中的冰块应将其破碎分散，严格避免大冰块集中。

③ 摊铺平整后应立即洒适量盐水，且随洒随压，碾压成型。

冬季进行级配碎石基层的碾压时，应当注意以下几点：

① 冬季碾压必须将其表面找平，避免因过多的补充延长作业时间。

② 碾压时，应当先用轻碾压稳，再用重碾压实，压路机的滚轮，宜重轮在前、轻轮在后，以避免产生推移。

③ 碾压成型合格后要保持其干燥，避免冷冻使表面疏松。

四、级配碎石基层质量检查与验收

（一）施工过程中的质量控制

1. 外形尺寸控制标准

级配碎石层的外形尺寸测量频度和质量标准应符合表2.29的规定。

表 2.29　级配碎石层的外形尺寸测量频度和质量标准

工程类别	项目		频度	质量标准	
				高速公路 一级公路	一般公路
底基层	纵断高程/mm		二级及二级以下公路每 20 延米测 1 点；高速公路和一级公路每 20 延米一个断面，每个断面 3~5 个点	+5，−15	+5，−20
	厚度/mm	均值	每 $1500 \sim 2000m^2$ 测 6 个点	−10	−12
		单个值		−25	−30
	宽度/mm		每 40 延米 1 处	+0 以上	+0 以上
	横坡度/%		每 100 延米 3 处	±0.3	±0.5
	平整度/mm		每 200 延米 2 处，每处连续 10 尺(3m 直尺)	12	15
基层	纵断高程/mm		二级及二级以下公路每 20 延米测 1 点；高速公路和一级公路每 20 延米一个断面，每个断面 3~5 个点	+5，−10	+5，−15
	厚度/mm	均值	每 $1500 \sim 2000m^2$ 测 6 个点	−8	−15
		单个值		−10	−20
	宽度/mm		每 40 延米 1 处	+0 以上	+0 以上
	横坡度/%		每 100 延米 3 处	±0.3	±0.5
	平整度/mm		每 200 延米 2 处，每处连续 3m	8	12
	连续式平整度仪标准差/mm		—	3.0	—

2. 质量控制项目、频度和质量标准

级配碎石层的质量控制项目、频度和质量标准应符合表 2.30 的规定。

表 2.30　质量控制项目、频度和质量标准

工程类别	项目	频度	质量标准	达不到要求时的参考处理措施	备注
无结合料底基层	含水量	据观察，异常时随时试验	在规定范围内	含水量多时应晾晒，过于干时补充洒水	开始碾压时及碾压过程中进行
	级配	据观察，异常时随时试验	在规定范围内	调查原材料，按需要修正现场配合比	在料场和施工现场进行。含土集料应用湿筛分法
	拌和均匀性	随时观察	无粗细集料离析现象	局部添加所缺集料补充拌和或换填新料	在摊铺、拌和和整平过程中进行
	压实度	每一作业段或不大于 $2000m^2$ 检查 6 次以上	96% 以上，填隙碎石以固体体积率表示，不小于 83%	继续碾压，局部含水量过大或材料不良地点，挖除并换填好料	以灌砂法为准；每个点受压路机的作用次数力求相等

续表

工程类别	项目	频度	质量标准	达不到要求时的参考处理措施	备注
无结合料底基层	塑性指数	每 $1000m^2$ 测 1 次，异常时随时试验	应小于规定值	塑性指数高时，掺加砂或石屑，或用石灰、水泥处治	在料场和施工现场进行。塑限用标准搓条法试验
	承载比	每 $3000m^2$ 测 1 次，据观察，异常时随时增加试验	不小于规定值	废除，换成合格的材料，或采取其他措施	在料场和施工现场进行，取样进行室内试验
	弯沉值检验	每一评定段（不超过 1km）每车道 40~50 个测点	95%（二级及二级以下公路）或 97.7%（高速和一级公路）概率的上波动界限不大于计算得出的容许值	继续碾压，局部处理	碾压完成后检验
无结合料基层	含水量	据观察，异常时随时试验	在规定范围内	含水量多时晾晒，过干时补充洒水	开始碾压时及碾压过程中进行
	级配	每 $2000m^2$ 测 1 次	在规定范围内	调查原材料，按需要修正现场配合比	整平结束前取样，含土集料应用湿筛分法
	拌和均匀性	随时观察	无粗细集料离析现象	局部添加所缺集料补充拌和	在摊铺、拌和和整平过程中进行
	压实度	每一作业段或不大于 $2000m^2$ 检查 6 次以上	级配型集料基层 98%，中间层 100%，填隙碎石固体体积率 85%	继续碾压，局部含水量过大或材料不良地点，挖除并换填好料	以灌砂法为准；每个点受压路机的作用次数力求相等
	塑性指数	每 $1000m^2$ 测 1 次，异常时随时试验	应小于规定值	限制 0.5mm 以下细土用量；用石灰或水泥处治	在料场和施工现场进行；塑限用标准搓条法试验
	集料压碎值	据观察，异常时随时试验	不超过规定值	废除，换成合格的材料	料场和施工现场观察和取样
	承载比	每 $3000m^2$ 测 1 次，据观察，异常时随时增加试验	不小于规定值	废除，换成合格的材料	在摊铺、拌和和整平过程中进行
	弯沉值检验	每一评定段（不超过 1km）每车道 40~50 个测点	95%（二级及二级以下公路）或 97.7%（高速和一级公路）概率的上波动界限不大于计算得出的容许值	继续碾压，局部处理及加结合料处理等	碾压完成后检验

（二）质量评定

1. 基本要求

质量评定基本要求主要包括：①选用质地坚硬、无杂质的碎石、砂砾、石屑或砂的级配应符合要求；②配料必须准确，误差在允许范围内，塑性指数必须符合规定；③混合料必须拌和均匀，无明显粗细料离析现象；④碾压应遵循先轻后重的原则，洒水碾压至设计要求的密实度。

2. 实测项目

级配碎(砾)石基层和底基层的实测项目应符合表 2.31 的规定。

表 2.31　级配碎(砾)石基层和底基层的实测项目

项次	检查项目		规定值或允许偏差				检查方法和频率	权值
			基层		底基层			
			高速公路、一级公路	其他公路	高速公路、一级公路	其他公路		
1△	压实度/%	代表值	98	98	96	96	检查每 200m 每车道 2 处	3
		极值	94	94	92	92		
2	弯沉值(0.01mm)		满足设计要求		满足设计要求		按有关规定检查	3
3	平整度/mm		8	12	12	15	3m 直尺：每 200m 测 1 处	2
4	纵断高程/mm		+5，-10	+5，-15	+5，-15	+5，-20	水准仪每 200m 测 4 个断面	1
5△	宽度/mm		满足设计要求		满足设计要求		尺量：多 200m 测 4 个断面	1
6	厚度/mm	代表值	-8	-10	-10	-12	按有关规定检查，每 200m 每车道 1 点	2
		合格值	-15	-20	-25	-30		
7△	横坡/%		±0.3	±0.5	±0.3	±0.5	水准仪每 200m 测 4 个断面	1

3. 外观鉴定

鉴定标准：表面平整密实，边线整齐，无松散。不符合要求时每处减 1~2 分。

第五节　填隙碎石结构层施工

用单一尺寸的粗碎石组成主骨料，形成嵌锁作用，用石屑填满碎石间的空隙，以增加密实度和稳定性，这种结构称为填隙碎石。

填隙碎石是一种典型的嵌锁型基层，其强度主要依靠碎石颗粒之间的嵌锁和摩阻作用形成的内摩阻力，而颗粒之间的黏结力是非常小和次要的。这种结构通过碾压，使粗碎石产生位移并靠紧，相互嵌挤锁结(咬扣)而形成结构层，并具有足够的强度。

因此，要保证填隙碎石基层的强度，应选择石料强度高、有棱角、近正方体、颗粒尺寸均匀、表面粗糙的碎石，要保证充分压实，形成良好的嵌锁作用；粗碎石间的空隙一定要确实填满，以达到足够的密实度。同时要注意填隙料不要在表面单独成层，主骨料棱角应露出表面，以有利于层间的结合。

填隙碎石可用于各级公路的底基层和二级以下公路的基层。

一、填隙碎石基层材料要求

（一）填隙碎石的要求

（1）填隙碎石用作基层时，碎石的最大粒径不应超过 53.0mm；填隙碎石用作底基层时，碎石的最大粒径不应超过 63.0mm。

（2）粗碎石可以用具有一定强度的各种岩石或漂石（石灰岩碎石的石屑）轧制，但漂石的粒径应为粗碎石最大粒径的 3 倍以上，以增加碎石的破裂面，提高内摩阻角；也可以用稳定的矿渣轧制，矿渣的干密度和质量应比较均匀，且密度不小于 960kg/m^3。材料中的扁平状、长条状和软弱颗粒不应超过 15%。

（3）填隙碎石、粗碎石的颗粒组成规定应符合表 2.32 的规定。

表 2.32　填隙碎石、粗碎石的颗粒组成规定

编号	通过质量百分率/% \ 标称尺寸/mm	筛孔尺寸/mm							
		63.0	53.0	37.5	31.5	26.5	19.0	16.0	9.50
1	30~60	100	25~60	—	0~15	—	0~5	—	—
2	25~50	—	100	—	25~50	0~15	—	0~5	—
3	20~40	—	—	100	35~70	—	0~15	—	0~5

（4）粗碎石的集料压碎值应符合的要求：当用作基层时不大于 26%；当用作底基层时不大于 30%。

（二）填隙料的要求

填隙料的颗粒组成见表 2.33。

表 2.33　填隙料的颗粒组成

筛孔尺寸/mm	9.50	4.75	2.36	0.60	0.075
通过百分率/%	100	85~100	50~70	30~50	0~10
塑性指数	小于 6				

当缺乏石屑时，可以添加细砾砂或粗砂等细集料，但其技术性能不如石屑。用填隙碎石的细集料应当干燥，含水量应符合规范要求。

二、填隙碎石基层施工要点

1. 施工关键

填隙料应填满粗碎石层内部的全部孔隙；在进行碾压后，表面粗碎石间的孔隙应切实填满，但不得使填隙料覆盖粗集料而自成一层，表面应看得见粗碎石，这对铺筑薄沥青面层非常重要，它可保证薄沥青面层与基层有良好的黏接，避免薄沥青面层在基层顶面发生推移性破坏。

2. 工艺流程

填隙碎石的施工工艺流程如图 2.5 所示。

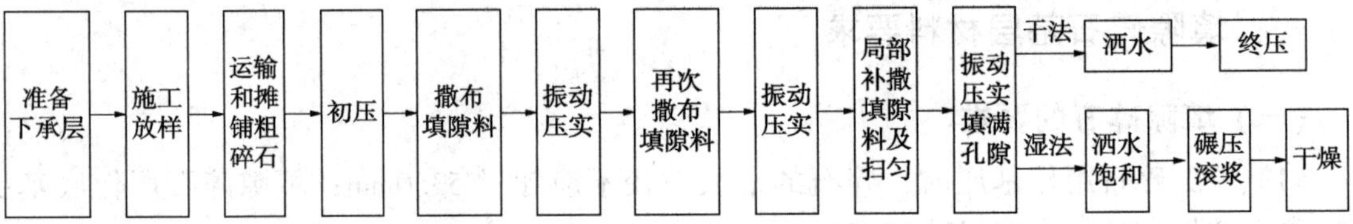

图 2.5　填隙碎石的施工工艺流程

3. 准备下承层

填隙碎石层的下承层表面应平整、坚实，具有规定的路拱，没有任何松散的材料和软弱的地点。通常应对下承层进行检查验收，主要项目有高程、宽度、横坡、平整度、压实度及弯沉值。下承层的平整度和压实度标准应符合表 2.34 的规定。

表 2.34　下承层的平整度和压实度标准

工程类别			高速公路和一级公路	二级及二级以下公路
平整度/mm	路基		+10，-15	+10，-20
	底基层		+5，-15	+5，-20
压实度	路基		95%，极限低值 90%	93%，极限低值 88%
	底基层	级配碎石	96%，极限低值 92%	
		填隙碎石	83%，极限低值 80%	
		水泥土、石灰土	93%，极限低值 89%	
		水泥稳定土、石灰稳定土	96%，极限低值 92%	

4. 施工放样工序

填隙碎石层的施工放样工序同“水泥稳定土”中的相关要求。

5. 备料工序

根据各路段基层或底基层的宽度、厚度和松铺系数(碎石最大粒径与压实厚度之比为 0.50 左右时，松铺系数为 1.30，当比值较大时，松铺系数接近 1.20。填隙碎石的一层压实厚度，可取碎石最大粒径的 1.5~2.0 倍)，计算各段需要的粗碎石数量；根据运料车辆的车厢体积，计算每车料的堆放距离。填隙料的用量为粗碎石质量的 30%~40%。

6. 运输和摊铺粗碎石

(1) 集料在装车运输时，应控制每车料的数量基本相等。

(2) 在同一料场供料的路段内，宜按照由远到近的顺序将粗碎石按计算的距离卸置于下承层上。卸料距离应严格掌握，避免有的路段料不足或过多。

(3) 料堆每隔一定的距离应留一缺口。

(4) 用平地机或其他合适的机具将混合料均匀地摊铺在预定的宽度上，表面应力求平整，并具有规定的路拱，同时可供摊铺路肩的用料。

(5) 检验松铺材料的厚度是否符合预计的要求，如果不符合要求时，应进行减料或补料工作。

7. 撒铺填隙料和碾压

1) 填隙碎石基层干法施工

第一步，初压。应采用振动轮每米宽的质量至少 1.8t 的振动压路机进行碾压。用 8t 两轮压路机碾压 3~4 遍，使粗碎石稳定就位。在直线和不设超高的平曲线段上，碾压从两侧路肩开始，逐渐错轮向路中心进行；在有超高的平曲线段上，碾压从内侧路肩开始，逐渐错轮向外侧路肩进行。在错轮时，每次要重叠 1/3 轮宽。在第一遍碾压后，应再次进行找平。初压终了时，表面应比较平整，并具有要求的路拱和纵坡。

第二步，撒铺填隙料。用石屑撒布机或类似的设备将干填隙料均匀在撒铺在已压稳的粗碎石层上，松铺厚度 2.5~3.0cm。必要时，用人工或机械扫帚(滚动式钢丝扫帚)扫匀。

第三步，碾压。用振动压路机进行慢速碾压，将全部填隙料振入粗碎石间的孔隙中。如果没有振动压路机，可用重型振动板。碾压方法同第一步，但路面两侧应多压 2~3 遍。

第四步，再次撒布填隙料。用石屑撒布机或类似的设备将干填隙料再次撒铺在粗碎石层上，松铺厚度 2.0~2.5cm。用人工或机械扫匀。

第五步，再次碾压。用振动压路机按第三步进行碾压。在碾压过程中，对局部填隙料不足之处，人工进行补充。局部多余的填隙料应将其扫除。

第六步，经过再次碾压后，如表面仍有未填满的孔隙，则应补撒填隙料，并用振动压路机继续碾压，直到全部孔隙被填满为止。同时，应将局部多余的填隙料铲除或扫除。填隙料不应在粗碎石表面自成一层，在表面必须能看见粗碎石。如果填隙碎石层上为薄沥青面层，应使粗碎石的棱角外露 3~5mm。

第七步，当需要分层铺筑时，应将已压成的填隙碎石层表面粗碎石外露 5~10mm，然后在上摊铺第二层粗碎石，并按第一步至第六步要求施工。

第八步，当填隙碎石表面孔隙全部填满后，立即用 12~15t 三轮压路机再碾压 1~2 遍。在碾压过程中，不应有任何蠕动现象。在碾压之前，宜在表面先洒少量的水，洒水量一般为 3kg/m^2以上。

2) 填隙碎石基层湿法施工

第一步，湿法施工开始的工序，与“填隙碎石基层干法施工”中的第一至第六步的要求相同，可参考“填隙碎石基层干法施工”的工序。

第二步，粗碎石层表面孔隙全部填满后，立即用洒水车进行洒水，直到饱和，但应注意避免多余水浸泡下承层。

第三步，用 12~15t 三轮压路机跟在洒水车后进行碾压。在碾压过程中，将湿填隙料继续扫入所出现的孔隙中。需要时，再添加新的填隙料。洒水和碾压应一直进行到填隙料和水形成粉砂浆为止。粉砂浆应填塞全部孔隙，并在压路机轮前形成微波纹状。

第四步，干燥。碾压完成的路段应让水分蒸发一段时间。结构层变干后，表面多余的细料以及细料覆盖层都应扫除干净。

第五步，当需分层铺筑时，应待结构层变干后，将已压成的填隙碎石表面的填隙料扫除一些，使表面粗碎石外露5~10mm，然后在上面摊铺第二层粗碎石，并按照第一至第四步要求施工。

8. 交通管制

填隙碎石基层在未洒透层沥青或未铺封层时，禁止开放交通。

三、填隙碎石基层质量检查与验收

1. 施工过程中的质量控制

1）外形尺寸控制标准

填隙碎石基层的外形尺寸测量频度和质量标准应符合表2.35的规定。

表2.35 填隙碎石基层的外形尺寸测量频度和质量标准

<table>
<tr><th rowspan="2">工程类别</th><th rowspan="2" colspan="2">项目</th><th rowspan="2">频度</th><th colspan="2">质量标准</th></tr>
<tr><th>高速公路、一级公路</th><th>一般公路</th></tr>
<tr><td rowspan="7">底基层</td><td colspan="2">纵断高程/mm</td><td>二级及二级以下公路每20延米测1点；高速公路和一级公路每20延米一个断面，每个断面3~5个点</td><td>+5，-15</td><td>+5，-20</td></tr>
<tr><td rowspan="2">厚度/mm</td><td>均值</td><td rowspan="2">每1500~2000m² 测6个点</td><td>-10</td><td>-12</td></tr>
<tr><td>单个值</td><td>-25</td><td>-30</td></tr>
<tr><td colspan="2">宽度/mm</td><td>每40延米1处</td><td>+0以上</td><td>+0以上</td></tr>
<tr><td colspan="2">横坡度/%</td><td>每100延米3处</td><td>±0.3</td><td>±0.5</td></tr>
<tr><td colspan="2">平整度/mm</td><td>每200延米2处，每处连续10尺(3m直尺)</td><td>12</td><td>15</td></tr>
<tr><td colspan="2"></td><td></td><td></td><td></td></tr>
<tr><td rowspan="7">基层</td><td colspan="2">纵断高程/mm</td><td>二级及二级以下公路每20延米测1点；高速公路和一级公路每20延米一个断面，每个断面3~5个点</td><td>+5，-10</td><td>+5，-15</td></tr>
<tr><td rowspan="2">厚度/mm</td><td>均值</td><td rowspan="2">每1500~2000m² 测6个点</td><td>-8</td><td>-15</td></tr>
<tr><td>单个值</td><td>-10</td><td>-20</td></tr>
<tr><td colspan="2">宽度/mm</td><td>每40延米1处</td><td>+0以上</td><td>+0以上</td></tr>
<tr><td colspan="2">横坡度/%</td><td>每100延米3处</td><td>±0.3</td><td>±0.5</td></tr>
<tr><td colspan="2">平整度/mm</td><td>每200延米2处，每处连续3m</td><td>8</td><td>12</td></tr>
<tr><td colspan="2">连续式平整度仪标准差/mm</td><td>—</td><td>3.0</td><td>—</td></tr>
</table>

2）质量控制项目、频度和质量标准

填隙碎石基层的质量控制项目、频度和质量标准应符合表2.36的规定。

表 2.36　质量控制项目、频度和质量标准

工程类别	项目	频度	质量标准	达不到要求时的参考处理措施	备注
无结合料底基层	含水量	据观察，异常时随时试验	在规定范围内	含水量多时应晾晒，过于干时补充洒水	开始碾压时及碾压过程中进行
	级配	据观察，异常时随时试验	在规定范围内	调查原材料，按需要修正现场配合比	在料场和施工现场进行；含土集料应用湿筛分法
	拌和均匀性	随时观察	无粗细集料离析现象	局部添加所缺集料补充拌和或换填新料	在摊铺、拌和和整平过程中进行
	压实度	每一作业段或不大于 $2000m^2$ 检查 6 次以上	96% 以上，填隙碎石以固体体积率表示，不小于 83%	继续碾压；局部含水量过大或材料不良地点，挖除并换填好料	以灌砂法为准；每个点受压路机的作用次数力求相等
	塑性指数	每 $1000m^2$ 测 1 次，异常时随时试验	应小于规定值	塑性指数高时，掺加砂或石屑，或用石灰、水泥处治	在料场和施工现场进行。塑限用标准搓条法试验
	承载比	每 $3000m^2$ 测 1 次，据观察，异常时随时增加试验	不小于规定值	废除，换成合格的材料，或采取其他措施	在料场和施工现场进行，取样进行室内检验
	弯沉值检验	每一评定段(不超过 1km)每车道 40~50 个测点	95%(二级及二级以下公路)或 97.7%(高速和一级公路)概率的上波动界限不大于计算得的容许值	继续碾压，局部处理	碾压完成后检验
无结合料基层	含水量	据观察，异常时随时试验	在规定范围内	含水量多时晾晒，过于时补充洒水	开始碾压时及碾压过程中进行
	级配	每 $2000m^2$ 测 1 次	在规定范围内	调查原材料，按需要修正现场配合比	整平结束前取样，含土集料应用湿筛分法
	拌和均匀性	随时观察	无粗细集料离析现象	局部添加所缺集料补充拌和	在摊铺、拌和和整平过程中进行
	压实度	每一作业段或不大于 $2000m^2$ 检查 6 次以上	级配型集料基层 98%，中间层 100%，填隙碎石固体体积率 85%	继续碾压；局部含水量过大或材料不良地点，挖除并换填好料	以灌砂法为准；每个点受压路机的作用次数力求相等
	塑性指数	每 $1000m^2$ 测 1 次，异常时随时试验	应小于规定值	限制 0.5mm 以下细土用量；用石灰或水泥处治	在料场和施工现场进行；塑限用标准搓条法试验

续表

工程类别	项目	频度	质量标准	达不到要求时的参考处理措施	备注
无结合料基层	集料压碎值	据观察，异常时随时试验	不超过规定值	废除，换成合格的材料	料场和施工现场观察和取样
	承载比	每 $3000m^2$ 测 1 次，据观察，异常时随时增加试验	不小于规定值	废除，换成合格的材料	在摊铺、拌和和整平过程中进行
	弯沉值检验	每一评定段(不超过 1km)每车道 40~50 个测点	95%(二级及二级以下公路)或 97.7%(高速和一级公路)概率的上波动界限不大于计算得的容许值	继续碾压，局部处理加结合料处理等	碾压完成后检验

2. 质量验收标准

1）基本要求

质量验收标准的基本要求：粗粒料应为质地坚硬、无杂质的轧制石料或分解稳定的轧制矿渣，填隙料为 5mm 以下的轧制细料或粗砂；应用振动压路机进行碾压，使填缝料填满粗粒料的孔隙。

2）检查项目

填隙碎石(矿渣)基层和底基层的检查项目应符合表 2. 37 的规定。

表 2. 37　填隙碎石(矿渣)基层和底基层的检查项目

项次	检查项目		规定值或允许偏差				检查方法和频率	权值
			基层		底基层			
			高速公路、一级公路	其他公路	高速公路、一级公路	其他公路		
1	压实度/%	代表值	—	85	85	83	检查每 200m 每车道 2 处	3
		极值	—	82	82	80		
2	弯沉值/0. 01mm		符合设计要求		符合设计要求		按有关规定检查	3
3	平整度/mm		—	12	12	15	3m 直尺：每 200m 测 1 处	2
4	纵断高程/mm		+5，-10	+5，-15	+5，-15	+5，-20	水准仪每 200m 测 4 个断面	1
5	宽度/mm		符合设计要求		符合设计要求		尺量：每 200m 测 4 个断面	1
6	厚度/mm	代表值	—	-10	-10	-12	按有关规定检查，每 200m 每车道 1 点	2
		合格值	—	-20	-25	-30		
7	横坡/%		—	±0. 5	±0. 3	±0. 5	水准仪每 200m 测 4 个断面	1

3）外观鉴定

检定要求：表面平整密实，边线整齐，无松散现象。检定不符合要求时每处减 1~2 分。

第三章 沥青路面施工

第一节 沥青路面透层、黏层、封层施工

透层、黏层、封层作为功能结构层，可以避免层间滑动位移产生，保持路面结构的整体性，在路面结构中起着非常重要的作用。

一、一般规定

沥青路面透层、黏层、封层施工一般规定有以下几点。

(1) 半刚性基层表面宜喷洒透层油，在透层油渗透入基层后，方可开展下道工序。

(2) 在使用无机结合料铺筑的基层上应铺筑下封层。下封层宜采用单层式层铺法表面处治施工。

(3) 透层、封层及黏层施工宜采用智能型沥青洒布车一次均匀洒布。

(4) 下封层在正式施工前，应按要求做试铺路段，经质量检查合格并进行试铺总结后，方可正式施工。

(5) 沥青面层之间如不是连续施工，则必须喷洒黏层油；如连续施工且无污染，可不喷洒黏层油。

(6) 黏层应在上覆层施工前 1~2d 进行，不宜过早施工。

(7) 结构物与沥青层接触部位必须均匀涂刷黏层油，同时还应注意保护桥头、涵顶及路面两侧的结构物不受污染。

(8) 透层、下封层及黏层应在干燥和较热的天气施工。气温低于 10℃ 或大风、即将降雨时不得施工。

(9) 透层、下封层及黏层施工结束后，应立即进行封闭管理，以避免后期污染。

二、透层施工

1. 材料规格和用量

透层油的材料是根据基层类型选择渗透性好的液体沥青、乳化沥青、煤沥青。透层油的黏度通过调节稀释剂的用量或乳化沥青的浓度得到适宜的黏度，基质沥青的针入度通常不宜小于 100。透层用乳化沥青的蒸发残留物含量允许根据渗透情况适当调整。当使用成品乳化沥青时，可通过稀释得到要求的黏度。透层用液体沥青的黏度通过调节煤油或轻柴油等稀释剂的品种和掺量，经试验确定。透层油的质量应符合规范的要求。透层油的用量应

通过试洒确定，不宜超出表 3.1 要求的范围。

表 3.1　沥青路面透层材料的规格和用量表

用途	液体沥青		乳化沥青		煤沥青	
	规格	用量/(L/m²)	规格	用量/(L/m²)	规格	用量/(L/m²)
无结合料粒料基层	AL(M)-1、AL(M)-2 或 AL(M)-3 AL(S)-1、AL(S)-2 或 AL(S)-3	1.0~2.3	PC-2 PA-2	1.0~1.0	T-1 T-2	1.0~1.5
半刚性基层	AL(M)-1 或 AL(M)-2 AL(S)-1 或 AL(S)-2	0.6~1.5	FC-2 PA-2	0.7~1.5	T-1 T-2	0.7~1.0

注：表中用量是指包括稀释剂和水分等在内的液体沥青、乳化沥青的总量。乳化沥青中的残留物含量以 50% 为基准。

2. 施工工艺流程

透层油施工工艺流程如图 3.1 所示。

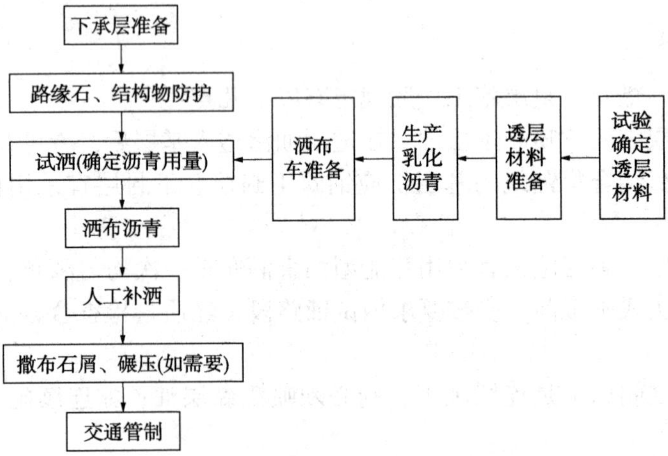

图 3.1　透层油施工工艺流程图

3. 施工技术要点

(1) 透层施工前，应对基层进行全面调查，及时处理相关缺陷。清扫路面，遮挡防护路缘石及人工构造物污染。

(2) 在无结合料粒料基层上洒布透层油时，宜在铺筑沥青层前 1~2d 洒布。而用于半刚性基层的透层油宜紧接在基层碾压成型后表面稍变干燥，但尚未硬化的情况下喷洒。

(3) 应使用智能型沥青洒布车喷洒沥青。洒布数量宜通过试验确定，喷洒数量应符合表 3.1 的规定。喷洒应均匀，注意起步或终止以及纵向搭接处的喷洒数量，做到既不漏喷也不多喷。沥青洒布车喷嘴的轴线应与路面垂直，并保证所有喷嘴的角度一致，同时调整洒布管的高度，尽量使同一地点能够接收两个或三个喷嘴喷洒的沥青。

透层油洒布不均匀、有花白遗漏时，应人工补洒，喷洒过量的立即撒布石屑或砂吸油，必要时做适当碾压。透层油洒布后，不得在表面形成能被运料车和摊铺机黏起的油皮。透层油达不到渗透深度要求时，应更换透层油稠度或品种。

(4) 透层油洒布后的养护时间随透层油的品种和气候条件由试验确定，确保液体沥青中的稀释剂全部挥发，乳化沥青渗透且水分蒸发，然后尽早铺筑沥青面层，防止工程车辆损坏透层。

（5）喷洒后通过钻孔或挖掘确认透层油渗透入基层的深度不宜小于5（无机结合料稳定集料基层）~10mm（无结合料基层），并能与基层联结成为一体。沥青层必须在透层油完全渗透入基层后方可铺筑。

4. 质量控制

（1）透层油的质量应符合现行《公路沥青路面施工技术规范》（JTG F40—2004）的相关规定。

（2）施工过程中，应随时进行外观检查，确保透层油洒布均匀，数量符合规定。

（3）应在下卧层上放置固定面积的搪瓷盘。沥青喷洒后测定盘中洒入沥青数量，测定沥青洒布量。

（4）采用钻孔或挖掘检查透层油渗透入基层的深度，不宜小于5mm；对于级配碎石基层透层油的渗透深度，应通过试验确定。

（5）透层的检测项目、频率、技术标准及试验方法应符合表3.2的规定。

表3.2　透层检测标准

检测项目	检测频率	技术标准	试验方法
外观	随时	外观均匀一致，与下卧层表面牢固粘结，不起皮	目测为主
沥青	每批检查1次	符合现行《公路沥青路面施工技术规范》（JTG F40—2004）的规定	按现行《公路工程沥青及沥青混合料试验规程》（JTG E20—2011）进行
洒布量	1000m² 一组	满足设计要求	洒布时固定容器收集

三、黏层施工

1. 材料规格和用量

黏层油宜采用快裂或中裂乳化沥青、改性乳化沥青，也可采用快凝、中凝液体石油沥青，其规格和质量应符合《公路沥青路面施工技术规范》（JTG F40—2004）的要求，所使用的基质沥青标号宜与主层沥青混合料相同。

黏层油的品种和用量应根据下卧层的类型通过试洒确定，并符合表3.3的要求。当在黏层油上铺筑薄层大空隙排水路面时，黏层油的用量宜增加到0.6~1.0L/m²。在沥青层之间兼作封层而喷洒的黏层油宜采用改性沥青或改性乳化沥青，其用量不宜少于1.0L/m²。

表3.3　沥青路面黏层材料的规格和用量表

下卧层类型	液体沥青		乳化沥青	
	规格	用量/（L/m²）	规格	用量/（L/m²）
新建沥青层或旧沥青路面	AL(R)-3~AL(R)-6 AL(M)-3~AL(M)-6	0.3~0.5	PC-3 PA-3	0.30~0.6
水泥混凝土	AL(M)-3~AL(M)-6 AL(S)-3~AL(S)-6	0.2~0.4	PC-3 PA-3	0.3~0.5

注：表中用量是指包括稀释剂和水分等在内的液体沥青、乳化沥青的总量。乳化沥青中的残留物含量以50%为基准。

2. 施工工艺流程

黏层油施工工艺流程如图 3.2 所示。

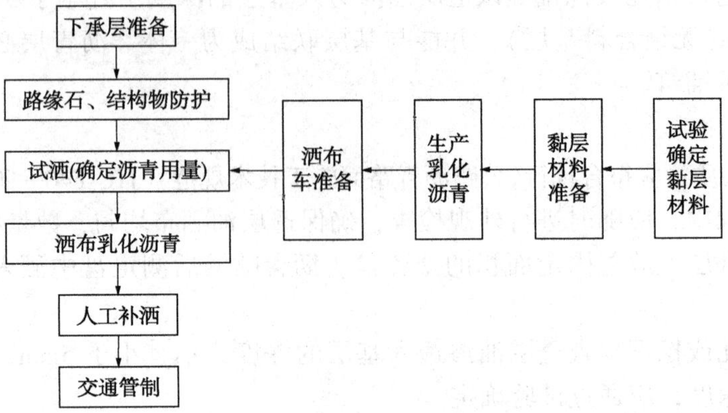

图 3.2　黏层油施工工艺流程图

3. 施工技术要求

（1）气温低于 10℃时，不得喷洒黏层油。若遇寒冷季节施工不得不喷洒时，可以分成两次喷洒。路面潮湿时不得喷洒黏层油，用水洗刷后需待表面干燥后喷洒。

（2）黏层油宜采用沥青洒布车喷洒，并选择适宜的喷嘴，洒布速度和喷洒量保持稳定。当采用机动或手摇的手工沥青洒布机喷洒时，必须由熟练的技术工人操作，均匀洒布。

（3）喷洒的黏层油必须呈均匀雾状，在路面全宽度内均匀分布成一薄层，不得有洒花漏空或成条状，也不得有堆积。喷洒不足的要进行补洒，喷洒过量处应予刮除。

（4）喷洒黏层油后，严禁运料车外的其他车辆和行人通过。

（5）黏层油宜在当天洒布，待乳化沥青破乳、水分蒸发完成，或稀释沥青中的稀释剂基本挥发完成后，紧跟着铺筑沥青层，确保黏层不受污染。

4. 质量控制

（1）黏层油的质量应符合现行《公路沥青路面施工技术规范》（JTG F40—2004）的相关规定。

（2）施工过程中，应随时进行外观检查，确保黏层油洒布均匀，数量符合规定。

（3）黏层油的检测项目、频率、技术标准及试验方法同透层油。

四、封层施工

1. 上封层与下封层的技术要求

1）上封层技术要求

（1）根据情况可选择乳化沥青稀浆封层、微表处、改性沥青集料封层、薄层磨耗层或其他适宜的材料。

（2）上封层的下卧层必须彻底清扫干净，对车辙、坑槽、裂缝进行处理或挖补。

（3）上封层的类型应根据使用目的、路面的破损程度选用：裂缝较细、较密的，可采用涂洒类密封剂、软化再生剂等涂刷罩面；对二级及二级以下公路的旧沥青路面，可以采用普通的乳化沥青稀浆封层，也可在喷洒道路石油沥青后撒布石屑(砂)后碾压作封层；对高速公路、一级公路有轻微损坏的，宜铺筑微表处；对用于改善抗滑性能的上封层，可采用稀浆封层、微表处或改性沥青集料封层。

2）下封层技术要求

（1）多雨潮湿地区的高速公路、一级公路的沥青面层空隙率较大，有严重渗水可能，或铺筑基层后不能及时铺筑沥青面层而需通行车辆时，宜在喷洒透层油后铺筑下封层。

（2）下封层宜采用层铺法表面处治或稀浆封层法施工。稀浆封层可采用乳化沥青或改性乳化沥青作结合料。下封层的厚度不宜小于6mm，且做到完全密水。

（3）以层铺法沥青表面处治铺筑下封层时，通常采用单层式，矿料用量宜为5~8m^3/1000m^2，沥青用量可采用要求范围的中高限。

2. 稀浆封层与微表处施工

1）适用情况

微表处主要用于高速公路及一级公路的预防性养护以及填补轻度车辙，也适用于新建公路的抗滑磨耗层。稀浆封层一般用于二级及二级以下公路的预防性养护，也适用于新建公路的下封层。

2）对材料的要求

（1）沥青：微表处必须采用改性乳化沥青，稀浆封层可采用普通乳化沥青或改性乳化沥青，其品种和质量应符合现行《公路沥青路面施工技术规范》(JTG F40—2004)的要求。

（2）集料：稀浆封层和微表处应选择坚硬、粗糙、耐磨、洁净的集料。各项性能应符合现行施工技术规范的要求。其中，微表处用通过4.75mm筛的合成矿料的砂当量不得低于65%，稀浆封层用通过4.75mm筛的合成矿料的砂当量不得低于50%。当用于抗滑表层时，还应符合现行施工技术规范对磨光值的要求。细集料宜采用碱性石料生产的机制砂或洁净的石屑。对集料中的超粒径颗粒必须筛除。

3）矿料级配

根据铺筑厚度、处治目的、公路等级等条件，按照现行施工技术规范的规定选用合适的矿料级配。

4）混合料

稀浆封层和微表处的混合料中乳化沥青及改性乳化沥青的用量，应通过配合比设计确定。混合料的质量应符合现行施工技术规范的技术要求。

5）施工要点

（1）下卧层的准备：稀浆封层和微表处施工前，应彻底清除原路面的泥土、杂物，修补坑槽、凹陷，较宽的裂缝宜清理灌缝。在水泥混凝土路面上铺筑微表处时宜洒布黏层油，过于光滑的表面需拉毛处理。

（2）混合料拌制：混合料的拌制宜采用拌和站机械拌和的方式。当采用阳离子乳化沥青拌和时，宜先用水使集料湿润，若湿润后仍难以与乳液拌和均匀时，应改用破乳速度更慢的乳液，或用1%~3%浓度的氯化钙水溶液代替水润湿集料表面。混合料适宜的拌和时间应根据实际情况调节并通过试拌确定，矿料中加进乳液后的机械拌和时间不宜超过30s，人工拌和时间不宜超过60s。

（3）混合料摊铺：稀浆封层和微表处必须使用专用的摊铺机进行摊铺。单层微表处适用于旧路面车辙深度不大于 15mm 的情况，超过 15mm 的必须分两层铺筑，或先用 V 形车辙摊铺箱摊铺，深度大于 40mm 时不适宜微表处处理。

（4）接缝处理：稀浆封层和微表处两幅纵缝搭接的宽度不宜超过 80mm，横向接缝宜做成对接缝。分两层摊铺时，第一层摊铺后至少应开放交通 24h 后方可进行第二层摊铺。

（5）施工气温控制：稀浆封层和微表处的最低施工温度不得低于 10℃，严禁在雨天施工，摊铺后尚未成型混合料遇雨时应予铲除。

（6）施工过程质量控制：稀浆封层和微表处铺筑后的表面不得有超粒径料拖拉的严重划痕，横向接缝和纵向接缝处不得出现余料堆积或缺料现象，用 3m 直尺测量接缝处的不平整度不得大于 6mm。对微表处不得有横向波浪和深度超过 6mm 的纵向条纹。经养护和初期交通碾压稳定的稀浆封层和微表处，在行车作用下应不飞散且完全密水。

3. 沥青同步碎石封层施工

沥青同步碎石封层即用同步碎石封层车将沥青与一定规格、干净的碎石同步喷洒在原路面上，经过胶轮碾压机和行驶车辆的自然碾压，形成一种以沥青为结合料的碎石封层（磨耗层）。与传统的碎石封层相比，其主要的特点有：良好的防滑性、防水性，对原路面病害的修复作用好，施工工期短，施工工艺简单，实用性强，应用范围广，同时降低了道路养护成本。

1）施工工艺流程

沥青同步碎石封层的施工工艺流程：原有旧路面的处理→施工材料的准备→沥青同步碎石封层车现场喷洒→胶轮压路机碾压→开放交通→清扫路面、回收剩余集料。

2）施工技术要点

（1）封层前要对原路面进行认真清扫，作业过程中应保证足够数量的胶轮压路机，以便在沥青温度降低之前或在乳化沥青破乳后能及时完成碾压工序。另外，封层后即可通车，但在初期应限制车速，待 2h 后可完全开放交通，从而防止快速行车造成石子飞溅。

（2）使用改性沥青作为黏结料时，为保证雾状喷洒而形成均匀、等厚度的沥青膜，必须保证沥青的温度为 160～170℃。

（3）同步碎石封层车的喷油嘴高度不同，所形成的沥青膜厚度则会不同（因为各个喷嘴喷出的扇形雾状沥青重叠情况不同），通过调整喷嘴高度使得沥青膜的厚度符合要求。

（4）同步碎石封层车应以适宜的速度均匀行驶，在此前提下石料和黏结料两者的撒布率必须匹配。

（5）作为表面处治层或磨耗层的碎石封层，其使用条件是原路面平整度和强度满足要求。

第二节　沥青混合料施工

沥青混合料可分为沥青混凝土混合料和沥青碎石混合料。沥青混凝土混合料是由适当比例的粗集料、细集料及填料组成的符合规定级配的矿料，与沥青拌和而制成的符合技术标准的沥青混合料，简称沥青混凝土。用沥青混凝土铺筑的路面称为沥青混凝土路面。沥青碎石混合料是由适当比例的粗集料、细集料及少量填料（或不加填料）与沥青拌和而成，压实后剩余空隙率在10%以上的半开式沥青混合料。

下文将从热拌沥青混合料路面施工和冷拌沥青混合料路面施工进行阐述。

一、热拌沥青混合料路面施工

热拌沥青混合料是经人工组配的矿料与沥青在专门设备中加热拌和而成，用保温运输工具运至施工现场，在热态下进行摊铺和压实的混合料。通常将热拌热铺沥青混合料简称为“热拌沥青混合料”。

热拌热铺沥青混合料适用于各种等级公路的沥青面层。高速公路、一级公路沥青面层均应采用沥青混凝土混合料铺筑，沥青碎石混合料仅适用于过渡层及整平层。其他等级公路的沥青面层的上面层，宜采用沥青混凝土混合料铺筑。

1. 热拌沥青路面施工的一般规定

（1）热拌沥青混合料（HMA）适用于各种等级公路的沥青路面。其种类按集料公称最大粒径、矿料级配、空隙率划分，具体应符合表3.4。

表3.4　热拌沥青混合料的种类

混合料类型	密级配			开级配		半开级配	公称最大粒径/mm	最大粒径/mm
	连续级配		间断级配	间断级配				
	沥青混凝土	沥青稳定碎石	沥青玛蹄脂碎石	排水式沥青磨耗层	排水式沥青碎石基层	沥青碎石		
特粗式	—	ATB-40	—	—	ATPB-40	—	37.5	53.0
粗粒式	—	ATB-30	—	—	—	—	31.5	37.5
	AC-25	ATB-25	—	—	—	—	26.5	31.5
中粒式	AC-20	—	SMA-20	—	—	AM-20	19.0	26.5
	AC-16	—	SMA-16	OGFC-16	—	AM-16	16.0	19.0
细粒式	AC-13	—	SMA-13	OGFC-13	—	AM-13	13.2	16.0
	AC-10	—	SMA-10	OGFC-10	—	AM-10	9.50	13.2
砂粒式	AC-5	—	—	—	—	AM-5	4.75	9.50
设计空隙率/%	3~5	3~6	3~4	>18	>18	6~12	—	—

注：设计空隙率可按配合比设计要求适当调整。

（2）各层沥青混合料应满足所在层位的功能性要求，便于施工，不容易产生离析。各层应连续施工并连接成为一个整体。当发现混合料结构组合及级配类型的设计不合理时，应进行修改、调整，以确保沥青路面的使用性能。

（3）沥青面层集料的最大粒径从上至下逐渐增大，并应与压实层厚度相匹配。对于热拌热铺密级配沥青混合料，沥青层一层的压实厚度宜不小于集料公称最大粒径的2.5~3.0倍，对SMA（沥青玛蹄脂碎石混合料）和OGFC（开级配抗滑表层混合料）等嵌挤型混合料宜不小于公称最大粒径的2.0~2.5倍，以减少混合料的离析，便于进行压实。

2. 热拌沥青路面施工准备工作

(1) 铺筑沥青层前，应检查基层或下卧沥青层的质量，不符合要求的不得铺筑沥青面层。旧沥青路面或下卧层已被污染时，必须清洗或经铣刨处理后方可铺筑沥青混合料。

(2) 石油沥青加工及沥青混合料施工温度应根据沥青标号及黏度、气候条件、铺装层的厚度确定。

① 普通沥青结合料的施工温度宜通过在135℃及175℃条件下测定的黏度-温度曲线(表3.5)的规定确定。缺乏黏度-温度曲线数据时，可参照表3.6所示的范围选择，并根据实际情况确定使用高值或低值。当表中温度不符合实际情况时容许做适当调整。

表3.5　确定沥青混合料拌和及压实温度的适宜黏度

黏度	适宜于拌和的沥青结合料黏度	适宜于压实的沥青结合料黏度	测定方法
表观黏度/(Pa·s)	0.17±0.02	0.28±0.03	T0625
运动黏度/(mm^2/s)	170±20	280±30	T0619
赛波特黏度/s	85±10	140±15	T0623

表3.6　热拌沥青混合料的施工温度　℃

施工工序		石油沥青的标号			
		50号	70号	90号	110号
沥青加热温度		160~170	155~165	150~160	145~155
矿料加热温度	间歇式拌和机	集料加热温度比沥青温度高10~30			
	连续式拌和机	矿料加热温度比沥青温度高5~10			
沥青混合料出料温度		150~170	145~165	140~160	135~155
混合料贮料仓储存温度		储料过程中温度降低不超过10			
混合料废弃温度		>200	>195	>190	>185
运输到现场温度		≥150	≥145	≥140	≥135
混合料摊铺温度	正常施工	≥140	≥135	≥130	≥125
	低温施工	≥160	≥150	≥140	≥135
开始碾压的混合料内部温度	正常施工	≥135	≥130	≥125	≥120
	低温施工	≥150	≥145	≥135	≥130
碾压终了的表面温度，不低于	钢轮压路机	≥80	≥70	≥65	≥60
	轮胎压路机	≥85	≥80	≥75	≥70
	振动压路机	≥75	≥70	≥60	≥55
开放交通的路表温度		≤50	≤50	≤50	≤45

注：1. 沥青混合料的施工温度采用具有金属探测针的插入式数显温度计测量。表面温度可采用表面接触式温度计测定。当采用红外线温度计测量表面温度时，应进行标定。2. 表中未列入的130号、160号及30号沥青的施工温度由试验确定。

② 聚合物改性沥青混合料的施工温度根据实践经验并参照表3.7所示的内容进行选择。通常宜较普通沥青混合料的施工温度提高10~20℃。对采用冷态胶乳直接喷入法制作的改性沥青混合料，集料烘干温度应进一步提高。

表 3.7　聚合物改性沥青混合料的正常施工温度范围　℃

工　　序	聚合物改性沥青品种		
	SBS 类	SBR 胶乳类	EVA、PE 类
沥青加热温度	160~165		
改性沥青现场制作温度	165~170	—	165~170
成品改性沥青加热温度	≤175	—	≤175
集料加热温度	190~220	200~220	185~195
改性沥青 SMA 混合料出厂温度	170~185	160~180	165~180
混合料最高温度(废弃温度)	195		
混合料储存温度	拌和出料后降低不超过 10		
摊铺温度	≥160		
初压开始温度	≥150		
碾压终了的表面温度	≥90		
开放交通的路表温度	≤50		

注：1. 沥青混合料的施工温度采用具有金属探测针的插入式数显温度计测量。表面温度可采用表面接触式温度计测定。当采用红外线温度计测量表面温度时，应进行标定。2. 当采用表中所列以外的聚合物或天然沥青改性沥青时，施工温度由试验确定。

③ SMA 混合料的施工温度应根据纤维品种和数量、矿粉用量的不同，在改性沥青混合料的基础上适当提高。

3. 沥青混合料配合比设计

(1) 沥青混合料必须在同类公路配合比设计和使用情况调查研究的基础上，充分借鉴成功的经验，选用符合要求的材料，进行配合比设计。

(2) 沥青混合料的矿料级配应符合工程设计规定的级配范围。密级配沥青混合料宜根据公路等级、气候及交通条件，按表 3.8 所示的内容选择采用粗型或细型混合料，并在表 3.9 所示的范围内确定工程设计级配范围。在通常情况下，工程设计级配范围宜不超过表 3.9 所示的要求。其他类型的混合料宜直接按照表 3.10~表 3.14 所示的工程设计级配范围。

表 3.8　粗型和细型密级配沥青混凝土的关键性筛孔通过率

混合料类型	公称最大粒径/mm	用以分类的关键性筛孔/mm	粗型密级配		细型密级配	
			名称	关键性筛孔通过率/%	名称	关键性筛孔通过率/%
AC-25	26.5	4.75	AC-25C	<40	AC-25F	>40
AC-20	19.0	4.75	AC-20C	<45	AC-20F	>45
AC-16	16.0	2.36	AC-16C	<38	AC-16F	>38
AC-13	13.2	2.36	AC-13C	<40	AC-13F	>40
AC-10	9.50	2.36	AC-10C	<45	AC-10F	>45

表 3.9　密级配沥青混凝土混合料矿料级配范围

级配类型		通过下列筛孔(mm)的质量百分率/%												
		31.5	26.5	19	16	13.2	9.5	4.75	2.36	1.18	0.6	0.3	0.15	0.075
粗粒式	AC-25	100	90~100	75~90	65~83	57~76	45~65	24~52	16~42	12~33	8~24	5~17	4~13	3~7
中粒式	AC-20		100	90~100	78~92	62~80	50~72	26~56	16~44	12~33	8~24	5~17	4~13	3~7
	AC-16			100	90~100	76~92	60~80	34~62	20~48	13~36	9~26	7~18	5~14	4~8
细粒式	AC-13				100	90~100	68~85	38~68	24~50	15~38	10~28	7~20	5~15	4~8
	AC-10					100	90~100	45~75	30~58	20~44	13~32	9~23	6~16	4~8
砂粒式	AC-5						100	90~100	55~75	35~55	20~40	12~28	7~18	5~10

表 3.10　沥青玛蹄脂碎石混合料矿料级配范围

级配类型		通过下列筛孔(mm)的质量百分率/%											
		26.5	19.0	16.0	13.2	9.50	4.75	2.36	1.18	0.60	0.30	0.15	0.075
中粒式	SMA-20	100	90~100	75~90	65~83	40~55	18~30	13~22	12~20	10~16	9~14	8~13	8~12
	SMA-16		100	90~100	65~85	45~65	20~32	15~24	14~22	12~18	10~15	9~14	8~12
细粒式	SMA-13			100	90~100	50~75	20~34	15~26	14~24	12~20	10~16	9~15	8~12
	SMA-10				100	90~100	28~60	20~32	14~26	12~22	10~18	9~16	8~13

表 3.11　开级配排水式磨耗层混合料矿料级配范围

级配类型		通过下列筛孔(mm)的质量百分率/%										
		19.0	16.0	13.2	9.50	4.75	2.36	1.18	0.60	0.30	0.15	0.075
中粒式	OGFC-16	100	90~100	70~90	45~70	12~30	10~22	6~18	4~15	3~12	3~8	2~6
	OGFC-13		100	90~100	60~80	12~30	10~22	6~18	4~15	3~12	3~8	2~6
细粒式	OGFC-10			100	90~100	50~70	10~22	6~18	4~15	3~12	3~8	2~6

表 3.12　密级配沥青稳定碎石混合料矿料级配范围

级配类型		通过下列筛孔(mm)的质量百分率/%														
		53.0	37.5	31.5	26.5	19.0	16.0	13.2	9.50	4.75	2.36	1.18	0.60	0.30	0.15	0.075
特粗粒	ATB-40	100	90~100	75~92	65~85	49~71	43~63	37~57	30~50	20~40	15~32	10~25	8~18	5~14	3~10	2~6
	ATB-30		100	90~100	70~90	53~72	44~66	39~60	31~51	20~40	15~32	10~25	8~25	5~14	3~10	2~6
粗粒式	ATB-25			100	90~100	60~80	48~68	42~62	32~52	20~40	15~32	10~25	8~25	5~14	3~10	2~6

表 3.13　半开级配沥青碎石混合料矿料级配范围

级配类型		通过下列筛孔(mm)的质量百分率/%											
		26.5	19.0	16.0	13.2	9.50	4.75	2.36	1.18	0.60	0.30	0.15	0.075
中黏式	AM-20	100	90~100	60~85	50~75	40~65	15~40	5~22	2~16	1~12	0~10	0~8	0~5
	AM-16		100	90~100	60~85	45~68	18~40	6~25	3~18	1~14	0~10	0~8	0~5
细粒式	AM-13			100	90~100	50~80	20~45	8~28	4~20	2~16	0~10	0~8	0~6
	AM-10				100	90~100	35~65	10~35	5~22	2~16	0~12	0~9	0~6

表 3.14 开级配沥青稳定碎石混合料矿料级配范围

级配类型		通过下列筛孔(mm)的质量百分率/%														
		53.0	37.5	31.5	26.5	19.0	16.0	13.2	9.50	4.75	2.36	1.18	0.60	0.30	0.15	0.075
特粗式	ATPB-40	100	70~100	65~90	55~85	43~75	32~70	20~65	12~50	0~3	0~3	0~3	0~3	0~3	0~3	0~3
	ATPB-30		100	80~100	70~95	53~85	36~80	26~75	14~60	0~3	0~3	0~3	0~3	0~3	0~3	0~3
粗粒式	ATPB-25			100	80~100	60~100	45~90	30~82	16~70	0~3	0~3	0~3	0~3	0~3	0~3	0~3

(3) 沥青配合比一般宜采用马歇尔试验配合比设计方法，沥青混合料技术标准(要求)见表 3.15~表 3.18，并具有良好的施工性能。当采用其他方法设计沥青混合料时，应按有关规范规定进行马歇尔试验及各项配合比设计检验，并报告不同设计方法的试验结果。二级公路宜参照一级公路的技术标准执行。重载交通是指设计交通量在 1000 万辆以上的路段，长大坡度的路段按重载交通路段考虑。

表 3.15 密级配沥青混凝土混合料马歇尔试验技术标准

(适用于 D_{max}(最大粒径)≤26.5mm)

<table>
<tr><td colspan="2" rowspan="3">试验指标</td><td rowspan="3">单位</td><td colspan="4">高速公路、一级公路</td><td rowspan="3">其他等级公路</td><td rowspan="3">行人道路</td></tr>
<tr><td colspan="2">夏炎热区(1-1、1-2、1-3、1-4 区)</td><td colspan="2">夏热区及夏凉区(2-1、2-2、2-3、2-4、3-2 区)</td></tr>
<tr><td>中轻交通</td><td>重载交通</td><td>中轻交通</td><td>重载交通</td></tr>
<tr><td colspan="2">击实次数(双面)</td><td>次</td><td colspan="4">75</td><td>50</td><td>50</td></tr>
<tr><td colspan="2">试件尺寸</td><td>mm</td><td colspan="6">φ101.6mm×63.5mm</td></tr>
<tr><td rowspan="2">空隙率(VV)</td><td>深约 90mm 以内</td><td>%</td><td>3~5</td><td>4~6</td><td>2~4</td><td>3~5</td><td>3~6</td><td>2~4</td></tr>
<tr><td>深约 90mm 以下</td><td>%</td><td colspan="2">3~6</td><td>2~4</td><td>3~6</td><td>3~6</td><td>—</td></tr>
<tr><td colspan="2">稳定度(NS)</td><td>kN</td><td colspan="4">≥8</td><td>≥5</td><td>≥3</td></tr>
<tr><td colspan="2">流值(FL)</td><td>mm</td><td>2~4</td><td>1.5~4</td><td>2~4.5</td><td>2~4</td><td>2~4.5</td><td>2~5</td></tr>
<tr><td rowspan="7">矿料间隙率(VMA)/%</td><td rowspan="2">设计空隙率/%</td><td colspan="7">相应于以下公称最大粒径(mm)的最小 VMA 及 VFA 的技术要求/%</td></tr>
<tr><td colspan="2">26.5</td><td>19.0</td><td>16.0</td><td>13.2</td><td>9.50</td><td>4.75</td></tr>
<tr><td>≥2</td><td colspan="2">10</td><td>11</td><td>11.5</td><td>12</td><td>13</td><td>15</td></tr>
<tr><td>≥3</td><td colspan="2">11</td><td>12</td><td>12.5</td><td>13</td><td>14</td><td>16</td></tr>
<tr><td>≥4</td><td colspan="2">12</td><td>13</td><td>13.5</td><td>14</td><td>15</td><td>17</td></tr>
<tr><td>≥5</td><td colspan="2">13</td><td>14</td><td>14.5</td><td>15</td><td>16</td><td>18</td></tr>
<tr><td>≥6</td><td colspan="2">14</td><td>15</td><td>15.5</td><td>16</td><td>17</td><td>19</td></tr>
<tr><td colspan="2">沥青饱和度 VFA/%</td><td colspan="2">55~70</td><td colspan="3">65~75</td><td colspan="2">70~85</td></tr>
</table>

注：1. 对空隙率大于 5%的夏炎热区重载交通路段，施工时应至少提高压实度 1 个百分点；2. 当设计的空隙率不是整数时，由内插确定要求的 VMA 最小值；3. 对改性沥青混合料，马歇尔试验的流值可适当放宽。

表 3.16　沥青稳定碎石混合料马歇尔试验配合比设计技术标准

试验指标	单位	密级配基层(ATB)		半开级配面层(AM)	排水式开级配磨耗层(OGFC)	排水式开级配基层(ATPB)
公称最大粒径	mm	26.5mm	≥31.5mm	≤26.5mm	≤26.5mm	所有尺寸
马歇尔试件尺寸	mm	ϕ101.6mm×63.5mm	ϕ152.4mm×95.3mm	ϕ101.6mm×63.5mm	ϕ101.6mm×63.5mm	ϕ152.4mm×95.3mm
击实次数(双面)	次	75	112	50	50	75
空隙率(VV)	%	3~6		6~10	不小于 18	不小于 18
稳定度	kN	≥7.5	≥15	≥3.5	≥3.5	—
流值	mm	1.5~4	实测	—	—	—
沥青饱和度(VFA)	%	55~70		40~70	—	—
密级配基层 ATB 的矿料间隙率(VMA)/%		设计空隙率/%		ATB-40	ATB-30	ATB-25
		≥4		≥11	≥11.5	≥12
		≥5		≥12	≥12.5	≥13
		≥6		≥13	≥13.5	≥14

注：在干旱地区，可将密级配沥青稳定碎石基层的空隙率适当放宽到 8%。

表 3.17　SMA 混合料马歇尔试验配合比设计技术要求

试验项目	单位	技术要求		试验方法
		不使用改性沥青	使用改性沥青	
马歇尔试件尺寸	mm	ϕ101.6mm×63.5mm		T0702
马歇尔试件击实次数①	—	两面击实 50 次		T0702
空隙率(VV)②	%	3~4		T0705
矿料间隙率(VMA)②	%	≤17.0		T0705
粗集料骨架间隙率(VCA)③	—	VCA_{DRC}		T0705
沥青饱和度(VFA)	%	75~85		T0705
稳定度④	kN	≥5.5	≥6.0	T0709
流值	mm	2~5	—	T0709
谢伦堡沥青析漏试验的结合料损失	%	≤0.2	≤0.1	T0732
肯塔堡飞散试验的混合料损失或浸水飞散试验	%	≤20	≤15	T0733

注：①对集料坚硬不易击碎，通行重载交通的路段，也可将击实次数增加为双面 75 次。

②对高温稳定性要求较高的重载交通路段或炎热地区，设计空隙率允许放宽到 4.5%，VMA 允许放宽到 16.5%(SMA-16)或 16.0%(SMA-19)，VFA 允许放宽到 70%。

③试验粗集料骨架间隙率 VCA 的关键性筛孔，对 SMA-19 和 SMA-16 是指 4.75mm，对 SMA-13 和 SMA-10 是指 2.36mm。

④稳定度难以达到要求时，允许放宽到 5.0kN(非改性)或 5.5kN(改性)，但动稳定度检验必须合格。

表 3.18　OGFC(开级配抗滑表层)混合料的技术要求

试验项目	单位	技术要求	试验方法
马歇尔试件尺寸	mm	ϕ101.6mm×63.5mm	T0702
马歇尔试件击实次数	—	两面击实 50 次	T0702
空隙率	%	18~25	T0705
马歇尔稳定度	kN	≥3.5	T0709
析漏损失	%	<0.3	T0732
肯塔堡飞散损失	%	<20	T0733

(4) 对用于高速公路和一级公路的公称最大粒径等于或小于 19mm 的密级配沥青混合料(AC)及 SMA、OGFC 混合料，需在配合比设计的基础上，按照下列步骤进行各种使用性能检验。对于不符合要求的沥青混合料，必须更换材料重新进行配合比设计。二级公路参照此要求执行。

① 必须在规定的试验条件下进行车辙试验，其试验结果应符合表 3.19 的要求。

表 3.19　沥青混合料车辙试验动稳定度技术要求

气候条件与技术指标		相应于下列气候分区所要求的动稳定度/(次/min)									试验方法
七月平均最高气温(℃)及气候分区		>30				20~30				<20	
		1. 夏炎热区				2. 夏热区				3. 夏凉区	
		1-1	1-2	1-3	1-4	2-1	2-2	2-3	2-4	3-2	
普通沥青混合料		≥800		≥1000		≥600	≥800			≥600	
改性沥青混合料		≥2400		≥2800		≥2000	≥2400			≥1800	
SMA 混合料	非改性	≥1500									T0719
	改性	≥3000									
OGFC 混合料		1500(一般交通路段)、3000(重交通量路段)									

注：1. 如果其他月份的平均最高气温高于 7 月时，可使用该月平均最高气温。2. 在特殊情况下，如钢桥面铺装、重载车特别多或纵坡较大的长距离上坡路段、厂矿专用道路，可酌情提高动稳定度的要求。3. 对因气候寒冷确实需使用针入度很大的沥青(如>100)，动稳定度难以达到要求，或因采用石灰岩等不很坚硬的石料，改性沥青混合料的动稳定度难以达到要求等特殊情况，可酌情降低要求。4. 为满足炎热地区及重载车要求，在配合比设计时采取减少最佳沥青用量的技术措施时，可适当提高试验温度或增加试验荷载进行试验，同时增加试件的碾压成型密度和施工压实度要求。5. 车辙试验不得采用二次加热的混合料，试验必须检验其密度是否符合试验规程的要求。6. 如需要对公称最大粒径等于和大于 26.5mm 的混合料进行车辙试验，可适当增加试件的厚度，但不宜作为评定合格与否的依据。

② 必须在规定的试验条件下进行浸水马歇尔试验和冻融劈裂试验，以检验沥青混合料的水稳定性，试验结果并同时符合表 3.20 的要求。当达不到要求时，必须按有关规定采取抗剥落措施(如掺加消石灰或水泥、用石灰水处理、掺加抗剥落剂、采用改性沥青等)，调整最佳沥青用量后再次试验。

③ 宜对密级配沥青混合料在温度-10℃、加载速率 50mm/min 的条件下进行弯曲试验，测定破坏强度、破坏应变、破坏劲度模量，并根据应力应变曲线的形状，综合评价沥青混合料的低温抗裂性能。其中沥青混合料的破坏应变不宜小于表 3.21 的要求。

表 3.20　沥青混合料水稳定性检验技术要求

气候条件与技术指标		相应于下列气候分区的技术要求/%				试验方法
年降雨量及气候分区		>1000mm	500~1000mm	250~500mm	<250mm	
		潮湿区	湿润区	半干区	干旱区	
浸水马歇尔试验残留稳定度/%						
普通沥青混合料		≥80		≥75		T0709
改性沥青混合料		≥85		≥80		
SMA 混合料	普通沥青	≥75				
	改性沥青	≥80				
冻融劈裂试验的残留强度比/%						
普通沥青混合料		≥75		≥70		T0729
改性沥青混合料		≥80		≥75		
SMA 混合料	普通沥青	≥75				
	改性沥青	≥80				

表 3.21　沥青混合料低温弯曲试验破坏应变

气候条件与技术指标	相应于下列气候分区所要求的破坏应变/με									试验方法
年极端最低气温及气候分区	<-37.0℃		-21.5~-37.0℃			-9.0~-21.5℃		>-9.0℃		
	1. 冬严寒区		2. 冬寒区			3. 冬冷区		4. 冬温区		
	1-1	2-1	1-2	2-2	3-2	1-3	2-3	1-4	2-4	
普通沥青混合料	≥2600		≥2300			≥2000				T0715
改性沥青混合料	≥3000		≥2800			≥2500				

④ 宜利用轮碾机成型的车辙试验试件，脱模架起进行渗水试验，其试验结果应符合表3.22的技术要求。

表 3.22　沥青混合料试件渗水系数技术要求

级配类型	渗水系数要求/(mL/min)	试验方法
密级配沥青混凝土	≤120	T0730
SMA 混合料	≤80	
OGFC 混合料	≥实测值	

⑤ 对使用钢渣作为集料的沥青混合料，应进行活性和膨胀性试验，钢渣沥青混凝土的膨胀量不得超过1.5%。

⑥ 对改性沥青混合料的性能检验，应针对改性目的进行。以提高高温抗车辙性能为主要目的时，高温稳定性可按普通沥青混合料的要求执行。

(5) 高速公路、一级公路沥青混合料的配合比设计，应在调查以往同类材料的配合比设计经验和使用效果的基础上，按照以下具体步骤进行设计。

① 目标配合比设计阶段。用工程实际使用的材料，按照现行行业标准《公路沥青路面施工技术规范》(JTG F40—2004)的方法，优选矿料级配、确定最佳沥青用量，符合配合比

设计技术标准和配合比设计检验的要求，以此作为目标配合比，供拌和机确定各冷料仓的供料比例、进料速度及试拌使用。热拌沥青混合料的目标配合比设计流程如图 3.3 所示。

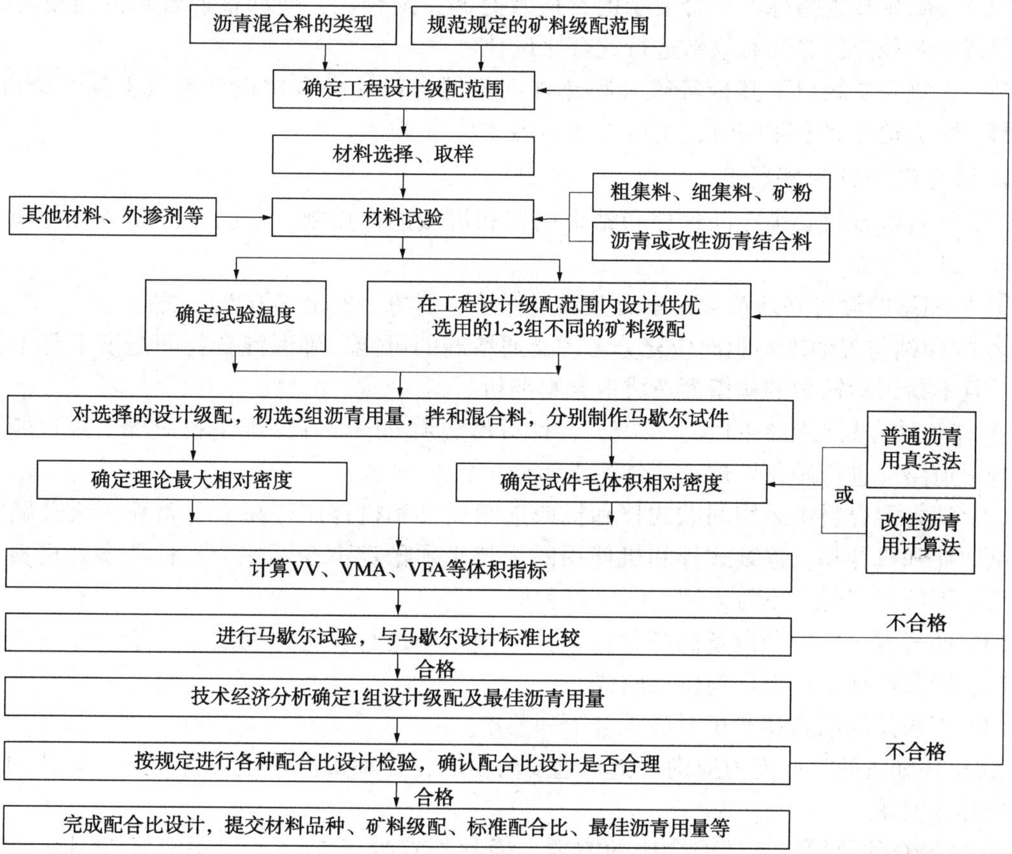

图 3.3　热拌沥青混合料的目标配合比设计流程图

② 生产配合比设计阶段。对于间歇式拌和机，应按规定方法取样测试各热料仓的材料级配，确定各热料仓的配合比，供拌和机控制室使用。同时选择适宜的筛孔尺寸和安装角度，尽量使各热料仓的供料大体平衡。并取目标配合比的最佳沥青用量 OAC、OAC±3%等 3 个沥青用量进行马歇尔试验和试拌，通过室内试验及从拌和机取样试验综合确定生产配合比的最佳沥青用量，由此确定的最佳沥青用量与目标配合比设计结果的差值不宜大于±0.2%。对连续式拌和机可省略生产配合比设计步骤。

③ 生产配合比验证阶段。拌和机按生产配合比结果进行试拌、铺筑试验段，并取样进行马歇尔试验，同时从路上钻取芯样观察空隙率的大小，由此确定生产用的标准配合比，标准配合比的矿料合成级配中，至少应包括 0.075mm、2.36mm、4.75mm 及公称最大粒径筛孔的通过率接近优选的工程设计级配范围的中值，并避免在 0.3~0.6mm 处出现“驼峰”。对确定的标准配合比，宜再次进行车辙试验和水稳定性检验。

④ 确定施工级配允许波动范围。根据标准配合比及《公路沥青路面施工技术规范》(JTG F40—2004)质量管理要求中各筛孔的允许波动范围，制订施工用的级配控制范围，用以检查沥青混合料的生产质量如何。

(6) 经设计确定的标准配合比，在施工过程中不得随意进行变更。生产过程中应加强跟踪检测，严格控制进场材料的质量，如果遇到材料发生变化，并经检测沥青混合料的矿料级配、马歇尔技术指标不符合要求时，应及时调整配合比，使沥青混合料的质量符合要求并保持相对稳定，必要时重新进行配合比设计。

(7) 二级及二级以下其他等级公路热拌沥青混合料的配合比设计可按上述步骤进行。当材料与同类道路完全相同时，也可直接引用成功的经验。

4. 沥青混合料的拌制

(1) 沥青混合料必须在沥青拌和站采用拌和机械进行拌制，在设置拌和站的过程中应注意以下几个方面。

① 拌和站的设置必须符合国家有关环境保护、消防、安全等方面的规定。

② 拌和站与工地现场距离应充分考虑交通堵塞的可能，确保混合料的温度下降不超过要求，且不得因运输中的颠簸而造成混合料离析。

③ 拌和站应具有完备的排水设施，各种集料必须分隔储存，细集料应设防雨顶棚，料场及场内道路应进行硬化处理，严禁泥土污染集料。

(2) 沥青混合料可采用间歇式拌和机或连续式拌和机拌制。高速公路和一级公路宜采用间歇式拌和机拌和。连续式拌和机使用的集料必须稳定不变，一个工程从多处进料、料源或质量不够稳定时，不得采用连续式拌和机。

(3) 沥青混合料拌和设备的各种传感器必须定期进行检定，周期不少于每年一次。冷料供料装置需经标定得出集料供料曲线。

(4) 当采用间歇式拌和机时应符合下列要求。

① 总拌和机的生产能力应满足施工进度的要求，拌和机的除尘设备完好，能达到国家要求的环保要求。

② 冷料仓的数量应满足配合比的需要，通常不宜少于 5~6 个，另外还应具有添加纤维、消石灰等外掺剂的设备。

(5) 集料与沥青混合料取样应符合现行试验规程的要求。从沥青混合料运料车上取样时，必须在设置取样台分几处采集一定深度下的样品。

(6) 集料进场后宜在料堆顶部平台卸料，经推土机推平后铲运机从底部按顺序竖直装料，以减小集料离析。

(7) 高速公路和一级公路施工用的间歇式拌和机必须配备计算机设备，拌和过程中逐盘采集并打印各个传感器测定的材料用量和沥青混合料拌和量、拌和温度等各种参数。每个台班结束时打印出一个台班的统计量，按现行行业标准《公路沥青路面施工技术规范》(JTG F40—2004)规定的方法进行沥青混合料生产质量及铺筑厚度的总量检验。总量检验的数据有异常波动时，应立即停止生产，分析原因。

(8) 沥青混合料的生产温度应符合《公路沥青路面施工技术规范》(JTG F40—2004)中的要求。烘干集料的残余含水量不得大于 1%。每天开始的前几盘应提高加热温度，并干拌几锅集料废弃，然后再正式加沥青拌和混合料。

(9) 拌和机的矿粉仓应配备振动装置，以防止矿粉发生起拱。添加消石灰、水泥等外掺剂时，宜增加粉料仓，也可由专用管线和螺旋升送器直接加入拌和锅，若与矿粉混合使用时，应注意二者因密度不同发生离析。

（10）拌和机必须有二级除尘装置，经一级除尘部分可直接回收使用，二级除尘部分可进入回收粉仓使用(或废弃)。对因除尘造成的粉料损失应补充等量的新矿粉。

（11）沥青混合料拌和时间，应根据具体情况经试拌确定，以沥青均匀裹覆集料为度。间歇式拌和机每盘的生产周期不宜少于45s，其中干拌时间5~10s。改性沥青和SMA混合料的拌和时间应适当延长。

（12）间歇式沥青拌和机宜备有保温性能好的成品储料仓，储存过程中混合料温度下降不得大于10℃，且不能有沥青滴漏。普通沥青混合料的储存时间不得超过72h；改性沥青混合料的储存时间也不宜超过24h；SMA混合料只限于当天拌和当天使用；OGFC混合料宜“随拌随用”。

（13）间歇式沥青拌和机的振动筛规格应与矿料规格相匹配，最大筛孔宜略大于混合料的最大粒径，其余筛的设置应考虑混合料的级配稳定，并尽量使热料仓大体均衡，不同级配混合料必须配置不同的筛孔组合。

（14）生产添加纤维的沥青混合料时，纤维必须在混合料中充分分散、拌和均匀。拌和机应配备同步添加投料装置，松散的絮状纤维可在喷入沥青的同时或稍后采用风送设备喷入拌和锅，拌和时间宜延长5s以上。颗粒纤维可在粗集料投入的同时自动加入，经5~10s的干拌后，再投入矿粉。工程量很小时，也可分装成塑料小包或由人工量取直接投入拌和锅。

（15）当使用改性沥青时，应随时检查沥青泵、管道、计量器等部位是否受堵，出现堵塞时应及时清洗。

（16）沥青混合料在出厂时，应逐车检测沥青混合料的质量和温度，记录出厂时间，签发运料单。

5. *沥青混合料的运输*

（1）热拌沥青混合料宜采用较大吨位的运料车进行运输，但不得超载运输，在运输过程中不得急刹车、急弯掉头，以免使透层、封层造成损伤。运料车的运输能力应稍有富余，施工过程中摊铺机前方应有运料车等候。对高速公路和一级公路，宜待等候的运料车多于5辆后开始摊铺。

（2）运料车在每次使用前后必须清扫干净，在车厢板上涂一薄层防止沥青黏结的隔离剂或防黏剂，但不得有余液积聚在车厢底部。从拌和机向运料车上装料时，应多次挪动汽车位置，平衡装料，以减少混合料离析。运料车在运输沥青混合料时宜用苫布覆盖保温、防雨、防污染。

（3）运料车进入摊铺现场时，轮胎上不得沾有泥土等可能污染路面的物质，否则宜设水池洗净轮胎后才可进入工程现场。沥青混合料在摊铺地点凭运料单接收，若混合料不符合施工温度要求，或已经结团结块、或遭雨淋的不得铺筑。

（4）在摊铺过程中，运料车应在摊铺机前100~300mm处停住，空档等候，由摊铺机推动前进开始缓缓卸料，避免撞击摊铺机。在有条件时，运料车可将混合料卸入转运车，经二次拌和后向摊铺机连续均匀地供料。运料车每次卸料必须倒干净，尤其是对改性沥青或SMA混合料，如果卸料未干净，应及时清除，防止硬结。

(5) SMA 及 OGFC 混合料在运输、等候的过程中，如果发现有沥青混合料沿车厢板滴漏时，应采取措施避免。

6. 沥青混合料的摊铺

热拌沥青混合料的摊铺是其施工过程中关键的环节，是确保公路路面施工质量的重要工序，因此，必须严格按照施工技术规范认真施工。在铺筑沥青混合料前，应检查确认下承层的质量。对新建公路，必须按基层的质量标准进行检查验收；对于老路面，凡有坑陷和失稳的地段，必须进行修补、处理，凡不平的接缝要整平，裂缝要填实密封，直至符合要求为止。

施工放样和高程控制，必须进行水平和垂直坡度的控制，以保证完工路面符合工程平面位置和纵断面位置。通常由测量人员在路基基层两侧平行于中心线的位置上，按一定距离设立坡度桩和路线桩，使洒布机和摊铺机走向正确。

如果道路的坡度要求比较严格，最好的方法是放置基准线来控制高程。基准线由坡度桩和可调节的导杆拉紧，摊铺机可循此线为基准进行摊铺。每段基准线的绷紧固定长度可为 90~150m，且每隔 8m 加一个支撑点。坡度急剧变化时，绷紧固定长度要适当缩短。在弯道处，线桩的距离要缩短，支撑点的间距也要小些，以保证弯道的位置定向准确。

当以上基本的准备工作完成后，可以按照施工组织设计中的施工顺序进行沥青混合料的摊铺，根据行业标准《公路沥青路面施工技术规范》(JTG F40—2004)中的规定，在摊铺过程中应遵循以下方面。

(1) 热拌沥青混合料应采用沥青摊铺机进行摊铺，在喷洒有黏层油的路面上铺筑改性沥青混合料或 SMA 混合料时，宜使用履带式摊铺机。摊铺机的受料斗应涂刷薄层隔离剂或防黏结剂，以防止产生黏结。

(2) 铺筑高速公路和一级公路沥青混合料时，一台摊铺机的铺筑宽度不宜超过 6m(双车道)~7.5m(三车道以上)，通常宜采用两台或更多台的摊铺机前后错开 10~20m，呈梯队方式同步向前进行摊铺，两幅之间应有 30~60mm 左右宽度的搭接，并躲开车道轮迹带，上、下层的搭接位置宜错开 200mm 以上。

(3) 摊铺机在开工前，应提前 0.5~1.0h 预热熨平板，使其温度不低于 100℃。铺筑过程中应选择熨平板的振捣或夯锤压实装置具有适当的振动频率和振幅，以提高路面的初始压实度。熨平板加宽连接应仔细调节至摊铺的混合料没有明显的离析痕迹。

(4) 摊铺机必须缓慢、均匀、连续不间断地进行摊铺，不得随意变换速度或出现中途停顿，以提高路面的平整度，减少沥青混合料的离析。摊铺速度宜控制在 2~6m/min 的范围内，对改性沥青混合料及 SMA 混合料宜放慢至 1~3m/min。当发现沥青混合料出现有明显的离析、波浪、裂缝、拖痕时，应分析产生的原因，采取措施消除。

(5) 摊铺机应采用自动找平的方式，下面层或基层宜采用钢丝绳引导的高程控制方式，上面层宜采用平衡梁或雪橇式摊铺厚度控制方式，中面层根据情况选用找平方式。直接接触式平衡梁的轮子不得黏附沥青。铺筑改性沥青路面或 SMA 路面时，宜采用非接触式平衡梁。

(6) 沥青混合料的松铺系数应根据混合料类型由试验试碾压确定。摊铺过程中应随时检查摊铺层厚度及路拱、横坡，并按照行业标准《公路沥青路面施工技术规范》(JTG F40—

2004)的规定，由使用的混合料总量与面积校验平均厚度。

(7) 沥青路面施工的最低气温，在高速公路和一级公路施工中不得低于10℃，其他等级公路不得低于5℃。寒冷季节遇大风降温，不能保证迅速压实时，不得再铺筑沥青混合料。热拌沥青混合料的最低摊铺温度，应根据铺筑厚度、气温、风速及下卧层表面温度，按照《公路沥青路面施工技术规范》(JTG F40—2004)中的有关规定执行，且不得低于表3.23的要求。在每天施工开始阶段宜采用较高温度的混合料铺筑。

(8) 摊铺机的螺旋布料器应相应于摊铺速度调整到保持一个稳定速度均衡地转动，两侧应保持有不少于送料器2/3高度的混合料，以减少在摊铺过程中混合料的离析。

(9) 用机械摊铺的混合料，不宜用人工反复修整。当不得不由人工进行局部补充或更换混合料时，需要认真仔细进行，特别严重的缺陷应整层将其铲除。

表3.23　沥青混合料的最低摊铺温度

下卧层的表面温度/℃	相应于下列不同摊铺层厚度的最低摊铺温度/℃					
	普通沥青混合料			改性沥青混合料或SMA沥青混合料		
	<50mm	50~80mm	>80mm	<50mm	50~80mm	>80mm
<5	不允许	不允许	140	不允许	不允许	不允许
5~10	不允许	140	135	不允许	不允许	不允许
10~15	145	138	132	165	155	150
15~20	140	135	130	158	150	145
20~25	138	132	128	153	147	143
25~30	132	130	126	147	145	141
>30	130	125	124	145	140	139

(10) 在路面狭窄部分、平曲线半径过小的匝道或加宽部分，以及小规模工程不能采用摊铺机铺筑时，可用人工摊铺混合料。

人工摊铺沥青混合料应符合下列要求。

① 采用半幅施工时，路中一侧宜事先设置挡板。

② 沥青混合料宜卸在铁板上，摊铺时应扣锹布料，不得采用扬锹远甩，铁锹等工具宜使用防黏结剂或加热使用，以防止混合料与铁锹黏结。

③ 边摊铺边用刮板进行整平，整平时应当用力轻重一致，并控制操作的次数，严防集料发生离析。

④ 摊铺过程中不得中途停顿，并加快进行碾压，如果因故不能及时碾压时应立即停止摊铺，并对已卸下的沥青混合料覆盖苫布保温。

⑤ 在低温情况下施工时，每次卸下的沥青混合料应覆盖苫布保温。

(11) 在雨季铺筑沥青混合料路面时，应加强与当地气象台(站)联系，及时了解天气的变化，以利于安排混合料的铺筑施工。已摊铺的沥青混合料，如果因故未碾压密实而遇到雨淋，应将此部分混合料铲除。

7. 沥青路面压实与成型

对热拌沥青混合料进行碾压要达到两个目的：沥青混合料具有强度和稳定性；减少沥

青混合料中的空隙，并使空隙产生封闭，防止空气和水分浸入，从而避免道路的加速老化及冻融破坏和剥落现象。

沥青混合料路面在压实过程中受到3种力的作用，即压路机的压力、混合料内部的阻力及下部稳定基础层的支承反力。要达到压实的目的，压路机的压力与下部稳定基础层的支承反力的合力，必须克服面层的内部阻力。当这3个作用力达到平衡时压实作用就已经完成。

在沥青混合料的压实过程中，影响压实的主要因素有混合料的特性、环境条件和铺筑厚度。根据现行行业标准《公路沥青路面施工技术规范》(JTG F40—2004)中的有关要求，因此，在沥青混合料路面的压实与成型中，应当严格遵循以下规定进行施工。

(1) 压实成型的沥青混合料路面，应符合压实度和平整度的要求。

(2) 沥青混凝土的压实层最大厚度不宜大于100mm，沥青稳定碎石混合料的压实层最大厚度不宜大于120mm，但当采用大功率压路机且经试验证明能达到设计压实度时，可以允许增大到150mm。

(3) 沥青路面施工应配备足够数量的压路机，选择合理的压路机组合方式，选择初压、复压、终压(包括成型)的具体碾压步骤，以达到最佳的碾压效果。高速公路铺筑双车道沥青路面的压路机数量不宜少于5台。当施工气温低、风速大、碾压层较薄时压路机数量应适当增加。

(4) 压路机应以缓慢而均匀的速度碾压，压路机的碾压速度应符合表3.24中的规定，压路机的碾压路线及碾压方向不应突然改变，否则会导致沥青混合料的推移。碾压区的长度应大体稳定，两端的折返位置应随摊铺机的前进而推进，横向不得在相同的断面上。

表3.24　压路机碾压速度　km/h

压路机类型	初压		复压		终压	
	适宜	最大	适宜	最大	适宜	最大
钢筒式压路机	2~3	4	3~5	6	3~6	6
轮胎式压路机	2~3	4	3~5	6	4~6	8
振动式压路机	2~3(静压或振动)	3(静压或振动)	3~4.5(振动)	5.0(振动)	3~6(静压)	6.0(静压)

(5) 压路机的碾压温度应符合现行行业标准《公路沥青路面施工技术规范》(JTG F40—2004)的有关要求，并根据混合料种类、压路机类型、气温条件、铺筑厚度等情况经试压确定。在不产生严重推移和裂缝的前提下，初压、复压和终压都应在尽可能高的温度下进行。同时不得在低温状况下做反复碾压，使石料棱角磨损、压碎，破坏集料嵌挤。

(6) 沥青混合料在初压过程中应符合下列要求。

① 初压应在紧跟摊铺机后碾压，并保持较短的初压区长度，以尽快地使表面压实，减少热量的损失，对摊铺后初始压实度较大，经实践证明采用振动压路机或轮胎压路机直接碾压无严重推移而有良好的效果时，可以免去初压工序，直接进入复压工序。

② 通常宜采用钢轮压路机静压1~2遍，碾压时应将压路机的驱动轮面向摊铺机，从外侧向中心碾压，在有超高路段则由低向高碾压，在坡道上应将驱动轮从低处向高处碾压。

③ 初压后应认真检查路面的平整度和路拱，有严重缺陷时应进行修整乃至返工。

(7) 沥青混合料复压应紧跟初压后进行，并应符合下列要求。

① 复压应紧跟在初压完成后开始，且不得随意停顿。压路机碾压段的总长度应尽量缩短，一般情况下不超过60~80m。采用不同型号的压路机组合碾压时，宜安排每一台压路机进行全幅碾压，防止不同部位的压实度不均匀。

② 密级配沥青混凝土的复压，宜优先采用重型的轮胎压路机进行搓揉碾压，以增加密水性，其总质量不宜小于25t，吨位不足时宜附加重物，使每一个轮胎的压力不小于15kN。冷态时的轮胎充气压力不小于0.55MPa，轮胎发热后压力不小于0.60MPa，且各个轮胎的气压大体相同，相邻碾压带应重叠1/3~1/2的碾压轮宽度，碾压至要求的压实度为止。

③ 对粗集料为主的较大粒径的沥青混合料，尤其是大粒径沥青稳定碎石基层，宜优先采用振动压路机进行复压。铺筑厚度小于30mm的薄沥青层不宜采用振动压路机碾压。振动压路机的振动频率宜为35~50Hz，振幅宜为0.3~0.8mm。铺筑厚度较大时应选用高频率大振幅压路机，以产生较大的激振力；铺筑厚度较薄时应选用高频率低振幅压路机，以防止集料产生破碎。相邻碾压带重叠宽度一般为100~200mm。振动压路机在折返时应当先停止振动再折返。

④ 当采用三轮钢筒压路机时，其总质量不宜小于12t，相邻碾压带宜重叠后轮的1/2宽度，并不应少于200mm。

⑤ 对路面边缘、加宽及港湾式停车带等大型压路机难以碾压的部位，宜采用小型振动压路机或振动夯板做补充碾压。

(8) 终压应紧接在复压后面进行，如果经过复压后已无明显轮迹时可免去终压工序。终压时可选用双轮钢筒式压路机或关闭振动的振动压路机，碾压不宜少于2遍，直至无明显轮迹为止。

(9) SMA路面的压实应符合以下要求。

① 除沥青用量较低，经试验证明采用轮胎压路机碾压有良好的效果外，一般不宜采用轮胎压路机碾压，以防将沥青混合料搓揉挤压上浮。

② SMA路面宜采用振动压路机或钢筒式压路机进行碾压，振动压路机应遵循“紧跟、慢压、高频、低幅”的原则，即紧跟在摊铺机后面，采取高频率、低振幅的方式慢速碾压，如果在碾压中发现SMA混合料高温碾压有推拥现象，应复查其级配是否合适。

(10) OGFC路面(即开级配沥青磨耗层)宜采用质量小于12t的钢筒式压路机进行碾压。

(11) 碾压轮在碾压过程中应保持其表面清洁，有沥青混合料黏结轮应及时清除。对于钢轮可涂刷隔离剂或防黏结剂，但严禁涂刷柴油。当采用向碾压轮喷水(可添加少量表面活性剂)的方式时，必须严格控制喷水量且成雾状，不得采取漫流方式，以防止沥青混合料降温过快。轮胎压路机开始碾压阶段，可适当进行烘烤、涂刷少量隔离剂或防黏结剂，也可进行少量喷水。并先到高温区碾压使轮胎尽快升温，之后停止洒水。轮胎压路机轮胎外围宜加设围裙进行保温。

(12) 压路机不得在未碾压成型的路段上转向、调头、加水或停留。在当天碾压成型的路面上，不得停放各种机械设备或车辆，不得散落矿料、油料等杂物。

二、冷拌沥青混合料路面施工

冷拌沥青混合料也称为乳化沥青混合料，冷拌沥青混合料路面施工技术是沥青路面维修的一大工艺性革命，它克服了热拌沥青混合料在修补沥青路面的过程中受季节、天气、温度的限制，以及在修补现场进行沥青加热所造成的环境污染等弊端。冷拌沥青混合料具有如下主要特征。

1. 适用于任何天气和环境

冷拌沥青混合料路面施工的适用温度为-30~50℃(环境温度)，可以在雨雪潮湿的恶劣条件下及时修补沥青路面坑槽。

2. 适用面广

冷拌沥青混合料具有良好的黏结性能和压实性，可以广泛用于道路、桥梁路面、停车场、机场跑道的修补，还可以用于在春、冬季环境条件下的二级公路及以下路面的表面处理。

3. 施工过程操作简便

路面维修过程无需专门的设备，也无需专门的技术，只需将待补的坑槽清理干净放入沥青混合料，用平板振动夯或通过汽车车轮压实即可开放交通。

4. 修补质量好

可根据需要将各种不同的改性沥青制成冷拌沥青，改性冷拌沥青混合料具有极强的抗老化性能，修补沥青路面的坑槽及冷拌沥青混合料表处的路面的寿命在10年以上，并且不易产生龟裂等病害。

5. 养护成本低

由于沥青混合料的制作可以在常温下进行且集中生产拌和，不需要对集料进行加热，也可节省大量的能源，加上不受天气、坑槽大小及数量的影响，可以根据实际用量随取随用，能及时对路面进行修补，使路面经常保持平整，保证公路的畅通，同时还能减少路面的修补次数和工作量。剩余材料还可以继续使用，不会造成浪费。

6. 绿色环保及社会效益显著

冷拌沥青混合料的生产和使用不会产生沥青黑烟和废料，不会造成环境污染，有利于环境保护，更不会对生产工人的健康产生影响。根据现行行业标准《公路沥青路面施工技术规范》(JTG F40—2004)中的有关规定，在冷拌沥青混合料路面的施工中应遵循以下几个方面。

1. 冷拌沥青混合料的一般规定

(1) 冷拌沥青混合料适用于三级及三级以下公路的沥青面层、二级公路的罩面层施工，以及各级公路沥青路面的基层、连接层或整平层。冷拌改性沥青混合料可用于沥青路面的坑槽冷补。

(2) 冷拌沥青混合料宜采用乳化沥青或液体沥青拌制，也可采用改性乳化沥青，各种结合料类别及规格可参考《公路沥青路面施工技术规范》(JTG F40—2004)中相关要求。

(3) 冷拌沥青混合料宜采用密级配沥青混合料，当采用半开级配的冷拌沥青碎石混合料路面时应铺筑上封层。

2. 冷拌沥青混合料配合比设计

(1) 冷拌沥青混合料可参照“热拌沥青混合料路面施工”中相应的矿料级配使用，并根据已有的成功经验经试拌确定设计级配范围和施工配合比。

（2）乳化沥青碎石混合料的乳液用量应根据当地实践经验以及交通量、气候条件、集料情况、沥青标号、施工机械等条件进行确定，也可以按照热拌沥青混合料的沥青用量折算，实际的沥青残留物数量可较同规格热拌沥青混合料的沥青用量减少10%~20%。

3. 冷拌沥青混合料施工要点

（1）冷拌沥青混合料宜采用拌和站机械拌和及沥青摊铺机摊铺的方式。当缺乏厂拌条件时，也可采用现场路拌及人工摊铺的方式。在冷拌沥青混合料施工中，应特别注意防止混合料产生离析。

（2）当采用阳离子乳化沥青拌和时，宜先用水使集料湿润，如果湿润后仍难于与乳液拌和均匀时，应改用破乳速度更慢的乳液，或用1%~3%浓度的氯化钙水溶液代替水润湿集料表面。

（3）冷拌沥青混合料适宜的拌和时间，应根据实际情况调节并通过试拌确定，矿料中加进乳液后的机械拌和时间一般不宜超过30s，人工拌和时间一般不宜超过60s。

（4）已拌和好的冷拌沥青混合料应立即运至现场进行摊铺，并在乳液破乳前结束。在拌和与摊铺过程中已破乳的混合料，不能用于工程，应予废弃。

（5）乳化沥青冷拌混合料摊铺后，宜采用6t左右的轻型压路机初压1~2遍，使混合料初步稳定，再用轮胎压路机或钢筒式压路机碾压1~2遍。当乳化沥青开始破乳、混合料由褐色转变为黑色时，改用12~15t的轮胎压路机进行碾压，将其内部水分挤出，复压2~3遍后停止，待晾晒一段时间，水分基本蒸发后继续复压至密实为止。当在压实过程中有推移现象时，应停止碾压，待稳定后再进行碾压。当天不能完全压实时，可在较高气温状态下补充碾压。当缺乏轮胎压路机时，也可采用钢筒式压路机或较轻的振动压路机碾压。

（6）乳化沥青混合料路面的上封层应在压实成型、路面水分完全蒸发后再进行加铺。

（7）乳化沥青混合料路面施工结束后，宜封闭交通2~6h，并注意做好早期养护。开放交通的初期，应设专人指挥，车速不得超过20km/h，不准此路段内刹车或掉头。

（8）冷拌沥青混合料应在较好的天气下施工，在施工如果遇雨应立即停止铺筑，以防止雨水将乳液冲走，影响路面的施工质量。

4. 冷补沥青混合料施工

（1）用于修补沥青路面坑槽的冷补沥青混合料，宜采用适宜的改性沥青结合料进行制造，且具有良好的耐水性。

（2）冷补沥青混合料的矿料级配，宜参照表3.25所示的要求执行。沥青用量通过试验并根据实际使用效果进行确定，通常宜采用4%~6%。其级配应符合补坑槽的需要，粗集料级配必须具有充分的嵌挤能力，以便在未经充分碾压的条件下可开放交通碾压而不松散。

表3.25 冷补沥青混合料的矿料级配

类型	通过下列筛孔的百分率/%											
	26.5mm	19.0mm	16.0mm	13.2mm	9.50mm	4.75mm	2.36mm	1.18mm	0.60mm	0.30mm	0.15mm	0.075mm
细粒式 LB-10	—	—	—	100	80~100	30~60	10~40	5~20	0~15	0~12	0~8	0~5

续表

类型	通过下列筛孔的百分率/%											
	26. 5mm	19. 0mm	16. 0mm	13. 2mm	9. 50mm	4. 75mm	2. 36mm	1. 18mm	0. 60mm	0. 30mm	0. 15mm	0. 075mm
细粒式 LB-13	—	—	100	90~100	60~95	30~60	10~40	5~20	0~15	0~12	0~8	0~5
中粒式 LB-16	—	100	90~100	50~90	40~75	30~60	10~40	5~20	0~15	0~12	0~8	0~5
粗粒式 LB-19	100	95~100	80~100	70~1000	60~90	30~70	10~40	5~20	0~15	0~12	0~8	0~5

注：1. 黏聚性试验方法：将冷补沥青材料800g装入马歇尔试模中，放入4℃恒温室中2~3h，取出后双面各击实5次，制作试件，脱模后放在标准筛上，将其直立并使试件沿筛框来回滚动20次，破损率不得大于40%。2. 冷补沥青混合料马歇尔试验方法：称混合料1180g在常温下装入试模中，双面各击实50次，连同试模一起以侧面竖立方式置于110℃烘箱中养生24h，取出后再双面各击实25次，再连同试模在室温中竖立放置24h，脱模后在60℃恒温水槽中养生30min，进行马歇尔试验。

(3) 冷补沥青混合料的质量应符合下列要求：①配制冷补沥青混合料的集料，必须符合“热拌沥青混合料路面施工”中的质量要求；②必须具有良好的低温操作和易性，用于冬季寒冷季节补坑槽的混合料，应在松散状态下经-10℃的冰箱保持24h无明显的凝聚结块现象，且能用铁铲方便地拌和操作；③必须具有良好的耐水性，混合料按水煮法或水浸法检验的抗水剥落性能(裹覆面积)不得小于95%；④冷补沥青混合料还应具有足够的黏聚性，马歇尔试验稳定度不宜小于3kN。

第三节　沥青表面处治施工

沥青表面处治路面是指用沥青和集料按层铺法铺筑而成的厚度不超过3cm的沥青面层。当采用乳化沥青用作结合料时，称为乳化沥青表面处治路面。沥青表面处治结构层按层铺的次数及厚度，可分为：单层式(厚度10~15mm)、双层式(厚度15~25mm)、三层式(厚度25~30mm)。

沥青表面处治适用于三级和三级以下公路路面面层以及高等级公路下封层。

沥青表面处治宜选择在干燥和较热的季节施工，并在最高温度低于15℃到来以前半个月及雨期前结束。

下文从层铺法沥青表面处治施工、施工过程中的质量控制、质量评定要求对沥青表面处治施工进行阐述。

(一) 层铺法沥青表面处治施工

1. 材料规格与用量

沥青表面处治可采用道路石油沥青、乳化沥青、煤沥青铺筑，沥青标号应按现行施工技术规范的相关规定选用。沥青表面处治的集料最大粒径应与处治层的厚度相等，其规格和用量应符合表3.26的规定；沥青表面处治施工后，应在路侧另备S12(5~10mm)碎石或S14(3~5mm)的石屑、粗砂或小砾石2~3m^3/1000m^2作为初期养护用料。

表 3.26 沥青表面处治材料规格和用量

沥青种类	类型	厚度/mm	集料/($m^3/1000m^2$)			沥青或乳液用量/(kg/m^2)			
			第一层	第二层	第三层	第一次	第二次	第三次	合计用量
			规格用量	规格用量	规格用量				
石油沥青	单层	1.01	S127~S129			1.0~1.2			1.0~1.2
		.5	S1012~S1014			1.4~1.6			1.4~1.6
	双层	1.5	S1012~S1014	S127~S128		1.4~1.6	1.0~1.2		2.4~2.8
		2.0	S916~S918	S127~S128		1.6~1.8	1.0~1.2		2.6~3.0
		2.5	S818~S820	S127~S128		1.8~2.0	1.0~1.2		2.8~3.2
	三层	2.5	S818~S820	S1212~S1214	S127~8	1.6~1.8	1.2~1.4	1.0~1.2	3.8~4.4
		3.0	S620~S622	S1212~S1214	S127~8	1.8~2.0	1.2~1.4	1.0~1.2	4.0~4.6
乳化沥青	单层	0.5	S147~S149			0.9~1.0			0.9~1.0
	双层	1.0	S129~S1211	S144~S146		1.8~2.0	1.0~1.2		2.8~3.2
	三层	3.0	S620~S622	S109~S111	S124~6 S143.5~4.5	2.0~22	1.8~2.0	1.0~1.2	4.8~5.4

注：1. 煤沥青表面处治的沥青用量可比石油沥青用量增加 15%~20%。

2. 表中的乳液用量按乳化沥青的蒸发残留物含量的 60%计算，如沥青含量不同应予折算。

3. 在高寒地区及干旱风沙大的地区，可超出高限 5%~10%。

2. 施工工艺及技术要点

下面以三层式沥青表面处治为例，来说明层铺法沥青表面处治的施工工艺及技术要点。

(1) 清扫基层、喷洒透层油：在清扫干净的碎(砾)石路面上或各类基层上铺筑沥青表面处治时，应喷洒透层油。在旧沥青路面、水泥混凝土路面、块石路面上铺筑沥青表面处治路面时，可在第一层沥青用量中增加 10%~20%，不再另洒透层油或黏层油。

(2) 洒布第一层沥青：施工时应采用沥青洒布车喷洒沥青。其洒布长度应与矿料撒布能力相协调。沥青要洒布均匀。当发现洒布沥青后有空白、缺边时，应立即用人工补洒，有积聚时应立即刮除。洒布设备的喷嘴应适用于沥青的稠度，确保能呈雾状，与洒油管呈 15°~25°的夹角。洒油管的高度应使同一地点接受 2~3 个喷油嘴喷洒的沥青，不得出现花白条。

沥青洒布温度应根据施工气温以及沥青标号确定，一般情况下，石油沥青宜为 130~170℃，煤沥青宜为 80~120℃，乳化沥青宜在常温下洒布。加温洒布的乳液温度不得超过 60℃。前后两车喷洒的接茬处用铁板或建筑纸铺 1~1.5m，使搭接良好。分几幅浇洒时，纵向搭接宽度宜为 100~150mm。洒布第二、第三层沥青的搭接缝应错开。

(3) 撒布第一层矿料：洒布主层沥青后应立即用集料撒布机或人工撒布第一层主集料。撒布集料后应及时扫匀，达到全面覆盖、厚度一致、集料不重叠，也不露出沥青的要求。局部有缺料时适当补充，积料过多的将多余集料扫出。两幅搭接处，第一幅洒布沥青应暂留 100~150mm 宽度不撒布石料，待第二幅一起撒布。

(4) 碾压：撒布主集料后，不必等全段撒布完，立即用 6~8t 钢筒双轮压路机从路边向路中心碾压 3~4 遍，每次轮迹重叠约 300mm。碾压速度开始不宜超过 2km/h，以后可适当增加。

(5) 第二、第三层的施工方法和要求应与第一层相同，但可以采用 8t 以上的压路机碾压。

(6) 初期养护：沥青表面处治施工后，应进行初期养护。当发现有泛油时，应在泛油部位补撒与最后一层矿料规格相同的嵌缝料并扫匀；当有过多的浮动矿料时，应扫出路外。

3. 注意事项

(1) 双层式或单层式沥青表面处治浇洒沥青及撒布集料的次数相应减少。

(2) 喷洒沥青材料时，应对道路人工构造物、路缘石等外露部分做防污染遮盖。

(3) 沥青表面处治施工应确保各工序紧密衔接，每个作业段长度应根据施工能力确定，并在当天完成。人工撒布集料时应等距离划分段落备料。

(4) 除乳化沥青表面处治应待破乳、水分蒸发并基本成型后方可通车外，沥青表面处治在碾压结束后即可开放交通，并通过开放交通补充压实，成型稳定。在通车初期应设专人指挥交通或设置障碍物控制行车，限制行车速度不超过 20km/h，严禁畜力车及铁轮车行驶，使路面全部宽度均匀压实。

(二) 施工过程中的质量控制

沥青表面处治路面施工过程中质量控制标准应符合表 3.27 的规定。

表 3.27　沥青表面处治施工过程中的质量控制标准

项目	检查频度及单点检验评价方法	质量要求或允许偏差	试验方法或试验规程
外观	随时	集料嵌挤密实，沥青洒布均匀，无花白料，接头无油包	目测
集料及沥青用量	每日 1 次逐日评定	10%	每日施工长度的实际用量与计划用量比较，T0982
沥青洒布温度	每车 1 次评定	符合规范规定	温度计测量
厚度(路中及路侧各 1 点)	不少于每 $2000m^2$ 一点，逐点评定	5mm	T0912
平整度(最大间隙)	随时，以连续 10 尺的平均值评定	10mm	T0931
宽度	检测每个断面逐个评定	30mm	T0911
横坡度	检测每个断面逐个评定	0.5%	T0911

(三) 质量评定要求

1. 基本要求

(1) 下承层表面应坚实、稳定、平整、清洁、干燥。

(2) 沥青浇洒应均匀，无露白，不得污染其他构筑物。

(3) 集料应趁热撒铺，扫布均匀，不得有重叠现象，压实平整。

2. 实测项目

沥青表面处治路面交工验收阶段的检查项目、检查方法和频率、规定值或允许偏差等应符合表 3.28 的规定。

表 3.28　沥青表面处治面层实测项目

项次	检查项目		规定值或允许偏差	检查方法和频率
1	平整度	σ/mm	≤4.5	平整度仪：全线每车道连读按每 100m 计算 *IRI* 或 σ
		IRI/(m/km)	≤7.5	
		最大间隙 *h*/mm	≤10	3m 直尺：每 200m 测 2 处×5 尺
2	弯沉值/(0.01mm)		不大于设计值	按《标准》附录 J 检查
3△	厚度/mm	代表值	≤-5	按《标准》附录 H 检查，每 200m 每平道 1 点
		合格值	≤-10	
4	沥青总用量		±1.5%	每工作日每层洒布查一次
5	中线平面偏位/mm		30	全站仪：每 200m 测 2 点
6	纵断高程/mm		±20	水准仪：每 200m 测 2 个断面
7	宽度/mm	有侧石	±30	尺量：每 200m 测 4 处
		无侧石	不小于设计	
8	横坡/%		±0.5	水准仪：每 200m 测 2 个断面

3. 外观质量

外观质量评定内容：表面应无拖痕，松散、推挤、油丁、泛油、离析的累计长度不得超过 50m；路面应无积水。

第四节　沥青贯入式路面施工

沥青贯入式路面是指在初步压实的碎石(或破碎砾石)上，分层浇洒沥青、撒布嵌缝料，或再在上部铺筑热拌沥青混合料封层，经压实而成的沥青面层。

沥青贯入式路面具有强度较高、稳定性较好、施工简便和不易产生裂缝等优点，同时由于其空隙率较大，受温度变化影响小，所以其温度稳定性也较好。其缺点是沥青材料洒布在集料中时不易均匀，在集料密实处沥青材料不易贯入，而在集料空隙较大处沥青材料又容易结成块，因此路面的强度不够均匀。另外，由于沥青贯入式路面是一种多孔隙结构，路表面的水很容易渗入，因而其耐久性也较差。

下文从沥青贯入式路面施工的一般规定、沥青贯入式路面材料规格和用量、沥青贯入式路面施工准备、沥青贯入式路面施工方法对沥青贯入式路面施工进行阐述。

1. 沥青贯入式路面施工的一般规定

(1) 沥青贯入式路面适用于三级及三级以下的公路，也可作为沥青混凝土路面的连接层或基层。

(2) 沥青贯入式路面的厚度宜为 4~8cm，但乳化沥青的厚度不宜超过 5cm。当贯入层上部加铺拌和的沥青混合料面层成为上拌下贯式路面时，拌和层的厚度不应小于 1.5cm。

(3) 沥青贯入式路面的最上层应撒布封层料或加铺拌和层。当沥青贯入层作为连结层使用时，可以不撒表面封层料。

(4) 沥青贯入式路面宜选择在干燥和较热的季节施工，并宜在日最高温度降低至 15℃

以前半个月结束，使贯入式结构层通过开放交通碾压成型。

2. 沥青贯入式路面材料规格和用量

（1）沥青贯入式路面的集料应选择有棱角、嵌挤性好的坚硬石料，其规格和用量应符合表3.29的规定。沥青贯入层主层集料中大于粒径范围中值的数量不宜少于50%。表面不加铺拌和层的贯入式路面，在施工结束后每1000m^{2}宜另备2~3m^{3}与最后一层嵌缝料规格相同的细集料等供路面初期养护使用。

（2）沥青贯入层的主层集料最大粒径宜与贯入层厚度相当。当采用乳化沥青时，主层集料最大粒径可采用贯入层厚度的0.80~0.85倍，数量宜按压实系数1.25~1.30计算。

（3）沥青贯入式路面的结合料可采用道路石油沥青、煤沥青或乳化沥青，用量应符合表3.29的规定。沥青标号可按《公路沥青路面施工技术规范》(JTG F40—2004)中有关规定进行选用。

（4）贯入式路面各层分次沥青用量，应根据施工气温及沥青标号等在规定范围内选用。在寒冷地区或当地施工季节气温较低、沥青针入度较小时，沥青用量宜用高限；在低温潮湿气候下用乳化沥青贯入时，应按乳液总用量不变的原则进行调整，上层较正常情况适当增加，下层较正常情况适当减少。

表3.29　沥青贯入式路面材料规格和用量

（用量单位：集料，m^3/1000m^2；沥青及沥青乳液，kg/m^2）

沥青品种	石油沥青					
厚度/cm	4		5		6	
规格和用量	规格	用量	规格	用量	规格	用量
封层料	S14	3~5	S14	3~5	S13(S14)	4~6
第三遍沥青		1.0~1.2		1.0~1.2		1.0~1.2
第二遍嵌缝料	S12	6~7	S11(S10)	10~12	S11(S10)	10~12
第二遍沥青		1.6~1.8		1.8~2.0		2.0~2.2
第一遍嵌缝料	S10(S9)	12~14	S8	16~18	S8(S6)	16~18
第一遍沥青		1.8~2.1		2.4~2.6		2.8~3.0
主层石料	S5	45~50	S4	55~60	S3(S4)	66~76
沥青总用量	4.4~5.1		5.2~5.8		5.8~6.4	

沥青品种	石油沥青				乳化沥青			
厚度/cm	7		8		4		5	
规格和用量	规格	用量	规格	用量	规格	用量	规格	用量
封层料	S13(S14)	4~6	S13(S14)	4~6	S13(S14)	4~6	S14	4~6
第五遍沥青								0.8~1.0
第四遍嵌缝料							S14	5~6
第四遍沥青						0.8~1.0		1.2~1.4
第三遍嵌缝料					S14	5~6	S12	7~9
第三遍沥青		1.0~1.2		1.0~1.2		1.4~1.6		1.5~1.7

续表

沥青品种	石油沥青				乳化沥青			
厚度/cm	7		8		4		5	
规格和用量	规格	用量	规格	用量	规格	用量	规格	用量
第二遍嵌缝料	S10(S11)	11~13	S10(S11)	11~13	S12	7~8	S10	9~11
第二遍沥青		2.4~2.6		2.6~2.8		1.6~1.8		1.6~1.8
第一遍嵌缝料	S6(S8)	18~20	S6(S8)	20~22	S9	12~14	S8	10~12
第一遍沥青		3.3~3.5		4.0~4.2		2.2~2.4		2.6~2.8
主层石料	S3	80~90	S1(S2)	95~100	S5	40~45	S4	50~55
沥青总用量	6.7~7.3		7.6~8.2		6.0~6.8		7.4~8.5	

注：1. 煤沥青贯入式的沥青用量可较石油沥青用量增加15%~20%。2. 表中乳化沥青是指乳液的用量，并适用于乳液浓度约为60%的情况，如果浓度不同用量则应予换算。3. 在高寒地区及干旱风沙大的地区可超出高限，再增加5%~10%。

3. 沥青贯入式路面施工准备

沥青贯入式路面施工要求的机械设备比较少且简单，但施工速度比较快。沥青贯入式形式的路面结构层在我国一般道路的施工中仍被广泛采用。沥青贯入式路面一般施工程序如图3.4所示。

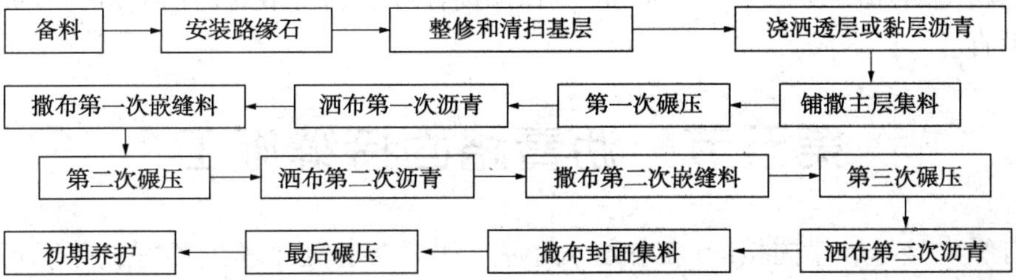

图3.4　沥青贯入式路面一般施工程序

沥青贯入式路面在施工前，必须将基层清扫干净。当需要安装路缘石时，应在路缘石安装完成后再进行施工。为避免施工中对路缘石产生污染，应对路缘石进行遮盖。

乳化沥青贯入式路面必须浇洒透层或黏层沥青。沥青贯入式路面厚度小于或等于5cm时，也应浇洒透层或黏层沥青。

4. 沥青贯入式路面施工方法

沥青贯入式路面的施工应按下列步骤进行。

（1）采用碎石摊铺机、平地机或人工摊铺主层集料。铺筑应做好路面的保护工作，除施工车辆可通过外，严禁其他车辆通行。

（2）碾压主层集料。撒布后应采用6~8t的轻型钢筒式压路机自路的两侧向路中心碾压，碾压速度宜为2km/h，每次轮迹重叠约30cm，碾压一遍后检验路拱和纵向坡度是否符合要求，当不符合设计要求时，应调整找平后再进行碾压。然后用重型的钢轮碾压机碾压，每次轮迹重叠1/2左右，一般宜碾压4~6遍，直至主层集料嵌挤稳定，无显著轮迹为止。

(3) 浇洒第一层沥青。当采用乳化沥青贯入时，为防止乳液下漏过多，可在主层集料碾压稳定后，先撒布一部分上一层嵌缝料，再浇洒主层沥青。

(4) 采用集料撒布机或人工撒布第一层嵌缝料。撒布后要尽量将集料扫匀，不足处应进行补充。当使用乳化沥青时，石料撒布必须在乳液破乳前完成。

(5) 撒布完成后立即用8~12t钢筒式压路机碾压嵌缝料，轮迹重叠宽约为1/2，一般宜碾压4~6遍，直至稳定为止。碾压时要随压随扫，使嵌缝料均匀嵌入。如果因气温较高使碾压过程中发生较大推移现象时，应立即停止碾压，待气温降低后再继续碾压。

(6) 按照以上方法和步骤浇洒第二层沥青、撒布第二层嵌缝料，然后进行碾压，再浇洒第三层沥青。

(7) 按照撒布嵌缝料的方法撒布封层料，注意其质量一定要符合现行规范和设计的要求。

(8) 以上工序完成后，再采用6~8t压路机做最后的碾压，一般宜碾压2~4遍，然后准备开放交通。

沥青贯入式路面开放交通后，应按要求做好初期养护工作。

铺筑上拌下贯式路面时，贯入层不撒布封层料，拌和层应紧跟着贯入层施工，使上下成为一个整体。贯入部分采用乳化沥青时应待其破乳、水分蒸发且成型稳定后方可铺筑拌和层，当拌和层与贯入部分不能连续施工，且要在短期内通行施工车辆时，贯入层部分的第二遍嵌缝料应增加用量2~3m^3/1000m^2，在摊铺拌和层沥青混合料前应进行补充碾压，并浇洒黏层沥青。

第五节　沥青路面接缝施工

接缝有纵向接缝和横向接缝(工作缝)两种。如果接缝处平整度不好，路面可能会产生凹陷或凸起；如果接缝处压实度不够或结合强度不足，路面则可能会产生裂纹甚至松散。接缝平整度不良是时常见到的问题。在用宽幅摊铺机全幅摊铺面层的情况下，虽避免了纵向接缝，但横向接缝不可避免，至少每天会有一条工作缝。

一、沥青路面横缝施工

横向接缝通常指工作缝，但也包括同一天内摊铺中断较长时间，摊铺机后面尚未碾压的沥青混合料的温度已降到不能再碾压到符合要求的压实度，而必须设置的接缝。横向接缝处施工时，应注意在每日工作结束前对横缝处进行处理。在最后一车料倒入摊铺机料斗，逐步用空的过程中，摊铺机手应集中精力，注意观察螺旋输送器内和熨平板前部混合料的堆积量，要保持全宽范围内均匀一致，尽可能摊铺出一个垂直于路中线的整齐断面，切忌摊铺出一个长的斜面。然后将摊铺机驶离该断面3~5m，如果该断面仍有不整齐再用人工进行修整，然后立即挖槽、横向埋入钢板，以减少碾压时的推移量，钢板的高度与压实厚度相同，宽度为5~8cm即可。如果接缝位置得当(即在摊铺层表面纵坡或厚度未发生变化的区域内接缝)，接口垂直(即平接缝)，继续摊铺时保持原先的作业参数以及正确的接缝碾压(即向新铺层错轮20~25cm与接缝平行碾压)等，可以获得平整度很好的横缝。

为使接缝位置得当，可以在已铺层顺路中心方向，2~3个位置先后放3m直尺，并找出表面纵坡或已铺层厚度开始发生变化的断面(已铺层表面与3m直尺底面开始脱离接触外)，然后用锯缝机沿此断面切割成垂直面，并将切缝一侧不符合要求的尾部铲除(也可以人工或机械铲除不符合要求的尾部，形成毛接缝)。此工作通常在铺筑层碾压结束后的当天完成。为便于铲除混合料，可在施工临近结束时，在预定摊铺段末端的1m长的摊铺宽度范围内先铺一层报纸或撒一薄层砂，摊铺机铺料结束驶离现场，人工将端部混合料铲齐、整平和碾压密实后，找出切割位置，切割后将尾部料铲除。第二天开始摊铺前，清扫接缝处，对断面切口涂刷乳化沥青，将摊铺机倒到接缝处，使熨平板前缘置于距切口约5cm的位置。在下面放入2~3块垫木，垫木厚度为铺层压实厚度乘以松铺系数再减去压实厚度，然后对熨平板进行预热。

当摊铺机从接缝处离开时，过多的混合料会推动熨平板，导致熨平板升高并在新铺层留下鼓包，因此在每次铺筑开始时，螺旋仓中混合料不可过多，只要覆盖螺旋器的轴即可。如果中部堆料高度已达到而两侧尚未达到时，采用人工填补，切勿强行送料使中部堆料过多。横向接缝的碾压是碾压工作中的重要一环。碾压时，应先用双钢轮压路机进行横向(即垂直于路面中心线)碾压，需要时，摊铺层的外侧应放置供压路机行驶的垫木，碾压时压路机应主要位于已压实的混合料层上，伸入新铺混合料层的宽度不超过20cm，接着每碾压一遍向新铺混合料移动20cm，直到压路机全部在新铺层上碾压为止，然后进行正常的纵向碾压。需要特别重视的是横向接缝处的碾压也要注意温度的影响，高温或低温时的过度碾压都会使新铺层出现裂纹。

二、沥青路面纵缝施工

对于高等级公路的沥青面层应避免纵向冷接缝，为此应使用两台摊铺机一前一后梯队同步摊铺沥青混合料，对于表面层，宜采用宽幅摊铺机全幅摊铺沥青混合料(针对中央分隔带一侧仅两个行车道的双幅双车道高等级公路)。

用两台摊铺机或梯队同步摊铺沥青混合料时应注意以下几点：

(1) 两台摊铺机的前后距离宜为5~10m，使沥青混合料在高温状态下相接。

(2) 两台摊铺机的结构参数和运行参数应调整成相等。

(3) 接缝两侧摊铺层的横坡和厚度均应一致，塔接重叠应为6~10cm。

(4) 后一台摊铺机靠接缝一侧空施一热熨平板，后者跨接缝行走，熨平接缝。

(5) 上下层纵向接缝不得重合，错开量不少于50cm，表面层的纵向接缝宜设在随后的路面标线下。

在必须设置纵向冷接缝的情况下，在先摊铺带的中间一侧应设置挡板，挡板的高度与铺筑层厚度相同，以使压路机能压实边部并形成一个垂直面。在不设挡板的情况下，碾压后，边部可能滑移成斜面，在摊铺相邻带之前，应将呈斜面部分切割后除去，在切割的垂直面上涂黏结沥青后摊铺相邻带的沥青混合料，摊铺时新混合料应重叠在已铺带上5~10cm，以此加热接缝边的冷沥青混合料，开始碾压前，人工铲除重叠的混合料。

三、宽幅沥青路面施工技术

随着国民经济的高速发展，道路交通量日益增加，车辆轴载不断提高，对道路交通的安全性、舒适性、快捷性、稳定性的要求也不断提高，为保证通车的畅通快捷，大量宽路幅、超宽路幅的高标准道路列入规划。由于目前国内使用的大多数沥青混凝土摊铺机最大宽度仅为 12m，而一些宽路幅道路的宽度都大于 16m，无法一次成型地进行全幅摊铺，如果拼幅摊铺，拼缝及横坡极难控制。下文重点讨论宽幅沥青路面拼缝的处理和高程横坡控制。

1. 拼缝的处理

宽幅沥青路面一般采用多机联合施工，纵向拼缝的处理成为一大难题。鉴于影响纵向拼缝处理的因素较多，只能通过层层分析逐一解决。

（1）从纵缝的摊铺基准着手。以往前机摊铺后，第二台摊铺机的找平仪横杆自然就搁置于已摊铺的路面上。为了防止操作工人和辅助人员工作时在已摊铺路面上留下的轻微脚印被摊铺机的找平设备探测到，反映到后摊铺的路面上，使得纵缝不平整，可以在找平探测杆上加装 1m 长的滑杆，通过加大接触面来减少或消除找平的误差，效果很好。

（2）由于各台摊铺机摊铺后的初始密实度不同，常会产生虽然摊铺好的拼幅路面相当平顺，但经碾压后路面就出现有些翘曲的现象，尤其反映在拼缝处，会产生明显的色差甚至部分没有压实。产生这一现象主要是因为摊铺机摊铺后路面密实度不同，机器的拼装宽度、行进速度、摊铺料温、材料级配及状态特性等都会直接影响摊铺路面的松铺程度。因此在多幅摊铺时，应以初始密实度相同为原则，定出每台摊铺机的参数。

（3）摊铺机送料方法：自卸卡车中的材料，通过铰轮输送到通过的熨平板前，机械振动和夯实是在全机宽范围内进行的，这样就造成机器中间的材料受到了正常的夯实，而前行的摊铺机在拼缝处受到的是无侧限夯实，两者之间的细微差异造成了拼缝处路面不够密实。为了很好地解决这一问题，可以采用前行机供料超后行机 5m 左右，后行机与之重叠 10～15cm（重叠过多，路面会被夯实过度，会使振碎混凝土泛白）的措施。

2. 高程横坡控制

对于宽路幅拼幅施工，高程控制点要由普通路面的每横断面 2 个增加到每横断面 4～5 个，以克服宽幅施工高程控制缺陷。

由于宽幅路面采用多机联合摊铺，简单地控制路面上下边口，或通过控制各高程点还不能全面控制横坡。实际操作时，可采用两台水准仪交替跟踪测量，每横断面以 7～9 个点复核路面的横坡是否符合标准，再由机辅人员对偏差点进行修正，然后复查，再修正，这样循环控制，直至施工结束。

四、沥青路面平整度的提高

（一）影响沥青路面平整度的因素

路面的平整度是一项综合性指标，涉及施工过程中的各个环节，而且是路面施工全过程各个环节质量的最终体现。尽管造成路面不平整的因素众多且复杂，但从影响的根源和机理上分析，最基本的有以下三个因素。

1. 摊铺机性能及作业方面的因素

沥青摊铺机的摊铺作业是通过浮动熨平板与热沥青混合料的相互作用进行的。当摊铺作业处于稳定工况下，作用在浮动熨平板上的各外力(拖点牵引力 P、熨平板重力 W、水平摊铺阻力 H、垂直摊铺阻力 V、料堆推移阻力 H_1)对拖点的力矩处于平衡状态，熨平板的位置保持稳定不变，摊铺厚度为定值。上述力平衡关系的任何破坏都会导致熨平板位置发生变化，从而影响摊铺路面的平整度。

(1) 从力平衡的角度出发，影响摊铺平整度的基本因素无非是摊铺阻力(H 与 V 之合力)的变化(包括其大小和方向的变化)，料堆推移阻力 H_1 及其作用点高度的变化，以及拖点高度的变化。

引起摊铺阻力波动的主要原因：摊铺速度的波动；混合料组成的不均匀和温度的不均匀(黏度的变化)。这些都会引起混合料内部以及混合料与熨平板之间的摩擦力和黏性力的变化。

料堆推移阻力及其作用点高度的波动，主要是因混合料供给量和分料量的变化所引起的熨平板前方料堆大小和粒位高度的变化造成的。

拖点高度的变化，则是因摊铺机行走在高低不平的支承面上引起的。

从以上分析可知，为了获得平整的摊铺表面，从摊铺机的操作方面来说，就应尽可能地保持摊铺机稳定作业，即保持稳定的摊铺速度、稳定的刮板输送器供料量、稳定的螺旋输送器送料量，从而保持熨平板前方料堆大小和料位高度的恒定不变。

(2) 从热拌混合料质量控制的角度出发，则要求搅拌设备生产的热拌混合料的级配、沥青含量以及混合料的温度尽可能保持均匀；而且，在运输和摊铺过程中，不发生集料的离析和混合料不均匀温降。

在早期生产的摊铺机上，上述因素的控制全靠操作手的熟练技术来实现，而支承面的凹凸不平则只能依靠浮动熨平板的滤波作用来减弱，这些无疑是困难的，而且也不可能获得很高的调节精度，因而摊铺路面的平整度也较差。

现代高性能的摊铺机，采用了机电液一体化的自动控制技术，在性能上有很大改善。这些自动控制装置主要有：摊铺机行走速度的自动调节装置、混合料供给量和料位高度的自动调节装置，以及针对拖点高程干扰和混合料阻力变化而设置的熨平板自动调平系统。虽然带有上述装置的现代摊铺机的松铺层表面的平整度可达到很高的水平，但是自动调节系统本身也不可能没有一点误差，因而影响摊铺表面平整度的基本因素或多或少依然存在，摊铺出来的路面仍不可能是绝对平整的。

2. 摊铺机调平基准方面的因素

对于装有熨平板自动调平装置的摊铺机来说，调平系统的参考基准本身也不可能是绝对准确的，它的误差显然也是引起铺筑路面不平的一个重要因素。通常有三种方法可用来建立摊铺机自动调平系统的纵向参考基准：固定在路面侧边的弦线基准，沿着接缝相邻路面滑动的调平滑橇基准和平衡梁式移动参考基准。

① 对于弦线基准来说，误差主要来源于挂线支撑立杆的高度误差、弦线的挠度误差。前面包含了水准标尺的误差、测量读数的误差和立杆的安装误差，后者则包含了弦线的张紧度、传感器对弦线的压力及其在弦线上滑移所引起的误差。

② 对于调平滑橇基准来说，误差主要来源于滑橇支承表面不平整以及由于滑橇跳动等原因引起的误差。

③ 对于平衡梁式移动参考基准来说，误差的主要来源虽然与调平滑橇相同，但由于经过多次平均化处理，特别是现代的平衡梁基准，采用了多滑橇弹性浮动支承的结构，大大加长了平衡梁的长度，以及跨接于熨平板前后，分别支承在未铺和已铺路面上的结构，极大地改善了参考基准的精度。平均化处理实际上起了一个滤波器的作用，它可以将支承面凹凸不平的高频波滤掉，但仍留下缓慢变化的趋势项。由此可知，经过平均化处理后路面平整度的高频部分没有了，但缓慢变化的趋势项仍继续存在。因此，当采用调平滑橇基准和平衡梁式基准时，都不可能校正高程的偏差，但却能较好地改善车辆在其上行驶的平顺性，因为缓慢变化的趋势项并不会使车辆颠簸。

3. 平整度传递方面的因素

所谓平整度的传递，是指路面下层的不平整向上反射的过程。这一过程存在的必要条件，除下层路面本身不平整外，还有一个重要条件就是松铺路面必须经受压实而最终成型。如前所述，松铺路面由于受摊铺作业和参考基准的制约，其本身并不是绝对平整的，而且松铺路面在经压实之后，路面的凹凸波形还会进一步调整，有些会加剧，有些则会减缓。在平整度传递过程中，这种对最终压实后的路面谱做出的调整，是因路面虚铺厚度的差异和压缩比不均匀导致的，取决于以下三个方面的因素。

（1）下层路面凹凸不平的路面谱。

（2）路面不同部位材料压缩量的不均匀性，这是因材料组成和温度不均匀以及碾压工艺和碾压参数不一致造成的。

（3）松铺表面的不平整，这是碾压过程中由于材料推移等原因所附加的不平整，与压路机的性能和操作有很大关系。

（二）沥青路面平整度的传递机理

1. 理想条件下的平整度传递

设有一铺设并压实好的下层路面，它的表面是凹凸不平的。现考察一下：当在其上铺设一层新的路面经压实后上层路面的平整情况。此时假设在理想情况下，摊铺后的表面是绝对平整的，由于底层表面的凹凸将导致松铺层厚度的差异，在凹处的厚度较大，而在凸处的厚度则较小。显然，在同样的压实度下，铺层较厚处的压缩量较大，而铺层较薄处的压缩量也较小。这样，下层路面的凹凸不平，将以某种相似的规律反映到压实后的上层路面上来，只是凹凸不平的程度会有所下降而已。实际上，在上述理想情况下，这种凹凸不平的传递是可以计算出来的。

2. 平整度传递过程中的调整

在上述讨论中，我们引入了两个假设：一是摊铺表面是绝对平整的；二是松铺路面和压实路面的材料密度是绝对均匀的。在这种理想情况下，下层的路面谱将相似地再现到上层路面上来。但是，在实际情况下，此种理想化的假设是不可能存在的，有大量的随机因素影响这一传递过程，从而严重地破坏和歪曲建立在相似准则基础上的传递规律。

1）摊铺表面不平整对平整度传递的影响

摊铺表面不平整，显然同样会反映到压实后的表面上来，但并不是简单地叠加在从下层反射上来的路面谱上，因为在碾压过程中这种不平整同样会因压缩而得到减缓。在假定下层表面绝对平整和材料密度均匀一致的情况下，摊铺表面的凹凸不平同样会相似地再现在压实后的表面上。实际上，摊铺表面平整度的传递量用同样的方法计算。

2）压缩量不均匀对平整度传递的影响

热沥青混合料经过搅拌、运输、摊铺等工艺过程最终铺设在下层路面上，由于在这些过程中或多或少地存在着离析和温度不均匀的问题，松铺层的材料密度和力学特性都不可能是绝对均匀的，因而即便在相同的压实作用下，路面各部位的压缩量也不会相同。实际上，在碾压过程中由于碾压工艺和碾压参数的不一致，特别是热沥青混合料温度的不均匀，会进一步导致压缩量的变化。在上述这些因素中，当使用高性能的压路机和正确操作时，碾压工艺和碾压参数的不一致可以降至最小，通常它的影响不会占主要地位，而材料的离析和碾压温度的不均匀却往往难以控制，它们是在压实过程中影响平整度的主要因素。在实际施工中，所有上述因素以及它们的综合作用都带有很大的随机性，不可能用某种稳定性模型来计算，因而只能通过大量的统计分析，从概率的意义上给出一个压缩量或压缩比的变化范围。

3）压实过程中材料推移和变换碾压方向对平整度传递的影响

在碾压过程中，当压路机滚轮与松铺材料相互作用时，存在着水平的推移力。当变换碾压方向时，压路机要经历制动停车、反向起步的过程。在这一过程中，由于机器的惯性、减速和加速引起的惯性力存在，都会加强滚轮对松铺材料的推移作用，从而引起松铺材料的隆起；而另一方面，碾压速度的变换过程又会强化压路机对过渡区域的压实作用，从而增加前进、倒退等过渡部位材料的压缩量。当压路机选用和操作不当时，例如用被动轮向前压实松铺材料、制动和倒车起步过猛，在变换碾压方向时没有停止振动机构的工作等，都有可能引起过渡部位的严重凹凸。现代高性能的沥青路面压实机械，通常都是双驱双振的，它们的滚轮较宽而线压力相对较小，有些机型还配备有起振和行驶的顺序控制系统，能保证按“先停振后停车，先行走后起振”的顺序平缓地变换碾压方向。因此，选用高性能的专用沥青路面压路机，采用错轮碾压和重叠碾压等方法避免在同一部位重复倒车，正确地操作压路机，就可以大大减轻在碾压过程中的附加不平整。

从上述分析中可得到的结论：参与和影响平整度传递的并不仅仅是下层表面的不平整，而且所有影响摊铺和压实过程平整度的因素，包括来自摊铺机性能和摊铺作业方面的因素，以及压路机性能和压实作业方面的因素，都参与了这种平整度的传递过程，而上层路面的平整度则是所有这些因素综合作用的结果；所有上述这些影响因素，以及它们的综合作用，都带有很大的随机性和不确定性，任何想通过建立某种数学模型来计算上、下层平整度之间的传递关系的做法都会变得脱离实际，因而也是不可取的；虽然参与和影响路面平整度的各种因素大多带有很大的不确定性，但是它们都是有界的，而且因受到某些确定性趋势的制约，会在总体上呈现出某种统计意义上的规律性。因此，通过对大量数据的概率统计分析，将有可能获取平整度传递过程的某种统计规律。

（三）提高沥青路面平整度的措施

1. 必须从路面基层抓起

过去常用的“基层不平整靠面层调整，下层不平整由上层弥补”的老办法，对平整度要求很高的高速公路是绝对行不通的，如基层顶面的平整度允许偏差为10mm，当用沥青混合料填平这10mm的间隙(低洼)时，尽管沥青混合料表面是平整了，但该处因多出10mm的松铺厚度，压实后仍将出现低洼，其深度为10-(10/1.2)≈1.7(mm)(1.2为沥青混合料的平均压实系数)，这仅是基层表面的微量间隙(10mm是允许标准)所导致的沥青面层不平整(低洼)，实际情况是基层表面的最大间隙不可能处处都在10mm以内。

由此可见，基层顶面的平整度对沥青层表面平整度有着举足轻重的影响。

(1) 基层施工采用集中厂拌混合料，精良摊铺机铺筑。之所以强调选用精良摊铺机铺筑基层，是为了保持铺层材料的均匀性和所得表面的平整度，相应的高程、路拱、纵坡和厚度等参数都能顺利地达到设计要求。这可避免平地机施工反复找平、厚度难以控制等问题，不仅提高了工程质量，而且加快了工程进度，混合料的利用率也高于平地机施工的情况。

以沪宁高速公路路面施工为例。沪宁高速公路路面的二灰碎石基层厚度分别为20cm、30cm及40cm，其中厚度不小于30cm者分两层摊铺，由于精良的摊铺机数量不足，允许下基层用平地机摊铺，但全线的上基层必须用摊铺机铺筑。实践证明，凡上、下基层都用摊铺机铺筑的，平整度更好。

(2) 控制集料的最大粒径。为确保基层的平整度和便于摊铺机施工，基层混合料中集料的最大粒径宜适当减小。因为集料粒径越大，对拌和机、摊铺机的磨损越严重，混合料易产生离析，而且过大的颗粒在熨平板拉动下会在铺层表面刮出纵向沟槽。因此，减小集料的最大粒径，更能适应摊铺机铺筑，基层顶面的平整度更易保证，并为沥青层顶面达到好的平整度创造了重要条件。

(3) 必须采用精良的连续式稳定土拌和设备。优良的厂拌设备，能拌出均匀的混合料，这对半刚性基层混合料的质量及成型后的路面性能影响极大。实践证明，提高公路基层施工质量的根本出路在于机械化，为提高高速公路沥青路面的平整度，半刚性基层需用集中厂拌混合料并采用摊铺机铺筑。

2. 沥青混合料的供料能力必须与摊铺机作业速度相匹配

要保证沥青面层达到预期的平整度，除先从基层的平整度抓起之外，沥青混合料的摊铺工艺也至关重要。现行沥青路面施工技术规范中提出“必须缓慢、均匀、连续不间断地摊铺，摊铺过程中不得随意变换速度或中途停顿”，是确保路面平整度的核心和关键所在，必须严格执行。只有不停顿，才能减少横向接茬的数量；只有均匀不间断，才能保证铺层纵向平整度的连续与稳定。

摊铺作业的速度对摊铺机的作业效率和摊铺质量都有很大影响。特别是速度的瞬时变化将导致熨平板受力系统平衡的破坏，从而引起熨平板的上下浮动，路面的平整度随之降低。速度变化时，单位面积的沥青混合料受到振捣，这势必导致路面的初始密实度不同，压实后的路面平整度也会较差。另外，正常工作过程中，频繁地停机、开机将使铺出的路面形成台阶(尤其是停机时间长，沥青混合料温度低于100℃时)，且料温下降，不易压实。

3. 摊铺基层的选择

(1) 高速公路沥青混凝土路面应根据实际情况选择摊铺基准。摊下面层时，一般以悬挂钢丝绳为基准。在摊铺过程中，除了控制摊铺厚度外，还必须使摊铺压实后的下面层标高符合设计要求。以悬挂钢丝绳为基准容易达到以上两种要求。

中面层摊铺的基准应根据下面层的标高是否符合设计要求而定；如果相差太多，中面层还应以悬挂钢丝绳为基准；如果下面层标高达到设计要求，中面层摊铺时可采用平衡梁辅助摊铺机自动找平，这样能获得较好的平整度。

（2）摊铺前基层的处理。摊铺之前，测量技术人员应认真测量、细心计算，设置基准线的技术人员也应仔细核对，对基层标高不符合要求的部分，应事先进行适当处理，以提高路面摊铺的平整度。但在实际工作过程中，这方面的问题很容易被忽视。例如，在深圳一条高速公路的施工中，由于某一桥面铺装的平整度特别差，致使在摊铺桥面面层时，出现熨平板两侧摊铺厚度差高达十几厘米，而中间厚度竟不到 1cm（设计面层厚度为 4cm）的情况，只好重新摊铺。这不仅浪费了大量的人力、物力，而且延误了工期。

4. 基准线的悬挂

基准线悬挂的准确性直接影响摊铺质量。在具体施工中，基准线的悬挂应考虑以下几个方面。

（1）基准线钢丝绳的张紧力为 800~1000N。张紧力太小，钢丝绳会下垂，从而导致摊铺后的路面出现波浪；张紧力太大，则支承柱不容易固定，特别是在弯道上。

（2）基准线的悬挂高度。基准线的悬挂高度的计算如式（3.1）所示。

$$H=H_0K+H' \qquad (3.1)$$

式中　H——基准线的悬挂高度；

H_0——摊铺层的设计标高与下一层标高之差；

K——松铺系数；

H'——基准线距摊铺后路面的高度。

H_0与 K 由工程因素决定，不能随意改变。H'的大小对摊铺质量有着不可忽视的影响，由悬挂基准线的工作人员视具体情况而定，实践证明，$H'=10$cm 为佳。H'太小，基准线与摊铺后的路面高度相差不多，H'不易检测；H'太大，则 H 随之变大，那么基准线的支承桩就会变长，不易固定，从而影响基准线的稳定性。

（3）两基准线间距。如果摊铺机两侧的自动找平传感器同时以基准线为基准，那么两基准线间的距离应比熨平板宽度稍宽，基准线距熨平板以 30cm 为佳，而且要保证两基准线间的距离一致。

（4）基准线平顺度。直线摊铺时，基准线一定要直，可每 10m 设置 1 个支承桩；弯道摊铺时，基准线应缓慢变化，应每隔 5m 设置 1 个支承桩，这样既能提高基准线的稳定性，又能保证基准线平顺。

基准线应有专人负责查看，以免出现基准线被碰、倾倒、脱桩等现象。

沪宁高速公路所用的摊铺机均系精良设备，如 ABG－422 型、VOGELE1700 和 VOGELE1800型等均配有自动找平系统。考虑到钢丝基准线不仅敷设麻烦，其标高的准确性亦难于保证，故对中、下面层采用一侧钢丝引导的高程控制方式；表面层必须采用摊铺层前后保持相同高差的滑橇式摊铺厚度控制方式，对局部需要调整厚度的路段，可先用钢丝绳引导，待厚度正常时再用滑橇式摊铺厚度控制方式。对于下面层铺筑较好的路段，也可直接采用平衡梁找平。

磨耗层一般采用平衡梁辅助摊铺机自动找平，以获得更好的平整度。施工中，最常见的停顿原因就是供料跟不上，用最小的摊铺允许速度2m/min摊铺厚6cm、宽11.2m的单幅路面时，需要的最低供料量为240t/h。凡满足不了这一要求的则需打破标段界限，组织联合供料。已建的京津塘高速公路就有过三个施工单位的拌和机向一个摊铺点联合供料，总生产能力达500t/h之多的先例。

人们总有这样的错觉，只要路面施工段分得比较短，则每段承包商所需提供的混合料总量就少，这样采用产量小的拌和机也能对付。但是拌和机的产量必须与摊铺机的作业速度相协调与匹配，摊铺机的最小速度是有规定的，否则不能正常作业。

有人提出，快速摊铺(5m/min或以上)的平整度反而好，此说法是否合理有待证实，但至少供料能力要跟得上，否则摊一段又停下来，摊的那一段可能是平整的，但停下来等料的那一段总比不停的要差，因为停顿时的摊铺机各工作部件将被冷却，阻力将增加，摊铺机要克服这些阻力才能拉动先前的混合料，在拉动过程中便造成混合料的不均匀现象。

5. 保持摊铺机的良好状态，优化摊铺工艺，处理好横向接茬

1）保持摊铺机的良好状态

在正式试铺前，精心调整好摊铺机的各项结构参数。

熨平板宽度的确定应以尽量减少纵向接缝和提高路面平整度为原则。目前，摊铺机熨平板最大摊铺厚度一般不超过12.5m，对于宽度超过13m，不能一次摊铺的路面应考虑选择最佳的摊铺方案。如一条双幅六车道高速公路，假设每幅三车道14.25m宽，在进行铺筑时，有以下两种方案可供选择：一是两台摊铺机并列作业，且熨平板的宽度相同；二是两台摊铺机并列作业，其中一台熨平板的宽度为11.2m，另一台熨平板的宽度为3m。这两种摊铺方案铺筑出的路面都有一条纵缝，而纵缝处的纵、横向平整度相对较差，一般很难达到理想的程度，因而可以把纵缝设在行车少的位置，故第二种方案铺出的路面其纵缝位置相对好些。熨平板宽为11.25m的摊铺机靠近中央分隔带的一侧摊铺，摊铺时熨平板距中央分隔带30cm(摊铺机不可能紧贴路缘石行走)，这样摊铺出的路面已有11.55m宽，剩下的那一部分用另一台摊铺机摊铺。而硬路肩的宽度为2.5m，因此纵缝就在靠近路肩的部位，此处行车相对较少，即使纵缝处理不够理想，纵缝对行走的影响也不大，从而保证了主线的平整度。

熨平板振捣频率为0~1470次/min，振动频率为0~4200次/min，两者均为无级调速。原则上振捣、振动频率越高越好；振捣、振动频率越高，摊铺的沥青混合料单位面积上的振捣、振动次数越多，初始密度越高，路面的平整度就随之提高。但振捣、振动频率过高，可能会引起熨平板调平大臂剧烈振动，反而导致路面平整度降低。因此频率的选择应在保证熨平板和调平大臂平稳性的前提下，尽可能提高。

在实际摊铺作业的过程中，应特别注意在调节振捣、振动频率时，可能会使摊铺机的其他部位(如熨平板及其拉杆、调平大臂等)产生共振，共振的部件易损坏，且铺出的路面质量较差。因此，出现共振现象时，稍微调整振幅或振动的频率即可消除。

熨平板的加热：摊铺前，应对熨平板进行加热，温度不低于80℃，并消除干净底板上黏附的沥青料，否则铺出的路面不光整，有一道道的小沟，从而大大降低路面质量。

摊铺机起步：摊铺机起步时，根据摊铺要求的厚度，在熨平板下垫木板，木板厚度(D)计算如式(3.2)所示。

$$D=H_0K \tag{3.2}$$

式中　H_0——摊铺层的设计标高与其下层的标高之差；

K——松铺系数。

熨平板下至少应垫3处，而且3处的木板应均匀布置，使每块木板均匀受力，避免熨平板变形。

自动找平传感器的使用需要依据实际情况决定。自动找平传感器分为纵坡传感器和横坡传感器。当摊铺宽度不大于7.5m时，可采用一侧选用纵坡传感器，并以悬挂钢丝绳为基准线，另一侧用横坡传感器控制摊铺厚度。

如果摊铺宽度超过7.5m，这时熨平板太宽，刚性不好，易于变形，若再用横坡传感器则厚度不易控制，铺出的路面容易出现波浪。这种情况下，两侧均应以悬挂钢丝绳为基准线，采用两纵坡传感器来控制摊铺厚度。

传感器的位置：传感器的位置一般分为前后、左右位置。前后位置以行驶方向为前，传感器在熨平板前，并与螺旋分料器在同一竖直平面内。左右位置即传感器距熨平板一侧的水平距离，一般距离选30cm较佳，这一距离是由两基准线间的距离决定的。

摊铺厚度的调整：通过铰臂升降螺杆调节传感器相对于摊铺层下结构层的标高，从而改变摊铺厚度；螺杆每转1圈可调2mm。注意调整时切勿超调。如经测量，摊铺厚度与设计厚度相差1cm，理论上螺杆转5圈即可，而实际上由于操作及机械存在误差，可能转4圈便可达到要求，也可能需转6圈方可达到要求。因此，可先转4圈，经检测后再决定如何调整。

2）优化摊铺工艺

慎重选择摊铺层高程与厚度的控制方式。在摊铺机履带行驶线上，因卸料而撒落的粒料应及时清除，以免影响履带或轮胎的接地标高，殃及摊铺层的横坡及横向平整度。摊铺层未压实前，不得随意进入踩踏。尽可能在表面层整幅摊铺。整幅用一台机摊铺，可避免纵向接茬，排除了一个影响平整度的因素，也减少了机械的通过次数，但摊铺机的性能要好，调试要求十分严格。中、下面层采用两台机械梯队摊铺时，要注意两台机械的运行参数、基准的布设等，否则平整度不易保证。

3）处理好横向接茬

摊铺程序组织再好，横向接茬还是不可避免。横向接茬质量的好坏对路面的平整度影响很大，它比纵向接茬对汽车行驶速度和舒适性的影响更大。处理好横向接茬的关键是：要及时切除已经冷却的先铺层混合料，在先铺层端部沿纵向放置3m直尺呈悬臂状，以摊铺层与直尺脱离接触处为接茬位置，接茬以外的端部材料必须彻底切除（锯成垂直面，并与纵向边缘成直角），绝不可因不舍切除太多而将接茬位置向端部移动，否则将严重影响横接茬处铺层的平整度。

6. 确保碾压质量

1）打破传统观念，提高碾压温度

研究与实践都已表明，提高压实质量的关键技术是提高碾压温度。因此，必须紧跟在摊铺机后面，趁混合料温度较高时，及时进行碾压。然而，不少人仍存在“初压温度110℃，终压温度60~70℃，甚至待开放交通后利用行车继续碾压”等诸多陈旧观念。材料允许的碾压温度范围是：沥青混合料能支承压路机而不产生水平推移，且压实阻力较小的温度。换句话说，可用较少的碾压遍数，获得较高的密实度和较好的压实效果，使碾压层表面不出现轮迹，提高层面的平整度。

实践中，碾压段长度不能太长，一般控制在30~50m，压路机与摊铺机的最小间距仅3~4m，压路机折返处不应在同一横断面上，以免影响铺层的平整度。

2）压路机类型选择、胎压检查、巧除混合料沾轮

初压必须用钢轮压路机，且以两轮压路机为宜。避用三轮的原因是减少轮迹出现的概率，对铺层的平整度有利。使用轮胎压路机前，必须检查各轮胎的磨损及压力是否相等，防止因轮胎软硬不一而影响面层的横向平整度。在混合料温度较高的条件下开始碾压易发生沾轮现象。解决高温混合料沾轮的简单有效的办法是向碾轮喷洒雾状水。当喷水呈线状时水量偏大，会加速热混合料的冷却，影响压实效果，对平整度不利。

对厚度较薄的沥青上面层，适当提高复压阶段的碾压速度。较薄的沥青上面层(4cm中粒式沥青混凝土)比较厚的中、下面层(厚6cm)难以压实。研究资料表明，当沥青层厚增加25%时，其有效压实时间将会增加近50%。

为解决沥青上面层的顺利压实问题，必须加强运料车的保温性，摊铺后立即碾压。压实机械与摊铺机之间的最小距离仅3~4m，除初压时碾压速度应不超过2.5km/h，以免表面发生推移外，还应适当提高复压时的碾压速度，以保证在较短的有效压实时间内完成三个阶段必须达到的碾压总遍数。

7. 用连续式路面平整度仪跟踪检测

对当晚碾压完毕的沥青面层，次日上午必须用连续式路面平整度仪跟踪检测，一旦发现平整度不合格时立即查找原因，绝不为赶进度而放弃要求。

过去常用的3m直尺，虽可在纵横两向控制，但只能反映单点的情况，不能立即得出检测长度内的平整度标准差。

8. 重视桥头跳车问题的解决

平整度好的路面，必须与尽量消灭或减少桥头跳车问题相结合，才能解决高速公路行车舒适性问题。

目前，桥头跳车已成为判断高速公路使用质量的一个非常敏感的问题，国内曾有过高速公路建成不久就发生桥头明显跳车的先例。

9. 画出准确的摊铺线

准确的摊铺线不但可以避免沥青混合料的浪费，而且能提高路面的平整度。在实际工程中，往往对画摊铺线不够重视，有时只是简单地画一下，这使操作手难以把握正确的摊铺方向，特别在弯道的摊铺过程中，操作手不得已频繁纠正方向，而摊铺机的方向改变时，铺出的路面就会产生波浪，直接影响路面的平整度。

第四章 水泥混凝土路面施工

第一节 混凝土拌和与运输

水泥混凝土路面的铺筑需要数量巨大的混凝土，如何供应质量优良、数量充足、经济合理、施工简便的混凝土，这是在混凝土路面施工组织中一个非常重大的技术问题。因此，在进路面施工组织设计的过程中要科学、周密地考虑混凝土拌和物的搅拌和运输。

一、混凝土搅拌与运输的一般规定

（1）水泥混凝土路面施工应根据工程规模、施工工艺和日进度要求合理配备拌和设备。

（2）混凝土拌和物在运输过程中，其坍落度或稠度会有所损失，因此应在初凝时间之内运输到铺筑现场，以便确保铺筑的质量。

（3）拌和机出口混凝土拌和物的坍落度，应根据铺筑最适宜的坍落度值加上运输过程中坍落度的经时损失值确定，并应根据运距长短、气温高低随时进行微调。坍落度的微调应符合《公路水泥混凝土路面施工技术细则》(JTG/T F30—2014)要求。

（4）当原材料、混凝土种类、混凝土强度等级等有变化时，应重新进行配合比设计及试拌，必要时应重新铺筑试验路段，合格后方可搅拌生产。

二、混凝土搅拌设备及运输车辆

（1）混凝土拌和站的搅拌能力配置应符合下列规定。

① 混凝土拌和站的最小生产能力配置应符合表 4.1 的规定。

表 4.1 混凝土拌和站的最小生产能力配置 m^3/h

摊铺宽度	滑模摊铺	碾压混凝土	三辊轴机组摊铺	小型机具摊铺
单车道 3.75~4.50m	≥150	≥100	≥75	≥50
双车道 7.50~9.00m	≥300	≥200	≥100	≥75
整幅宽≥12.5m	≥400	≥300	—	—

② 搅拌场配置的混凝土总拌和生产能力计算如式(4.1)所示，并按总拌和能力确定所要求的搅拌站数量和型号。

$$M=60\mu \cdot b \cdot h \cdot v_1 \tag{4.1}$$

式中 M——搅拌站总设计标称拌和能力，m^3/h；

μ——搅拌站可靠性系数，一般为1.2~1.5；

b——摊铺宽度，m；

h——面板厚度，m（普通混凝土与碾压混凝土分别取设计厚度的1.10倍、1.15倍）；

v_1——摊铺速度，m/min（不小于1m/min）。

③ 应根据需要和设备能力确定拌和机的数量。同一拌和站的拌和机的规格宜统一，且宜采用同一厂家的设备。

④ 每座拌和机应根据粗集料级配数加细集料进行分仓，各级集料不得混仓。粗、细集料仓顶应设置过滤超粒径颗粒的钢筋筛。

⑤ 每座拌和机应配备不少于2个用于储存水泥的罐仓，每种掺合料应单独设置储存料仓。

(2) 水泥混凝土拌和应采用间歇强制式拌和机，或采用配料计量精度满足要求的连续式拌和机，不宜使用自落式滚筒搅拌机。高速公路、一级公路及二级公路水泥混凝土面层施工时，应采用配备计算机自动控制的强制式拌和机。

(3) 可选配车况优良、载质量为2~20t的自卸车，自卸车后挡板应关闭紧密，运输时不漏浆撒料，车厢板应平整光滑。桥面铺装或远距离运输时，宜选配混凝土罐车。

(4) 混凝土运输车数量计算如式(4.2)所示，且不应少于3辆，高速公路和一级公路不应少于5辆。

$$N=2n(1+S\rho_c m/v_q g_q) \tag{4.2}$$

式中 N——运输车的数量，辆；

n——相同产量拌和机的台数；

S——单程运输距离，km；

ρ_c——混凝土拌和物的视密度，kg/m^3；

m——一座拌和机的生产能力，m^3/h；

v_q——车辆的平均运输速度，km/h；

g_q——汽车载重能力，t/辆。

三、水泥混凝土拌和的具体要求

按设计配合比准确配料，将混凝土拌和均匀，使其完全符合施工规范的要求，这是确保路面混凝土质量的根本。

(1) 施工单位应编制安全搅拌生产作业指导书，明确混凝土拌和物质量标准和安全拌和生产程序。拌和机上料时，在铲斗及拉铲活动范围内，人员不得逗留和通过。

(2) 拌和机配料计量的允许偏差应符合表4.2的规定。

表4.2　拌和机配料计量的允许偏差　%

材料名称	水泥	掺合料	纤维	细集料	粗集料	水	外加剂
高速公路和一级公路每盘	±1	±1	±2	±2	±2	±1	±1
高速公路和一级公路累计每车	±1	±1	±2	±2	±2	±1	±1
其他等级公路	±2	±2	±2	±3	±3	±2	±2

（3）在标定有效期满或拌和机搬迁安装后，应重新进行标定。施工中应每 15d 检验 1 次拌和机计量精度。

（4）采用计算机自动控制的拌和机时，应使用自动配料方式控制生产，并按要求打印对应路面摊铺桩号的混凝土配料统计数据及偏差。

（5）拌和机拌和第一盘混凝土拌和物之前，应润湿搅拌锅，并排干净锅内的积水。拌和机生产时，每台班结束后均应对搅拌锅进行清洗，剔除结硬的混凝土块，并更换严重磨损的搅拌叶片。

（6）混凝土的搅拌时间应根据拌和物的黏聚性、匀质性及搅拌机类型，经试拌确定，并应符合下列规定：①单立轴式搅拌机的总搅拌时间宜为 80～120s，纯搅拌时间不应短于 40s；②行星立轴和双卧轴式搅拌机的总搅拌时间宜为 60～90s，纯搅拌时间不应短于 35s；③连续双卧轴拌和机的总搅拌时间宜为 80～120s，纯搅拌时间不应短于 40s。

（7）可溶解的外加剂应充分溶解、搅拌均匀后加入搅拌锅，并扣除溶液中的加水量。有沉淀的外加剂溶液，应每天清除一次稀释池中的沉淀物。

（8）不可溶解的粉末外加剂，在加入前应过 0.30mm 筛，可与集料同时加入，并适当延长混凝土的纯搅拌时间。

（9）当混凝土中掺有引气剂时，拌和机的一次搅拌量不应大于其额定搅拌量的 90%。

（10）粉煤灰或其他掺合料应采用与水泥相同的输送、计量方式加入。加入粉煤灰的水泥混凝土拌和物的纯搅拌时间应比不掺的延长 15～25s。

（11）拌和机在进行卸料时，自卸车每装载一盘拌和物应挪动一次车位，搅拌锅出口与车厢底板之间的卸料落差应不大于 2.0m。

（12）混凝土拌和物质量检验与控制应符合下列规定：①混凝土拌和物质量检测项目和频率应符合表 4.3 的规定；②混凝土拌和物的出料温度宜控制在 10～35℃；③混凝土拌和物应均匀一致。生料、干料、严重离析的拌和物，或有外加剂团块、粉煤灰团块的拌和物不得用于路面摊铺；④一座拌和机每盘之间，各拌和机之间，混凝土拌和物的坍落度偏差应小于 10mm。

表 4.3　混凝土拌和物质量检测项目和频率

检测项目	检测频率		
	高速公路、一级公路	其他等级公路	试验方法
水灰比及其稳定性	每 5000m 抽检 1 次，有变化随时进行检测	每 5000m 抽检 1 次，有变化随时进行检测	JTG E30 T0529
坍落度及其损失率	每工班测 3 次，有变化随时进行检测	每工班测 3 次，有变化随时进行检测	JTG E30 T0522
振动黏度系数	试样、原材料和配合比有变化随时进行检测	试样、原材料和配合比有变化随时进行检测	JTG/T F30—2014 附录 A
纤维体积率	每工班测 2 次，有变化随时进行检测	每工班测 1 次，有变化随时进行检测	JTG/T F30—2014 附录 D
含气量	每工班测 2 次，有抗冻要求不少于 3 次	每工班测 1 次，有抗冻要求不少于 3 次	JTG E30 T0526

续表

检测项目	检测频率		
	高速公路、一级公路	其他等级公路	试验方法
泌水率	每工班测 2 次	每工班测 2 次	JTG E30 T0528
表观密度	每工班测 1 次	每工班测 1 次	JTG E30 T0525
温度、凝结时间、水化发热量	冬、夏季施工，气温最低、最高时，每工班至少测 1~2 次	冬、夏季施工，气温最低、最高时，每工班至少测 1 次	JTG E30 T0527
改进 VC 值	每工班测 3 次，有变化随时进行检测	每工班测 3 次，有变化随时进行检测	JTG E30 T0524
离析	随时观察	随时观察	—
压实度、松铺系数	每工班测 3 次，有变化随时进行检测	每工班测 3 次，有变化随时进行检测	JTG E30 T0525

（13）纤维混凝土的搅拌，除应符合水泥混凝土的规定外，尚应符合下列规定：①在搅拌纤维混凝土时，拌和机 1 次搅拌量不宜大于额定容量的 90%；拌和掺量较多的纤维混凝土时，不宜大于额定容量的 80%；②纤维混凝土搅拌宜采用纤维分散机在搅拌过程中分散加入纤维，可采用先将钢纤维或其他纤维、水泥、粗细集料干拌，基本均匀后再加水湿拌的方法改善纤维的均匀性，出机的混凝土拌和物中不得有纤维结团现象出现；③纤维混凝土的纯搅拌时间应比水泥混凝土规定的纯搅拌时间延长 20~30s；④应保证纤维在混凝土中的分散性及均匀性。

按《公路水泥混凝土路面施工技术细则》(JTG/T F30—2014)规定，水洗法检测的纤维体积率偏差不应大于设计掺量的±15%。

（14）除拌和机应配备砂石含水率自动反馈控制系统外，每工作台班应至少监测 3 次粗细集料含水率；并根据集料的含水率变化，快速反馈并严格控制加水量和粗、细集料的用量。

（15）碾压混凝土的最短纯搅拌时间应比水泥混凝土的纯搅拌时间延长 15~20s。雨天不得拌和碾压混凝土。

（16）在拌和机的搅拌锅内清理黏结的混凝土时，无电视监控的拌和机应有两人以上方可进行，一个进行清理，一个值守操作台。有电视监控的拌和机，应打开电视监控系统，关闭主电机电源，并在主开关上挂警示红牌。

（17）拌和机的水泥、粉煤灰或矿渣粉罐仓除应防止拌和期间洒漏外，在水泥罐车输送水泥时，罐仓顶部应设置过滤布。不得使大量水泥粉或粉煤灰、矿渣粉从仓顶飞散入大气中。

（18）当混凝土摊铺机械出现故障时，应及时通知拌和机停止搅拌，防止运输到机前的混凝土因超过初凝时间不能铺筑而废弃。

四、水泥混凝土运输的具体要求

混凝土拌和物运输技术方面的要求，主要应从总运输能力要求、运输时间和运输中应注意事项几个方面进行综合考虑：

(1) 混凝土的运输应保证到现场的拌和物具有适宜摊铺的工作性。

(2) 不掺加缓凝剂的混凝土拌和物从搅拌机出料到运抵现场的允许最长时间应符合表4.4的规定，当不满足时可采用通过试验调整缓凝剂的剂量等措施，保证到达现场的混凝土拌和物工作性满足要求。

(3) 运送混凝土拌和物的车辆装料前，应清洁车厢或车罐，洒水润壁，排干积水。

(4) 混凝土拌和物运输过程中应防止漏浆、漏料和污染，防止拌和物出现离析。

(5) 车辆行驶和卸料的过程中，当碰撞了模板或基准线时，应重新进行测量纠偏。

表4.4 混凝土拌和物出料到运抵现场的允许最长时间

施工气温/℃	滑模摊铺/h	三辊轴机组摊铺、小型机具摊铺/h	碾压铺筑/h
5~9	1.50	1.20	1.00
10~19	1.25	1.00	0.80
20~29	1.00	0.75	0.60
30~35	0.75	0.40	0.40

第二节 水泥混凝土路面面层施工

下文从施工准备、模板与钢筋安装、混凝土搅拌、混凝土拌和物的运输、混凝土拌和物的摊铺、表面修整对水泥混凝土路面面层施工进行阐述。

一、施工准备

1. 施工机械选择

常见的水泥混凝土路面的摊铺机械有滑模摊铺机、轨道摊铺机、三辊轴机组、小型机具和碾压混凝土摊铺机械等。

2. 技术准备

当采用自拌混凝土时，应选择合适的拌和场地，要求运送混合料的运距尽量短，水、电等方便，有足够面积的场地，能合理布置拌和机和沙、石的堆放点，并能搭建水泥库房等；有碍施工的建筑物、灌溉渠道和地下管线等，均应在施工前拆迁完毕；混凝土摊铺前，对基层进行整修，检测基层的宽度、路拱、标高、平整度、强度和压实度等各项指标应达到设计和规范要求，并经监理工程师同意后进行。混凝土摊铺前，基层表面应洒水润湿，以免混凝土底部水分被干燥基层吸去。

二、模板与钢筋安装

模板安装应符合下列规定：支模前应核对路面标高、面板分块、胀缝和构造物位置；模板应安装稳固、顺直、平整，无扭曲，相邻模板连接应紧密、平顺，不应错位；严禁在基层上挖槽嵌入模板；使用轨道摊铺机应采用专用钢制轨模。

钢筋安装应符合下列规定：钢筋安装前应检查其原材料品种、规格与加工质量，确认符合设计规定；钢筋网、角隅钢筋等安装应牢固、位置准确；钢筋安装后应进行检查，合格后方可使用；传力杆安装应牢固、位置准确；胀缝传力杆应与胀缝板、提缝板一起安装。

三、混凝土搅拌

混凝土的搅拌时间应按配合比要求与施工对其工作性要求，经试拌确定最佳搅拌时间，每盘最长总搅拌时间宜为80~120s；外加剂宜稀释成溶液，均匀加入进行搅拌；混凝土应搅拌均匀，出仓温度应符合施工要求。

搅拌钢纤维混凝土，除应满足上述要求外，还应符合下列要求：当钢纤维体积率较高、搅拌物较干时，搅拌设备一次搅拌量不宜大于其额定搅拌量的80%；钢纤维混凝土的投料次序、方法和搅拌时间，应以搅拌过程中钢纤维不产生结团和满足使用要求为前提，通过试拌确定；钢纤维混凝土严禁用人工搅拌。

四、混凝土拌和物的运输

1. 机动车运送

在路面施工中，为了便于混凝土的摊铺，一般采用自卸车运送混凝土拌和物(工程量一般，现场条件有一定限制时，也可以使用机动翻斗车)。机动车运送混凝土拌和物，主要的风险类型是车辆伤害，其风险控制的重点在于以下几点。

① 杜绝超载、超速行驶的不安全行为；②遇视线不良天气(大雾、沙尘暴等)时，严防快速行驶的不安全行为；③卸料前，严防不确认车厢上方无电线或障碍物(尤其是乡村公路)的不安全行为；④车厢处于举升状态时，杜绝作业人员上车厢清除残料的不安全行为；⑤卸料后，杜绝在车厢倾斜情况下行驶的不安全行为。

除了要严防车辆伤害外，还应加强现场指挥，防止机动车与其他施工机械之间发生碰撞而导致各种意外伤害事故，防止造成地面作业人员的意外伤亡。

2. 手推车运送

在工程量很小或现场条件不适合使用大中型运输车时，可使用现场拌和混凝土，采用手推车将混凝土运送到摊铺现场。手推车运送混凝土拌和物的风险控制重点在于以下几点。

① 杜绝猛跑、撒把溜车的不安全行为，以免手推车倾翻而导致机械伤害(很可能是伤害他人)。②严防车斗内载人的不安全行为，以免造成机械伤害。③多车推送混凝土时，防止前后车之间距离过近(一旦后车控制不住手推车，很可能造成前车的推车人受到挤压伤害)。

五、混凝土拌和物的摊铺

1. 人工小型机具施工

人工小型机具施工水泥混凝土路面层，应符合下列规定。

① 混凝土松铺系数宜控制在1.10~1.25；②摊铺厚度达到混凝土板厚度的2/3时，应拔出模内钢钎，并填实钎洞；③混凝土面层分两次摊铺时，上层混凝土的摊铺应在次下层混凝土初凝前完成，且下层厚度宜为总厚度的3/5；④混凝土摊铺应与钢筋网、传力杆及边缘角隅钢筋的安放相配合；⑤一块混凝土板应一次连续浇筑完毕；⑥混凝土采用插入式振捣器振捣时，不应过振，且振动时间不宜少于30s，移动间距不宜大于50cm。

使用平板振捣器振捣时应重叠 10~20cm，振捣器行进速度应均匀。

2. 三辊轴机组铺筑

三辊轴机组铺筑应符合下列规定。

（1）辊轴机组铺筑混凝土面层时，辊轴直径应与摊铺层厚度匹配，且必须同时配备一台安装插入式振捣器组的排式振捣机，振捣器的直径宜为 50~100mm，间距应不大于其有效作用半径的 1.5 倍，且不得大于 50cm。

（2）当面层铺装厚度小于 15cm 时，可采用振捣梁，其振捣频率宜为 50~100Hz，振捣加速度宜为 $4g$~$5g$（g 为重力加速度）。

（3）当一次摊铺双车道面层时，应配备纵缝拉杆插入机，并配有插入深度控制和拉杆间距调整装置。

铺筑作业应符合下列要求：①卸料应均匀，布料应与摊铺速度相适应；②设有接缝拉杆的混凝土面层，应在面层施工中及时安设拉杆；③三辊轴整平机分段整平的作业单元长度宜为 20~30m，振捣机振实与三辊轴整平工序之间的时间间隔不宜超过 15min；④在一个作业单元长度内，应采用前进振动、后退静滚方式作业，最佳滚压遍数应经过试铺确定。

六、表面修整

1. 抹平作业

采用抹平机抹平表面时，其风险控制的重点在于以下几点。

① 杜绝抹平机带病使用的不安全行为，以免造成机械伤害；②作业时，严防无专人收放电缆的不安全行为，以免造成触电伤害；③杜绝抹平机带负荷启动的不安全行为，以免造成设备损坏。

2. 吸水作业

路面混凝土摊铺、振捣、抹平后，在混凝土表面铺上吸垫，启动真空设备，从混凝土中吸出游离水，可降低混凝土水灰比，从而提高混凝土路面的质量。真空吸水装置作业时，其风险控制的重点在于以下几点。

① 杜绝真空泵绝缘不良而导致触电伤害；②吸水作业时，严防操作人员在吸垫上行走或压其他物件，以免造成吸垫损坏或者影响工程质量；③冬期施工时，严防真空泵存有冷却水，以免造成真空泵损坏；严防掀起盖垫前未断电，以免造成触电伤害。

第三节　水泥混凝土路面接缝施工

水泥混凝土下面层、水泥混凝土路面、间断钢筋混凝土路面、钢纤维混凝土路面，无论采用滑模、轨道、三辊轴机组中的哪种工艺方式施工，接缝的设置和施工都是相同的。接缝施工质量的优劣，是水泥混凝土路面使用性能即前期破损断板、断角和使用寿命长短的决定性要素，应引起工程建设者的高度重视。

下文从面层接缝一般规定和面层接缝的施工工艺对水泥混凝土路面接缝施工进行阐述。

一、面层接缝一般规定

(1) 除施工缝外，水泥混凝土的面层缩缝应使用切缝机，按照设计缩缝位置、深度、台阶形状准确切割而成。

(2) 水泥混凝土的横向施工缝，应与接近该位置的胀缝、隔离缝、缩缝合并设置。

(3) 各种接缝均应填缝密封，填缝材料不得开裂、挤出或缺失。填缝材料开裂、挤出或缺失的接缝均应局部清除，重新填缝密封。

二、水泥混凝土面层接缝的施工工艺

(1) 当一次铺筑宽度小于面层加硬路肩总宽度时，应按设计设置纵向施工缝。纵向施工缝宜采用平缝加拉杆型。

(2) 水泥混凝土面层纵向缩缝施工应符合下列规定。

① 水泥混凝土面层采用滑模摊铺机施工时，纵向施工缝的拉杆宜采用支架法安设，也可采用侧向拉杆液压装置一次推入。

② 水泥混凝土面层采用固定模板施工时，应从侧模预留孔中插入拉杆并振实。

③ 插入的侧向拉杆应牢固，避免松动和漏插，拉杆的握裹强度符合《公路水泥混凝土路面施工技术细则》(JTG/T F30—2014)规定，不满足规定要求时应钻孔重新设置拉杆。

(3) 增强钢纤维混凝土面层切割纵、横缝中可以不设拉杆与传力杆；断开的纵、横施工缝中应设拉杆与传力杆。抗裂纤维混凝土面层各种接缝中的拉杆与传力杆设置，应与水泥混凝土面层相同。

(4) 每天摊铺结束或摊铺中断时间超过 30min 时，应设置横向施工缝。横向施工缝在缩缝处可采用平缝加传力杆型。

(5) 横向施工缝与胀缝重合时，应当按照胀缝进行施工，胀缝两侧补强钢筋笼宜分两次安装，不应缺失。

(6) 在中、轻交通荷载等级水泥混凝土面层上，临近胀缝、自由端、收费站等局部缩缝的传力杆设置应使用前置钢筋支架法。不得采用设置精度不满足要求的方式设置传力杆。

(7) 施工中应尽量避免角隅部位的传力杆与拉杆交叉，以防止传力杆与拉杆纵横交叉锁定而断角；当无法避免两者交叉时，应取消交叉部位拉杆，仅保留传力杆。

(8) 胀缝板应与路中心线垂直，并连续贯通整个面板的宽度，缝中完全不连浆。

(9) 水泥混凝土路面在高温期施工时，顺直路段中可根据设计要求减少胀缝的设置。在春秋季节施工时，两端构造物的间距大于 500m 时，宜在顺直路段中间设一道或若干道胀缝。在低温期施工时，两端构造物的间距大于 350m 时，宜设置顺直路段胀缝。

(10) 水泥混凝土路面胀缝的施工应符合下列规定。

① 采用前置钢筋支架法施工时，应预先准确安装和固定胀缝钢筋支架，并使用手持振捣棒振实胀缝板两侧的混凝土后，再进行摊铺。也可采用预留两块面板的方法，在气温接近年平均气温时再封铺。

② 应在混凝土未硬化时，剔除胀缝上部的混凝土，然后嵌入(20~25mm)×20mm 的木条，整平表面。在填缝前，应剔除木条，再粘贴胀缝多孔橡胶条或填缝。

③ 胀缝板应连续完整，胀缝板两侧的混凝土不得相连。

（11）拉杆、胀缝板、传力杆及其套帽设置精度应符合表 4.5 的规定。

表 4.5　拉杆、胀缝板、传力杆及其套帽设置精度

项　　目	允许偏差/mm	测量位置
传力杆端上下左右偏斜	10	在传力杆两端测量
传力杆深度及左右位置偏差	20	以板面为基准测量
传力杆沿路面纵向前后偏位	30	以缝中心线为准
拉杆端及在板中上下左右偏差	20	杆两端和板面测量
拉杆沿路面纵向前后偏位	30	纵向测量
胀缝传力杆套帽偏差（长度≥100mm）	10	从封堵帽起测
胀缝板倾斜偏差	20	以板底为准
胀缝板的弯曲和位移偏差	10	以缝中心线为准

（12）缩缝的切缝应根据当地昼夜温差，适宜的切缝方式、时间与深度的选择应符合表 4.6 的规定，切缝时间应以切缝时不啃边为开始切缝的最佳时机，并以铺筑第二天及施工初期无断板为控制原则。

表 4.6　当地昼夜温差与缩缝适宜切缝方式、时间与深度参考表

昼夜温差/℃	缩缝切缝方式与时间	缩缝切割深度
<10	硬切缝：切缝时机以切缝时不啃边即可开始，纵缝可略晚于横缝，所有纵、横缩缝最晚切缝时间均不得超过 24h	纵中无拉杆、传力杆时，深度为 1/3～1/4 板厚，最浅 60mm；缝中有拉杆、传力杆时，深度为 1/3～2/5 板厚，最浅 80mm
10～15	软硬结合切缝，每隔 1～2 条提前软切缝，其余采用硬切缝补切	硬切缝深度同上。软切深度不应小于 60mm；不足者应硬切补深到 1/3 板厚，已断开的缝不补切
>15	软切缝：抗压强度为 1～1.5MPa，人可行走时开始软切；软切缝时间不应超过 6h	软切缝深度不应小于 60mm，未断开的接缝，应硬切补深到≥2/5 板厚

（13）纵、横缩缝形状为台阶状时，宜使用磨圆角的台阶叠合锯片一次切成。设备受限制时，也可分两次切割，再磨出半径为 6～8mm 的圆角。

（14）纵、横缩缝切割顺直度应小于 10mm。相邻板的纵、横缩缝切口应顺直，且应缝对缝。需调整异形板的锐角时，可切成斜缝或小转角的折线缝。弯道与匝道面层的横缝应垂直于其设计中心线。

（15）分幅铺筑面层时，应在先摊铺的混凝土板已断开的横向缩缝处做标记。后摊铺面层应对齐已断开的横向缩缝，采用软切缝的工艺，提前进行切缝。

（16）钢筋混凝土面层的切缝不得切到钢筋，一旦切到钢筋，锯片会很快磨损或烧掉。各种纤维混凝土面层软切缝时，混凝土必须养生到其强度足够克服切缝力，切缝时不得抽出纤维，刮伤边角。

（17）在灌缝前首先应清洁接缝。清洁接缝宜采用飞缝机清除接缝中夹杂的砂石、凝结的泥浆等杂物。灌缝前缝内及缝壁应清洁、干燥，以擦不出水、泥浆或灰尘为可灌缝标准。

（18）水泥混凝土路面的灌缝形状系数宜为 1.5，钢筋混凝土、连续配筋钢筋混凝土面层、过渡板、搭板与桥面的灌缝形状系数宜为1.0。

(19) 水泥混凝土面层缩缝的灌缝应符合下列规定。

① 在进行灌缝时，应先按设计要求嵌入直径9~12mm的多孔泡沫塑料背衬条或橡胶条。

② 用双组分或多组分常温填缝料时，应准确按规定比例将几种原材料混合均匀后灌缝，每次准备量不宜超过1h，且不应超过材料规定的操作时间。

③ 使用热石油沥青、改性沥青或橡胶沥青进行灌缝时，应加热融化至易于灌缝温度，搅拌均匀，并保温灌缝。

④ 水泥混凝土面层缩缝的灌缝应饱满、均匀、厚度一致并连续贯通，填缝料不得缺失、开裂和渗水。

⑤ 在高温期进行灌缝时，顶面应与板面刮齐平；一般气温进行灌缝时，应填刮为凹液面形，其中心宜低于板面3mm。

(20) 常温施工式填缝料的养生期，低温期宜为24h，高温期宜为10h。加热施工式填缝料的养生期，低温期宜为4h，高温期宜为6h。在灌缝料的固化期间应封闭交通。

(21) 在胀缝填缝前，应凿除胀缝板顶部临时嵌入的木条，并清理干净，涂刷黏结剂后，嵌入专用多孔橡胶条或灌进适宜的填缝料。当胀缝宽度与多孔橡胶条宽度不一致或有啃边、掉角等现象时，应采用灌料填缝，不得采用多孔橡胶条填缝。

第五章 沥青路面养护

沥青路面养护分为日常养护和养护工程。日常养护包括日常巡查、日常保养和日常维修。养护工程包括预防养护、修复养护、专项养护和应急养护。预防养护是指沥青路面整体性能良好但存在病害隐患或有轻微病害，为延缓路面性能过快衰减、延长使用寿命而预先采取养护工程。修复养护是指沥青路面出现明显病害或者部分丧失服务功能，为恢复路面技术状况而进行的功能性或结构性修复养护工程。专项养护是指为恢复、保持或提升沥青路面服务功能而集中实施的路面改造、局部加宽、专项处治、灾后恢复等养护工程。应急养护是指突发情况下造成沥青路面损毁、中断、产生重大安全隐患等，为较快恢复路面安全通行能力而实施的应急性抢通、保通和抢修养护工程。

第一节 沥青路面日常养护

为了保证路面处于良好的使用状态，应对沥青路面进行经常性和季节性的日常养护。沥青路面的日常养护工作程序包括的主要内容有建立完善的巡视检查制度和技术检测系统，及时、准确地掌握路面状况及相关信息，科学客观地评定路面使用品质，有依据、有计划、有针对性地安排养护项目。

《公路沥青路面养护技术规范》(JTG 5142—2019)中沥青路面日常养护一般规定主要有以下几点。

(1) 应编制日常养护年度计划，根据养护质量要求及路况调查结果确定日常养护工作内容。

(2) 日常养护应及时做好工作记录，包括作业时间、作业内容、作业人员、完成的工作量等内容。

(3) 高速公路及一级公路日常养护应采用机械化作业方式，二级及二级以下公路日常养护也应逐步采用机械化作业方式，条件受限时可采用人工作业方式。

(4) 日常养护作业路段应满足基本通行要求，保障现场的养护作业安全。

一、日常巡查、日常保养、日常维修

(一) 日常巡查

《公路沥青路面养护技术规范》(JTG 5142—2019)中沥青路面日常巡查规定主要有以下几点。

(1) 在公路养护日常巡查工作制度中应明确沥青路面日常巡查工作内容。日常巡查频

率每日不宜少于1次，其中高速公路每日不应少于1次，遇暴雨、台风、雨雪、冰冻等极端天气情况，应适当增加日常巡查的频率。

（2）日常巡查应主要检查沥青路面病害，以及易诱发路面病害或影响通行的积水、积雪、积冰、污染物、散落物、路障等情况。

（3）日常巡查宜采用乘车、骑行或步行巡查方式，乘车巡查过程中发现路面突发病害及异常情况时应停车辅助人工检查，并应符合下列规定。

① 巡查车辆的车身应有明显标识，配备导向闪光箭头，车顶宜安装带有黄闪标志的车辆闪光灯。

② 巡查人员应具备沥青路面相关专业知识，经过安全培训与作业交底，具备初步判别路面病害及处置突发情况的能力。巡查人员应穿戴安全标志服，配备简易量测工具及照相、移动数据终端等设备。

③ 日常巡查车辆速度，高速公路及一级公路不宜大于60km/h，二级及二级以下公路不宜大于40km/h，应开启车辆闪光灯和闪光箭头。停车辅助人工检查时，可临时停靠在右侧紧急停车带或右侧路肩，巡查人员应在车辆前方快速完成检查作业后及时撤离。

④ 日常巡查发现路面存在影响通行的障碍物或异常情况时，应及时采取措施进行清除与处理。危及行车安全的，应采取临时安全保障措施后再进行处理；不能立即清除的，应及时通知相关单位处理。

（4）日常巡查应记录发现路面突发病害与异常情况信息，宜采用移动终端实时录入信息数据，并按信息管理系统功能将突发病害图片、有关说明等信息一并录入，巡查结束后应及时整理、汇总日常巡查记录，并录入相关信息管理系统。

（5）日常巡查中发现重大情况应按相关规定及时报告。

（二）日常保养

《公路沥青路面养护技术规范》（JTG 5142—2019）中沥青路面日常保养规定主要有以下几点。

1. 日常保养的主要工作内容

（1）清除路面泥土杂物、污染物、散落物等。

（2）排除路面积水，疏通路面排水。

（3）清除路面积雪、积冰、积沙等。

（4）实施路面夏季洒水降温作业。

2. 清扫作业规定

（1）定期沿路幅右侧或左侧开展路面日常清扫作业，清扫频率应根据公路等级、交通量大小、路面污染情况确定，遇突发污染事件应及时开展路面特殊清扫作业。

（2）路面清扫作业可采用机械清扫或人工清扫方式，高速公路及一级公路应以机械清扫方式为主，二级及二级以下公路可视实际情况采用合适方式进行清扫作业。

（3）路面清扫作业应根据现场泥土杂物、清洁情况及通车状况选择不同功能的机械清扫设备，宜采用无尘清扫设备与工艺，机械清扫车辆应配备洒水及除尘设备，清扫作业时应根据路面扬尘程度确定适当的洒水量，减少扬尘。

(4) 机械清扫作业应避开交通量大的时段，不宜在影响正常交通的中间行车道和变换车道进行。对机械无法清扫的路面边角，应进行人工辅助清洁。

(5) 应根据实际情况适当加大桥梁桥面清扫频率，宜与桥面泄水孔、伸缩缝清理工作相结合，清扫时不得堵塞桥面泄水孔和伸缩缝。

(6) 隧道路面清扫宜在交通量较小时进行，并利用电子显示屏等设备做好安全作业提示。清扫宜采用无尘清扫作业方式，严禁扬尘。

(7) 沥青路面受油类物质或其他化学品污染时，应撒砂、木屑或采用化学中和剂处理后进行清扫，影响行车安全时，应采用水冲洗干净并进一步处治。

(8) 路面清扫后的垃圾、杂物等不得随意倾倒、堵塞边沟、阻挡路肩排水，应运至指定地点或垃圾场站妥善处理。

二、沥青路面初期养护

1. 热拌沥青路面的初期养护

摊铺、压实后的热拌沥青路面，待摊铺层自然冷却，混合料表面温度低于50℃后方可开放交通；纵横向的施工接缝是沥青路面的薄弱环节，应加强初期养护，随时用3m直尺查找暴露出来的轻微不平问题，“铲高补低”，经拉毛后，用混合料垫平、压实。

2. 沥青贯入式路面的初期养护

路面竣工后，开放交通时，行驶车辆限速在15km/h以下，根据路表面成型情况，逐步提高到20km/h。设专人指挥交通或设置临时路标，按“先两边、后中间”的顺序控制车辆易辙行驶，达到全面压实。应随时将行车驱散的嵌缝料回扫、扫匀、压实，以形成平整密实的上封层。当路面泛油后，要及时补撒与施工最后一层矿料相同的嵌缝料，同时控制行车碾压。

3. 沥青表面处置路面的初期养护

层铺法和拌和法施工的沥青表面处置路面的初期养护与沥青贯入式路面的要求基本相同。

4. 乳化沥青路面的初期养护

乳化沥青路面的初期稳定性差，压实后的路面应做好初期养护，设专人管理，按实际破乳情况，封闭交通2~6h；在未破乳的路段上，严禁一切车辆、人、畜通过；开放交通初期，应控制车速不超过20km/h，并不得制动和掉头。当路面有损坏时应及时修补。

三、沥青路面的清扫和排水

1. 清扫与保洁

经常清扫路面，保持路面排水畅通及行车安全。及时消除路面的轻微损坏与变形，保持路面良好的运行环境。除了定期的日常清扫作业外，还应根据路面污染的特殊情况，及时进行不定期的特殊清扫保洁作业。当发现路面上有妨碍正常交通的杂物时，应立即清除。当由于意外事件、事故等因素造成路面污染时，应及时清扫。当沥青路面被油类物质或化学物品污染时，应先撒砂、木屑或化学中和剂处理，然后进行清扫，必要时再用水冲洗干净。

2. 路面排水

沥青路面应保持排水通畅，路面无积水。应经常检查沥青路面的排水情况，检查时间一般以在雨间或雨后1~2h为宜。对于虽未破损，但造成雨后明显积水的行车道路面局部沉陷部位，应及时清扫并予以整平。对于设置有路侧拦水带及泄水槽的路段，如因拦水带开口及泄水通道的位置不妥而造成路面积水时，应及时调整。对于因横坡不适而造成的积水的路段，应采取临时措施，尽量减少行车道部位的积水，并在罩面及翻修工程中彻底调整解决。对于中央分隔带集水井、横向排水管、路侧拦水缘石及泄水槽、桥面泄水孔等路面排水系统应经常清理疏通，发现损坏部位应及时修复。

在雨季到来之前，应对全部路面排水系统及路堤边沟、涵管、集水井、沉淀池等所有排水设施进行全面检查和疏通，修复损坏部位，处理水毁隐患，清理路肩和边坡高草，确保雨季排水畅通。应加强雨季排水，及时处理路面水毁部位，减轻水害损失。

四、沥青路面季节性养护

应根据各地不同季节的气候特点、水和温度变化规律，按照“预防为主、防治结合”的原则，结合本地区成功经验，针对不同季节病害根源，因地制宜，采取有效的技术措施，做好预防性、季节性沥青路面养护工作。

1. 春季养护

春季气温较暖，路基内的水分开始转移，是各种病害集中暴露的季节。养护中应抓住时机，及时防止路面病害。路基含水量较大的路段，因为解冻，路基强度减弱，在行车作用下面层容易出现裂缝病害。含水量已达到饱和、强度和稳定性差的路段，经车辆碾压容易出现翻浆。施工质量差的路面，在气温回升时容易变软，矿料经碾压产生松动，油层不稳定，容易出现油包、波浪等。秋末冬初低温施工路段，随着温度的上升，容易出现泛油。春融季节路面出现网裂后，如不及时处理，容易发展为坑槽。

因此，应做好沥青路面的裂缝的填封，并及时快速修补坑槽，处理翻浆、波浪、泛油等病害。

2. 夏季养护

夏季气候炎热，地面水分蒸发快，是沥青路面各种病害全面发展的季节。养护中要充分利用夏季气温高、操作方便的条件，及时消灭病害。

新铺的沥青路面在高温作用下容易出现泛油。基层含水量较大或质量差的路段，在行车作用下面层容易造成路面发软产生车辙。沥青用量过多，矿料过细或沥青黏度差的沥青路面容易出现壅包、波浪、发软等病害。

综上所述，夏季是养护工程施工的有利季节，应处置好沥青路面的泛油、壅包、波浪、车辙，及时修复冬寒、春雨期临时修补的破损，恢复路面使用质量。

3. 秋季养护

秋季气温逐渐降低，而且雨水较多。应及时处理病害，为冬季沥青路面的正常使用打下基础。

秋季雨水较多，容易积水的路面，如果有裂缝或基层不密实等问题，易出现坑槽。强度不够的路肩，受雨水侵蚀或积水影响，在行车碾压下，易产生啃边。基层含水量较大、强度不够，地基受水泡发软的路段，路面稳定受到影响，在行车碾压下会出现网裂。

沥青路面修理必须密切注意天气预报，抓紧完成养护工程年度计划项目，及时处置已发生的各种沥青路面病害。

4. 冬季养护

冬季气候寒冷，路基路面冻结，是沥青路面比较稳定的季节。但路面在低温下发生不同方向的收缩，容易产生横向、纵向裂缝，要做好防雪、防滑、防冰、疏阻、抢险及养护材料准备等工作。

严寒地区的除雪和防冻是路面冬季养护的重点，应根据当地历年气象记录资料、气象预测资料、路面结构、沿线条件等，事先制定切合实际情况的除雪和防冻工作计划和作业规程，落实相应的除雪、防冻作业人员和机具设备，并按实际需要储备防冻、防滑材料。

严寒降雪季节到来后，应随时监测气象变化情况，一旦降温、降雪，立即按计划部署相应的除雪和防冻作业，特别注意桥面、坡道、弯道、匝道、收费广场等重点区段，尽量减轻积雪和冰冻对行车安全造成的危害，缩短影响正常交通的时间。当路面上的压实雪、融化的雪水、未及排除的雨水可能形成冰冻层时，应及时采取防冻防滑措施。

第二节　沥青路面预防养护

沥青路面预防养护是指在合适的时间对适宜的路面运用合理的预防性养护措施。沥青路面有多种预防性养护处治方案，针对不同的路况及环境选择与之相适应的预防性养护措施才能取得良好的效果。公路初期建设完成后，通过路面处治以保持新建路面的预期寿命，或者通过修复延长其使用寿命。

《公路沥青路面养护技术规范》(JTG 5142—2019)中沥青路面预防养护的规定主要有以下几点。

(1) 贯彻预防性养护理念，每年应对符合条件的沥青路面实施一定里程或比例的预防养护。

(2) 应根据公路等级、使用年限、路面技术状况、交通量大小及组成、气候条件等因素，合理确定沥青路面预防养护时机。

(3) 在预防养护时机确定的基础上，应设定预防养护目标，经过养护设计与方案比选，采取合适的预防养护措施。

(4) 沥青路面预防养护措施可选用封层、超薄罩面、薄层罩面等，其铺筑厚度应小于4cm。

罩面是一项常用的预防性养护技术，给原沥青路面提供了一个崭新的表面，提高了路面的平整度和抗滑能力。平整度的改善提高了行车的舒适性，抗滑能力的提高增加了行车的安全性，对原路面许多表面破坏(如坑洞、裂缝、辙槽等)的有效治理延长了道路的使用寿命。

罩面按照施工工艺可分为洒铺类罩面和拌和类罩面。

洒铺类罩面是指分层洒铺沥青和矿料，并经碾压形成的表面层。洒铺类罩面包括表面处治、石屑封层、同步碎石封层、橡胶沥青封层和雾封层等。

拌和类罩面是指将矿料、沥青结合料和其他成分在现场或在拌和楼中拌和后运输到施工现场摊铺、碾压而形成的表面层。拌和类罩面包括超薄磨耗层、稀浆封层、微表处、热薄层罩面等。

下文从雾封层技术、稀浆封层技术、微表处技术、超薄磨耗层技术、开普封层技术、碎石封层技术等几个方面对沥青路面预防性养护进行阐述。

一、雾封层技术

雾封层技术(Fog Seal)全称为雾状封层技术，它是一种将乳化沥青、改性乳化沥青或沥青路面养护剂等流体状的材料，经喷洒机械喷洒在沥青路面上，从而封闭路面孔隙，稳定松散集料，修复路面老化的预防性养护技术。由于材料喷洒时，它呈现出黑色的雾状，因此被称为雾封层。一般喷洒量为 0.3～0.8L/m²。其目的是更新和还原表面已氧化的沥青，可以密封沥青路面出现的细小裂缝，防止路表水下渗，增加面层表面的沥青含量，延缓路面的松散和氧化。

当沥青路面正常使用几年后，路面开始出现轻微疲劳龟裂、细骨料损失的现象，并且其渗水性大大提高，路面水会经过裂缝或细骨料损伤处(露骨处)进入沥青混合料中，进一步加速了路面的损坏。在这一时期，路面处于基本完好时期，如不进行及时处理，会导致网裂、龟裂、坑洞等路面破坏。在这一阶段，最有效的方法是应用雾封层技术，性价比较高。

经雾封层后，由于所用材料流动性比较大，可渗入到骨料缝中，可流入到裂缝中，对路面“输血”，从而恢复路表沥青黏附力，填补微小裂缝和空隙，防止路表水下渗，将路面性能维持 2～3 年时间，推迟造价更高的养护工程，提高了公路的经济效益。

(一) 技术特点

雾封层是一种成本较低的有效道路预防性养护技术。它是直接在道路表面喷洒雾封层技术材料，为道路迅速地提供一个黑色表面；它可以封闭道路表面的孔隙以及微裂缝，防止水分和空气进入路面结构中而引起路面结构的破坏，对 3mm 以下的裂缝有自动愈合作用；此外，雾封层还能稳住道路表面松散的骨料以防止其进一步脱落，可以保护或修复路面因老化所损失的黏结料，减少路面的老化和风化作用。

雾封层技术也可以是一种路面再生技术。传统雾封层所使用的乳化沥青和改性乳化沥青等材料，主要是针对已经出现的病害进行处置，填封裂缝、密闭路面。对路面早期病害的预防效果不是太明显，且对病害处置是暂时性的，治标不治本。随着新材料、新技术、新设备的不断涌现，专门的沥青再生处置材料作为雾封层的新型材料，弥补了乳化沥青和改性乳化沥青等传统雾封层材料的不足，可以很好地预防和解决沥青路面出现的早期病害问题。新型雾封层材料渗透到旧路表面中，激活老化的沥青，更新和还原表面已氧化的沥青膏体，从而延长路面的使用寿命。

雾封层技术主要有以下特点：①能较好地渗透到路面孔隙和微小裂缝中，并填封原路面的孔隙以及微裂缝，有效防止水的下渗；②可以延缓路面黏结材料老化，使路表沥青材料的性能得到一定程度的恢复；③补偿原路面的沥青损失，能够保持和加强沥青路面骨料间的黏结力，及时固结路面的轻微松散，阻止粒料大面积松散，从而延长路面使用寿命等功能；④对路表面的沥青具有再生功能，恢复表面沥青的流变性，减小沥青老化引起的脆裂；⑤可以改善和恢复路面色泽，改善路面外观和通行者的视觉舒适感；⑥施工机具简单、施工速度快，施工成本低。

（二）材料要求与配合比设计

1. 材料要求

雾封层所使用的材料一般为乳化沥青和水，有时可以添加一定比例的添加剂。其中，乳化沥青可以是阳离子和阴离子型，技术要求应符合相关规定要求，特别应注意与原路面的黏结性和低温延展性等。雾封层乳化沥青应经过特殊配方和特殊加工生产处理而成，雾封层乳化沥青的沥青颗粒更小、更均匀，工作温度更宽，能够在不同气候环境下保持性能；目前市场上已经出现了雾封层专用外加剂，使得雾封层的渗透性得到有效提高。

2. 配合比设计

最佳洒布量的确定原则是：雾封层施工后，路面沥青膜厚度均匀，可在规定的时间内完全干燥，具有符合要求的路用性能。洒布量的确定应根据路面的具体情况经试验确定，行车道和超车道可能不同，严禁整个路段采用同一个洒布量。

雾封层的洒布量可事先通过试验确定。乳化液的喷洒量取决于路面状况，表面致密的路面吸收率低，相对光滑，用量小；表面粗糙路面相对多孔，开口孔隙多，吸收率高，用量大。具体可采用以下方法：取一定体积（可为 1L）雾封层乳液均匀地倒在 $1m^2$的面积上，此时的洒布量即为 $1L/m^2$。如果乳液在 2～3min 之内不能渗入到路表中，则应该适当降低洒布量，继续做上述试验，直到找到一个合适的洒布量为止。如果第一次试验之后，路表看起来还能吸收更多的乳液，则可提高洒布量，重复上述试验，直到找到合适的洒布量为止。

洒布量过多，雾封层破乳后将造成路表面油量过多，路表抗滑性能不足，造成行车不便；洒布量过少，将起不到雾封层应有的效果。对局部洒布量过多的部位，可采取洒布约 $1kg/m^2$的 0.3～0.6mm 细砂进行处理。

（三）施工工艺

施工温度过低，道路养护剂的活性降低，沥青薄膜形成较慢，强度形成较慢；温度过高，材料的性能有少许改变，加快了道路养护材料中部分成分的挥发，影响了沥青薄膜强度的形成，因此，现场的施工温度对雾封层材料的强度形成影响较大，应选择适宜的气温施工。雾封层宜在路表温度 15℃和大气温度 10℃以上时施工，在雨天和即将下雨的天气严禁施工。

雾封层施工包括施工前准备、雾封剂的喷洒和养护并开放交通等 3 个主要环节。通常雾封层施工采用以下程序：原路面检测→修补原路面病害→封闭管制交通→清扫路面→路面标线及路缘石等处理→材料、机械准备→雾封层施工→早期养护→开放交通。

1. 施工准备

雾封层施工前，必须对影响沥青路面结构强度的病害进行处理，必须清除道路表面的泥垢、灰尘和残留物等杂物。在施工前路表面必须保持清洁和干燥，如需用水冲洗，必须在施工前 24h 完成，以给路面足够的时间达到干燥状态。

2. 雾封剂的稀释与喷洒

一般在施工前24h内应对乳化沥青进行稀释，稀释率一般为1∶1，即乳化沥青和加水量的质量比为1∶1，稀释用水应为饮用水，稀释前应进行相容性试验，相容性试验合格后方可使用，如果相容性不能满足要求可以向水中加入一定量的乳化剂，搅拌10~15min，然后加到乳液中以确定它们的相容性。加水后应用离心泵或其他合适的泵进行搅拌以保证其均匀性。

雾封剂的喷洒均采用专用的喷洒设备，施工中质量控制的关键是喷洒量。控制用量主要从两个方面：整体用量和局部用量，整体用量合适时，喷洒均匀性好坏就决定局部用量的大小。因此不仅要控制整体用量，还要做到均匀喷洒。喷洒方式一般有人工喷涂和机械喷涂两种。为了保证雾封层喷洒的均匀性，要求雾封层喷洒施工采用沥青喷洒机械进行施工，不建议进行人工涂刷。

3. 养护并开放交通

施工期间，需将施工区域进行封闭，禁止车辆、行人等进入。雾封层施工后，需待乳液破乳、成型后才能开放交通。开放交通时间需根据不同的施工因素及雾封层材料确定。

（四）适用条件

雾封层可以更新和保护旧氧化沥青路面，填补小型裂缝和表面空隙，使低温下的路面免受损害，加大沥青路面与标线的对比度，防止石屑封层和开级配路面的松散，以及保持和维护重交通道路的路肩。雾封层多适用于路面平整度足够完好的路面养护，具体包括以下路况的路面：中等程度纵、横向裂缝的路面；松散、麻面的路面（松散材料必须清楚）；沥青老化、贫油的路面。但当路面有明显疲劳裂缝，较为严重温缩裂缝，泛油或摩擦系数较小时不宜采用雾封层。

雾封层主要用来密封面层，防止或减少水分的渗入，阻止路况继续恶化，改善老化变硬的沥青性能。雾封层适合路面表面贫油、细颗粒脱落等病害情况，也适用于路面出现轻微的纵向、横向或块状裂缝，这种方法对于选择适当的养护时机非常重要，如果养护时间偏后，病害发展严重，雾封层的使用效果就会大大降低。雾封层这种养护措施对结构强度没有贡献，但是能降低由于路表裂缝而引起的水损坏。

由于进行雾封层的路面使用初期会使路面摩擦系数降低，因此这种养护技术不适合原路面摩擦系数较小的路段。

二、稀浆封层技术

稀浆封层（Slurry Seal）是指用适当级配的石屑或砂、填料（水泥、石灰、粉煤灰、石粉等）与乳化沥青、外掺剂和水，按一定设计配比拌和成流动状态的沥青混合料，将其均匀地摊铺在路面上形成沥青封层。由于该种稀浆混合料的稠度较稀，形态似浆状，铺筑厚度一般在3~10mm。稀浆封层技术充分利用乳化沥青材料的裹覆性、流动性、渗透力和黏结力的特点，可以封住表面良好但已氧化的路面，防止路面松散和细集料的散失，提高路面的抗滑能力，减小噪声，封住微小的路面裂缝和改善行车舒适性。

稀浆封层按照矿料级配的不同，稀浆封层可以分为细封层（Ⅰ型）、中封层（Ⅱ型）、粗封层(Ⅲ型)和加粗封层(Ⅳ型)，分别以 ES-1、ES-2、ES-3、ES-4 表示；按照开放交通的快慢，可分为快开放交通型稀浆封层和慢开放交通型稀浆封层；按照是否掺加聚合物改性剂，可分为稀浆封层和改性稀浆封层。

(一) 技术特点

(1) 防水：稀浆混合料与原路面牢固地黏附在一起形成密实表层，起到防止雨水、雪水渗入基层的作用，保持了基层和土层的稳定。

(2) 防滑：摊铺厚度薄，粗集料在表层分布均匀形成良好的粗糙面，不会产生光滑、泛油等病害，抗滑性能显著提高。

(3) 耐磨耗：乳化沥青对酸、碱性矿料都有着较好的黏附性，所以稀浆混合料可以选用坚硬的优质抗磨矿料，以铺筑有很强耐磨性能的沥青路面面层，延长路面的使用寿命。

(4) 填充：混合料拌和后呈稀浆状态，具有良好的流动性，可封闭沥青路面上的细微裂缝，填补不平，改善平整度。

(5) 稀浆封层使用(改性)乳化沥青，施工温度敏感性大大降低，延长可施工时间，施工速度快，成型快，缩短开放交通时间。

(6) 可延长道路寿命，降低养护综合成本。

(二) 材料要求

稀浆混合料的主要组成材料是集料、乳化沥青和水，还可根据需要适当添加矿物填料和化学添加剂。所有的材料都有各自特定的要求，应遵照相关规范要求选择。

1. 乳化沥青

乳化沥青是稀浆混合料的重要组成部分，用来裹覆集料，最终作为黏结料存在于稀浆封层中。在公路工程中，常用的乳化沥青根据破乳速度又可分为快裂(RS)、中裂(MS)和慢裂(SS)。按离子类型不同，分为阴、阳、非离子乳化沥青。慢裂乳化沥青的优点是可拌和时间充足、稠度好，缺点是固化成型速度慢，中裂、快裂乳化沥青的优点是固化成型速度快，缺点是可拌和时间紧张甚至不能拌和，稠度也难以保证。阳离子乳化沥青性能稳定，但酸性环境不利于机械设备维护和施工人员安全；阴离子乳化沥青有利于机械设备维护和施工人员安全，但乳液稳定性差；非离子乳化沥青与石料黏附性极差，乳液性能不稳定。稀浆封层应综合考虑稳定性、可拌和时间、稠度、固化成型时间、生产成本等方面选择适宜类型的乳化沥青。用于稀浆封层的乳化沥青一般是慢裂型，目前以阳离子为主。

乳化沥青与矿料的可拌和时间、稠度、固化成型时间等指标不能满足要求时，应重新选择乳化沥青，若在合理运距内可考虑重新选择矿料。在矿料质量合格的前提下，乳化沥青与矿料黏附性、矿料可拌和时间满足使用要求，稀浆混合料固化成型时间也要满足使用要求。

2. 集料

集料是稀浆混合料的重要组成部分，它形成了矿物骨架。通常可用于热沥青施工的石料如石灰石、花岗岩、玄武岩等，均可用于稀浆封层。用于稀浆封层的集料首先应满足特定的级配要求，其次应干净、坚硬、完全破碎、外观均匀。矿料中不得含有超过封层厚度的超粒径颗粒。在级配选择上应适中，偏粗可能会导致空隙率大、防水效果较差，偏细可能会导致强度不足而发软。

酸性或中性石料由于表面致密的原因容易出现与乳化沥青黏附性不足的问题；碱性石料与乳化沥青的黏附性好，但它的压碎值和磨耗值低。矿料小于 0.075mm 部分与乳化沥青拌和而成的稀浆决定封层的密实度、黏聚力和稠度，所以稀浆封层小于 0.075mm 部分宜采用与乳化沥青有良好黏附性的碱性矿粉。

稀浆封层用石料还必须控制泥土含量，泥土含量越高，危害越大。根据以往的经验，砂用量过小，会有以下不利因素发生：①沥青用量增加；②养护过程中发生过分收缩，产生裂纹；③抗磨耗能力降低；④对某些乳化沥青可能导致破乳过快，无法施工。

3. 水

水也是稀浆混合料的重要组成部分，它影响混合料的工作特性。稀浆混合料中的水有三个来源：集料中的水、乳化沥青中的水和预湿集料的水。

预湿集料的水应是洁净的，一般可使用饮用水，通常无需试验室检验。不能使用含有泥沙的水和盐碱水。预湿水起到润滑作用，使混合料摊铺容易，合适的用水量能使稀浆混合料达到最佳的工作状态。预湿水太少或不用，则拌和时细集料就会迅速吸附乳液，使乳液过早破乳，造成拌和困难，最终无法摊铺；反之，过量的水会使混合料离析，沥青与细集料漂浮甚至流失，使得封层与原路面不能紧密结合。合适的用水量需通过试验确定，影响用水量的因素有：矿料级配、集料的材质、路面条件、气候条件等。

4. 矿物填料

矿物填料的使用主要有三个目的：①改善集料级配；②促进稀浆混合料的稳定性；③调节破乳速度。矿物填料被认为是集料的一部分，其用量一般是矿物集料总量的 0.5%~2%。使用最多的填料是水泥，其次是石灰，这两种填料具有化学活性。当水泥用作填料时，其用量不宜超过 4%。

5. 外掺剂

外掺剂的作用是调节拌和时间与破乳速度，与填料的不同之处是可溶于水，不改变集料的级配。常用的外掺剂可分为两大类：无机盐类和表面活性剂类。添加剂的种类与用量需通过试验确定，影响的因素有：集料性质、环境温度、乳液温度、矿物填料含量。常用外掺剂分为无机类和有机类，常用的无机类助剂有氨水、氯化铵、氯化钙、硫酸铝、抗剥落剂、表面活性剂等，主要用于加速或延缓破乳、增加乳化沥青与石料的黏附性；有机类助剂主要是高分子聚合物，主要用于提高稀浆封层黏聚力。

（三）配合比设计

通过稀浆封层配合比设计确定混合料的矿料配合比，以及沥青、水、填料或添加剂用量。配合比设计应充分考虑工程材料、原路面状况、交通量、气候条件以及稀浆封层的使用要求等因素。矿料级配对稀浆封层配合比影响较大，当施工现场矿料发生变化时应重新进行配合比设计。使用添加剂或填料改善乳化沥青混合料的性能是稀浆封层配合比设计的重要内容，但在乳化沥青性能不能满足需求时，应首先考虑更换乳化沥青，最后考虑使用外掺剂或填料。稀浆混合料性能主要取决于矿料和乳化沥青的基本性质，外掺剂或填料的调整作用是有限的，必要时需更换矿料或乳化沥青。

稀浆混合料配合比设计应按下列步骤进行。

(1) 应根据稀浆封层类型和经验值初选乳化沥青和水的用量制备稀浆混合料。

(2) 通过拌和试验确定混合料的可拌和时间。不能满足要求时应采用外掺剂或填料调整破乳时间，确定外掺剂或填料种类和最佳用量。

(3) 通过稠度试验确定混合料最佳用水量。

(4) 通过黏聚力试验确定稀浆混合料固化成型速度。不能满足要求时应采用外掺剂或填料调整固化成型速度，确定外掺剂或填料种类和最佳用量。

(5) 根据上述试验结果和稀浆混合料外观状态，选择若干认为合理的配方，按稀浆混合料技术指标规定试验稀浆混合料的性能，如不符合要求，应适当调整各种材料的用量，直至符合要求为止。

(6) 当试验人员经验不足时，可通过变化油石比，按稀浆混合料技术指标要求重复试验，分别将不同沥青用量对应的 1h 湿轮磨耗值及砂黏附量绘制成关系曲线，以指标规定的湿轮磨耗值和砂黏附量对应的沥青用量作为最小用油量和最大用油量，得出沥青用量可选范围。

(7) 在沥青用量可选范围内选择适宜的沥青用量作为最佳用油量。对于改性稀浆封层，以所选择的沥青用量检验稀浆混合料的浸水 6d(天)湿轮磨耗指标，用于修补车辙时，可再增加检验负荷车轮试验的宽度变化率指标，不符合要求时，应调整沥青用量重新试验，直至符合要求为止。

(8) 以最佳用水量、最佳用油量、填料或外掺剂最佳用量作为施工配合比初始值，铺筑试验路调整和验证试验室配合比，即保持最佳沥青用量不变，通过调整用水量、填料或外掺剂用量使稀浆封层各项技术指标满足要求。

(四) 施工工艺

(1) 施工前，应保证基层和透层沥青施工质量检查验收合格，同时应将基层表面的所有杂物、尘土及松散颗粒清扫干净。应完成预封层路面病害处理工作，对病害预处理后的路面必须进行检查，确认其满足要求。

(2) 应对施工原材料进行质量检查、性能试验，符合设计要求后方可使用。施工用矿料必须过筛，把超大粒径的石料清除出去，以免大粒径石料给稀浆混合料的拌和、摊铺带来不利影响。

(3) 封层车就位后，完成摊铺槽连接、位置调整和摊铺厚度设定工作，打开导向标尺，使用路缘或封层边沿作为参照物，逆行车方向摊铺，先边幅、后中幅。按施工配合比设定各种材料供应量，准备好分料器和布料器之后开始拌和。搅拌均匀后，调整分料器和布料器使拌和箱内混合料均匀流入摊铺槽，达到 2/3 体积时开始摊铺。封层车匀速行驶，速度与供料量相匹配，摊铺线形要与路线线形顺适。根据稀浆混合料稠度及时调整拌和用水量。停止摊铺前适时停止拌和，使剩余混合料与未摊铺路段长度一致。

(4) 摊铺前，采用封层车进行现场拌和，通过封层车的计量设备，由机械手现场操作，保证乳化沥青、水、矿料、填料等能按照一定的比例混合，通过拌和箱进行拌和。搅拌均匀后，调整分料器和布料器使拌和箱内混合料均匀流入摊铺槽，达到 2/3 体积时开始摊铺。

(5) 封层车匀速行驶，速度与供料量相匹配，摊铺线形要与路线线形顺适，保持稀浆摊铺量与搅拌量基本一致，并根据稀浆混合料稠度及时调整拌和用水量。

(6) 稀浆混合料摊铺后，若出现不平整处应立即用橡胶耙进行人工找平。找平的重点部位为：起终点，纵、横向接缝及超粒径颗粒引起的沟槽。

(7) 稀浆封层铺筑后，没有固化成型前，禁止一切车辆和行人通行，设专人负责，做早期养护，以免路面遭受破坏。稀浆封层终凝后应及时开放交通以利于行车自然碾压，人工碾压主要用于自然碾压严重不足路段、改善稀浆封层表观质量或缩短封闭交通时间。

(8) 稀浆封层的施工气温及养护成型期内气温不得低于10℃。施工和养护成型期间如遇天气即将下雨或正在下雨时严禁施工，雨后基层积水未干或清除前，不可施工。

(五) 适用条件

稀浆封层适用于已建公路、城市道路路面的预防性养护、新建和改建公路、城市道路路面上封层、高速公路的下封层、无机结合料稳定基层的罩面、水泥混凝土路面的养护等。尤其是路面已出现磨损、老化、光滑、松散、裂缝等病害，或需要尽快恢复通车的路段，包括以下路况的路面：轻度纵、横向裂缝和块裂；路面磨耗严重或松散(松散材料必须清除)；沥青老化、贫油的路面；摩擦系数较小的路面；渗水的路面；车辙发展已稳定且车辙不严重的路面。

改性稀浆封层主要用于对稀浆封层黏聚力和高、低温性能有特殊要求的路段和封闭交通困难路段或对抗剥落性能有特殊要求时，此外，高速公路、一级公路应采用改性稀浆封层。

不适宜采用稀浆封层的情况：路面出现明显疲劳裂缝或车辙较深；温缩裂缝严重的路面；较热地区的泛油路面。

三、微表处技术

微表处是采用专用机械设备将改性乳化沥青、粗细集料、填料、水和添加剂等按照设计配合比拌和成稀浆混合料，采用矩形摊铺槽摊铺到原路面上，达到快速开放交通要求的一种薄层结构。一般情况下，微表处的厚度可达10~15mm，开放交通时间1h左右，具体要根据环境温度、湿度和混合料系统的凝结速度确定。

(一) 技术特点

(1) 微表处罩面比热沥青混合料罩面具有更好的封水效果，有效防止路表水下渗，从而更好地保护路面结构，延长路面的使用寿命，且单位面积成本远低于传统热沥青罩面。

(2) 微表处罩面可以通过提高路面宏观构造深度和摩擦系数，改善原路面因磨损、老化、光滑等病害引起的抗滑能力不足问题。

(3) 微表处采用的聚合物改性乳化沥青，增强了胶结料与集料间的黏附力，同时硬质集料增强了抗磨耗性能。因而可适合交通量大、重载车多的路面。

(4) 微表处还可以填补已经稳定的车辙。微表处区别于普通稀浆封层的重要特点之一就是微表处可用来进行车辙填补，而普通稀浆封层不能用于车辙填补。

(5) 微表处使用改性乳化沥青，可延长施工时间，施工速度快，成型快，缩短了开放交通时间。可在施工后1h左右开放交通，施工对交通的影响较小。

（6）常温施工，降低能耗，不释放有害气体，真正实现节能减排，有效延长路面的使用寿命。

（二）材料要求

1. 改性乳化沥青

改性乳化沥青是微表处的黏结材料，其质量好坏对封层质量的影响最直接、最明显。改性乳化沥青的特性主要与乳化剂和改性剂的种类有关。改性乳化沥青配方的选择：①根据气候条件、应用场合、使用要求、材料供应情况选择基质沥青品牌与标号、乳化剂种类以及改性剂的种类与剂量；②测定乳化沥青各项技术指标，并满足微表处的相关要求。

2. 集料

微表处应选择轧制而成的硬质石料，而且应尽量选择砂当量高的集料，以保证提供经久耐磨的抗滑表面。所用矿料选用较硬的玄武岩和石灰岩石屑搭配，玄武岩作为粗料部分可提供较好的耐磨耗性能，石灰岩石屑作为细料部分可以降低工程成本。

3. 填料

填料主要作用是调节乳化沥青的破乳速率，拌和用填料作为集料级配和化学成分的重要组成部分，其用量经混合料设计试验确定。微表处矿料中可以掺加矿粉、水泥、消石灰等填料。填料应干燥、疏松，无结团，并应符合现行《公路沥青路面施工技术规范》(JJTG F40—2004)中的相关要求。矿粉主要作用是改善矿料级配。水泥、消石灰等具有化学活性的填料主要作用是调整稀浆混合料的可拌和时间、成浆状态和成型速度等。

4. 水

试验用水为自来水。微表处用水应洁净，且不含有害的可溶性盐类或者能引起化学反应的物质以及其他污染物。如果对水的来源和性能没有把握时，一定要做试验进行验证。

5. 添加剂

添加剂的主要作用是调节稀浆混合料的可拌和时间、破乳速度、开放交通时间等施工性能，不应对混合料路用性能产生不利影响，并在一定程度上改善混合料的路用性能。添加剂种类和计量的确定是混合料设计的一项重要内容，常用的添加剂包括无机盐类添加剂、有机类添加剂等，施工中采用的添加剂需要经试验验证。

（三）配合比设计

微表处混合料是由乳化沥青、改性剂、集料、水和填料等按照合理配合比例组成的，材料质量的好坏直接关系到混合料的性能。微表处混合料中集料质量占到混合料总量的90%以上，改性剂则是微表处区别于普通稀浆封层最重要的特征之一。因此，集料和改性剂质量的好坏直接影响混合料性能。微表处对组成材料有着极高的要求。

应选择工程拟采用的各材料进行混合料的配合比设计。微表处混合料的配合比设计按下列步骤进行。

（1）根据选择的级配类型，确定矿料的级配范围。计算各种集料的配合比例，使合成级配在要求的级配范围内。

（2）根据以往的经验初选改性乳化沥青、填料、水和添加剂的用量，进行拌和试验和黏聚力试验。可拌和时间的试验温度考虑最高施工温度，黏聚力试验的试验温度应考虑施工中可能遇到的最低温度。

(3) 根据上述试验结果和稀浆混合料的外观状态，选择 3 个或 3 个以上混合料配方，按规范规定试验稀浆混合料的性能，如不符合要求，适当调整各种材料的配合比例再试验，直至符合要求为止。

(4) 当设计人员经验不足时，可将初选的 3 个左右的混合料配方分别变化不同的油石比，按照稀浆混合料技术指标的要求重复试验，并分别将不同沥青用量的湿轮磨耗值及砂黏附量绘制成关系曲线，以湿轮磨耗值接近要求值时的沥青用量作为最小油石比，砂黏附量接近要求值时的沥青用量作为最大油石比，得出油石比的可选择范围。

在油石比可选范围内选择适宜的油石比，使得在该油石比情况下混合料各项技术指标均可以满足要求。用于车辙填充的增加检验负荷车轮试验的宽度变化率指标，不符要求时调整油石比重新试验，直至符合要求为止。

(5) 根据以往经验及配合比设计试验结果，在充分考虑原路面状况、气候及交通因素等的基础上综合确定混合料配方。

在混合料设计时，应根据实际情况选择合理的油石比。

① 原路面情况。如果原路面有泛油，特别是对于采用以前高标号沥青的，微表处材料层可以采用较小的油石比；如果原路面为贫油，或者原路面沥青老化较严重时，可以考虑采用稍大的油石比；原路面表面层空隙率大或渗水严重的，宜采用稍大的油石比。

② 交通量的大小。交通量大，微表处应采用较小的油石比；交通量较小的，微表处可以采用相对较大的油石比。

③ 高温季节微表处施工，油石比宜小不宜大。

④ 在允许的油石比范围内，微表处混合料的油石比宜小不宜大。

(四) 施工工艺

微表处技术是一种预防性养护技术，而预防性养护是指在路面状况良好的情况下所采取的养护策略，以达到延长道路使用寿命。其最佳时机应是在路面某种病害出现先兆时进行养护。对原路面已经出现病害的路段，必须对原路面进行修补处理后方可进行路面微表处。

原路面的处理：微表处罩面或填补车辙前，如原沥青路面存在宽度大于 3mm 的裂缝，应进行灌缝处理；如原沥青路面存在破损(如坑槽、松散等)情况，应彻底修补；如原沥青路面存在拥包等隆起型病害，应事先进行处理。微表处罩面前，如原沥青路面的车辙深度小于 15mm 时，可不进行车辙处理；若车辙深度大于 15mm 时，必须进行车辙填补。微表处罩面或填补车辙前，必须对原路面进行清理，包括清除浮尘、泥土、碎屑及可见水分等。

微表处施工的气候条件应满足：施工、养生期内的气温应高于 10℃，不得在雨天施工。施工中遇雨或施工后混合料尚未成型遇雨，应在雨后将无法正常成型的材料铲除。微表处施工通常采用以下工艺流程：封闭(管制)交通→清扫路面→放样→旧路面病害处理→摊铺机就位→摊铺→局部人工处理→初期养护→交通开放。

(1) 由于微表处厚度仅为 10mm 左右，因此其效果受原路面状况影响较大，为了保证使用效果，微表处施工前先对路面进行清理，清除原路面上的松散材料、泥土、各种杂物等。

(2) 微表处由于厚度薄，主要起防水、防滑、耐磨和改善路面平整度的作用，在路面结构体系中，只能作为表面保护层和磨耗层，而不起承重性的结构作用。原路面必须具有足够的强度和刚度，表面平整、密实、清洁，整体稳定。

(3) 摊铺前，将装好料的摊铺车开至施工起点，对准控制线，放下摊铺槽，调整摊铺槽使其周边与原路面贴紧。按生产配合比和现场矿料含水率情况，依次或同时按配比输出矿料、填料、水、添加剂和乳液，进行拌和。摊铺速度以保持混合料摊铺量与搅拌量基本一致为准。微表处施工时保持摊铺槽中混合料的体积为摊铺槽容积的1/2~2/3。

(4) 摊铺施工时要控制铺筑机匀速前进，确保铺筑厚度均匀。对于摊铺后路面的局部缺陷，应及时使用橡胶耙等工具进行人工找平，以保证该处表面和机械摊铺的表面一致。

(5) 摊铺过程中要保证混合料浆状均匀，不能出现乳液、细集料与粗集料离析的现象。同时派专人检查各组成材料的使用情况，当任何一种材料接近用完时，立即关闭各材料的输出，待摊铺槽中的混合料全部摊出到路面上后，摊铺车停止前进，提起摊铺槽，将摊铺车移出摊铺点，清洗摊铺槽。施工中不得随意抛掷废弃物。当路面温度高于60℃时，应暂停施工或提前向施工段路面洒水降温。如遇下雨情况，必须立即停止施工，并用塑料布等防雨幕布对未破乳或部分破乳路段进行遮盖，否则，应对该路段微表处进行铲除。

(6) 微表处混合料摊铺后一般不需要压路机碾压。在用于硬路肩、停车场等缺少或者没有行车碾压的场合时，或者为了满足某些特殊需要，可使用6~10t轮胎压路机对已破乳并初步成型的稀浆混合料进行碾压。

(7) 稀浆混合料铺筑后需进行早期养护，待乳液破乳、水分蒸发、干燥成型后开放交通自然碾压。禁止路面固化成型前车辆和行人进入。

道路的温度在微表处固化过程中起着重要的作用，相关注意事项有以下几点。

① 24h内如果有霜冻的可能，应避免施工。

② 气温未达到10℃时微表处不宜施工，但在气温大于7℃并持续上升时可以施工。

③ 雨后路面积水未干或未清除之前，不可施工。

④ 施工养护成型期内可能降雨，则不可施工。

⑤ 一支技术熟练、配合默契的专业施工队伍是稀浆封层施工质量的保证；对于道路上原有的一些设施也应该采取保护措施。

(五) 适用条件

微表处技术适用于满足结构强度要求的沥青和水泥路面养护罩面以及新建、改建公路的表面磨耗层，特别是重要交通道路的预防性养护如高速公路、城市干线、机场跑道等。具体包括以下路况的路面：①轻度纵、横向裂缝的路面；②磨耗及松散、贫油的路面(松散材料必须清楚)；③轻度或中度泛油的路面；④轻度不平整的路面；⑤摩擦系数较小的路面；⑥渗水的路面；⑦沥青老化的路面；⑧车辙发展已稳定的路面。但疲劳裂缝或温缩裂缝严重的路面，炎热地区的泛油路面，以及损坏严重、剩余寿命短的路面不适宜采用微表处。

(六) 稀浆封层和微表处的差别

1. 定义不同

稀浆封层指用适当级配的石屑或砂、填料(水泥、石灰、粉煤灰、石粉等)与乳化沥青、外掺剂和水，按一定比例拌和而成的流动状态的沥青混合料，将其均匀地摊铺在路面上形成的沥青封层。从定义中可以看出二者所采用的材料不同。

微表处选用改性乳化沥青，以提高混合料的整体性能，而稀浆封层一般采用普通的乳化沥青，也可采用改性乳化沥青，并需实现快速开放交通的目的。而且微表处用改性乳化沥青的蒸发残留物软化点要求也更高，即要求具有更好的高温稳定性。此外，对于其他的材料如集料、填料的要求也不同。如微表处所用的集料为100%轧制碎石，砂当量必须大于65%，明显高于普通稀浆封层不小于45%的要求。微表处集料的磨耗值不得大于30%，而稀浆封层为不大于35%。微表处所用的填料种类及用量应通过混合料设计试验确定。因此，微表处在选材时提出了更高的要求，以保证混合料有更好的耐磨耗能力。考虑微表处适用于承受重交通、填补车辙、摊铺厚度较大，微表处中舍弃了普通稀浆封层中最细的Ⅰ型级配。在混合料设计方面，微表处混合料需满足黏结力试验的要求，以实现快速成型开放交通的要求，稀浆封层仅对快速开放交通系统才有此项要求；微表处混合料需进行浸水1h和6d的湿轮磨耗试验，普通稀浆封层只有浸水1h的湿轮磨耗试验，说明微表处具有更好的抗水损坏能力；微表处还需满足负荷车轮碾压1000次后试样侧向位移不大于5%的要求，以具备更好的高温稳定性，而普通稀浆封层则没有这一要求。

2. 功能不同

微表处主要用于高速公路及一级公路的预防性养护罩面以及填补轻度车辙，也适用于新建公路的抗滑磨耗层。稀浆封层一般用于二级及二级以下公路的预防性养护，也适用于新建公路的下封层。

微表处可以用作车辙填补，这是不同于稀浆封层重要的一点。ISSA（International Slurry Surfacing Association，国际稀浆罩面协会）给出了不同深度车辙的稀浆混合料用量，比如需要填补的车辙深度为12.7~19mm，稀浆混合料用量为10.8~16.2kg/m^2。

二者在施工方面也有所差异。可以说，微表处技术填补了普通稀浆封层和热拌沥青混合料摊铺各自存在的缺陷，功能更为完善。此外，改性稀浆封层是稀浆封层的一种，它是采用改性乳化沥青，能够满足稀浆封层的相关技术要求的稀浆封层。不可简单地认为微表处就是改性稀浆封层。

3. 寿命不同

微表处混合料从原材料质量要求、混合料设计指标、使用范围等各方面都比稀浆封层要苛刻得多，因此，它的路用性能、使用寿命都明显优于稀浆封层。

四、超薄磨耗层技术

超薄磨耗层（Ultra-Thin Friction Course）技术是将间断级配热拌沥青混合料与乳化沥青相结合的一项技术，能够解决路面轻微裂缝、轻微松散，车辙（<15mm）的路面渗水，表面贫油、老化，抗滑性能降低等病害，既可用于旧路面表面功能的恢复，又可用于新建路面的抗滑层。其铺装厚度一般为15~25mm。

从施工工艺方面来划分，可分为同步施工超薄磨耗层和分步施工超薄磨耗层。同步施工超薄磨耗层是指采用特殊机械同步完成乳化改性沥青洒布与沥青混合料摊铺的超薄磨耗层，施工周期较短，这种工艺要求乳化沥青不单单起到黏结表面层与下承层的作用，更重要的是可以部分进入上部沥青混合料中，起到封层作用；分步施工超薄磨耗层是指先利用沥青洒布设备进行乳化低标号沥青的洒布，然后再用普通摊铺设备对沥青混合料进行摊铺的超薄磨耗层，这种工艺要求乳化沥青不仅层间黏结性能强，更重要的是乳化沥青洒布后形成的黏结层不易被施工机械(如摊铺机或运料车等)破坏。与石屑封层、稀浆封层、微表处等罩面养护措施相比，超薄磨耗层具有强度高、耐久性好、表面纹理丰富、抗滑性好等优点。同时，超薄磨耗层施工后可以立即开放交通，并一程度上可以提高原路面的平整度，增强路面排水性能。超薄磨耗层由于粒径小，构造深度大，因此具有减少路面行驶噪声的功能。超薄磨耗层主要用于旧路抗滑及其他服务性能的恢复，也可以用于新建路面。

超薄磨耗层矿料级配采用间断级配，必须具有相互嵌挤的粗集料骨架，形成石-石嵌挤结构。空隙率一般在9%~14%。洒布黏层油后，由于热拌沥青混合料的摊铺，黏层油可以在复合力的作用下进入沥青混合料空隙中(复合力是指高温作用下乳化沥青快速破乳产生水蒸气的浮力和碾压混合料过程中对黏层油产生的挤压力)。黏层油进入沥青混合料后，裹覆于矿料表面，使其沥青膜变厚，混合料的空隙率可以减小2%~4%，从而提高沥青混合料的路用性能，特别是可以有效防止或减少路面水损害的发生。

超薄磨耗层同步施工工艺决定其混合料设计应依据3个基本条件：①矿料稳定嵌挤，形成骨架空隙结构；②内部形成连通孔隙，供乳化沥青上升填充；③沥青用量较小，粉胶比为0.8~1.2。

（一）技术特点

（1）施工速度快，无需铣刨。开放交通速度快，摊铺后约20min即可开放交通。

（2）路面迅速排水，保护原路面不受水侵害。减少雨天行车水雾，具有更高的抗滑性能、更好的排水能力，雨天行车更安全

（3）在受控制的条件下能科学地设计和施工，路面服务寿命长。

（4）抗磨耗和抗车辙，提高路面摩擦系数，确保路面行驶的安全性和舒适性。

（5）改善路面平整度，并且有很好的表面纹理，降低路面噪声。

（6）厚度薄，原有路面标高变化小，不影响其他路面设施。

（7）施工过程中尘土最小，有利于环保。

（8）施工机械设备有限制，需使用专用摊铺设备。超薄磨耗层的施工设备价格相对较高，所以施工费用较高。

（9）对路面病害应先进行处理，不能进行结构补强。

（二）材料要求

1. 集料

超薄磨耗层作为薄层罩面厚度一般15~25mm，为保证超薄磨耗层的抗滑性能，要求所用粗集料具有较高的坚固性和耐磨性，玄武岩和辉绿岩相对石灰岩具有较高的抗压强度，且玄武岩和辉绿岩的棱角性优于石灰岩，故在高速公路养护中，推荐使用玄武岩或性能较好的辉绿岩作为其粗集料。由于最大公称粒径为摊铺厚度的2.5~3.0倍，超磨耗层的厚度决定其集料的公称最大粒径不宜过大，宜为9.5mm或13.2mm。

2. 结合料

超薄磨耗层路面与一般的沥青混合料相比，具有较大的空隙，且易受日光、空气、水

等自然不良因素的影响。因而超薄磨耗层所用黏结料，要求不仅对集料有耐久性的包裹力、高黏附性，而且还要有较强的抗剥离性，能够以较厚的薄膜包裹集料等各种高性能，高速公路一般采用改性沥青。由于所用级配采用的间断级配，空隙率较大，可以在混合料中加入其他添加剂，以增加其混合料的黏结性能。

3. 黏层油

为保证罩面层与原沥青路面的良好黏结性，超薄磨耗层对黏层油(乳化沥青)的要求较高。乳化沥青类型的选择取决于施工工艺，不同的施工工艺所采用的乳化沥青(即技术指标)也不同。同步施工的超薄磨耗层要求乳化沥青具有快裂快凝的性能，使其进入沥青混合料的量较大，故其一般采用改性乳化沥青。而分步施工的超薄磨耗层则要求乳化沥青洒布后黏附性较弱，等到逐渐破乳后其黏附性恢复变强，从而避免因运料车等施工机械的碾压而带走部分乳化沥青，故其可采用改性乳化沥青或低标号乳化沥青。黏层油不单单起到表面层与下承层的黏结作用，更重要的是可以部分进入上部沥青混合料中，提高沥青混合料的路用性能，起到封层作用。

4. 抗剥落剂

当粗集料和沥青的黏附性达不到使用要求时，可以掺加消石灰、水泥作为抗剥落剂。掺加的比例为1%~2%。但是抗剥落剂的具体材料和掺量应由配合比设计及各项性能验证后确定。如果采用消石灰或者水泥作为抗剥落剂，拌和设备应配备两套矿粉计量和添加设备。在必要的时候，在沥青中掺加耐热、耐水、耐久性能好的抗剥落剂，掺加量由混合料的水稳定性检验确定。同时需要注意的是，消石灰应满足对矿粉粒度范围的技术要求。

(三) 配合比设计

超薄磨耗层的配合比设计，应充分考虑使用要求、原路面状况、交通量、气候条件等因素，选择适当的超薄磨耗层类型，确定施工方案。设计过程应遵循现行规范关于热拌沥青混合料配合比设计的目标配合比、生产配合比以及试拌试铺验证三个阶段，确定矿料级配及最佳沥青用量。一般宜采用马歇尔混合料设计方法。

超薄磨耗层混合料设计按以下步骤进行：①材料选择；②确定矿料级配；③测定粗集料的 VCA_{DRC}(粗集料的干插捣间隙率)；④确定所选择级配合适的VMA及初试沥青用量；⑤分析混合料的空隙率VV，确定最佳沥青用量；⑥进行配合比设计检验，确认配合比。

薄磨耗层矿料级配要求中，筛孔4.75mm和2.36mm是关键筛孔，是矿料形成间断级配的关键，建议4.75mm通过率与2.36mm通过率差值小于5%。超薄磨耗层混合料体积指标中空隙率控制在8%~12%，其吸水率均大于2%。

(四) 施工工艺

超薄磨耗层施工属于同步施工，其是采用特殊机械同步完成乳化沥青洒布与沥青混合料摊铺；普通沥青路面施工属于分步施工，其是先利用沥青洒布设备进行乳化沥青的洒布，然后再用普通摊铺设备对沥青混合料进行摊铺。

1. 表面处置

超薄混凝土磨耗层特别适合于路面非结构性开裂、抗滑能力下降，轻微非结构性车辙等路面病害的修复，对于路面存在较为严重的结构性病害，先进行结构性病害的处理。

对于路面已经出现较为严重的结构性损坏，如沥青路面出现严重的车辙，严重的开裂，坑洞和松散；水泥路面出现错台，断板等，此时，就不宜简单使用薄层处置技术对路面进行维修处理。必须先对路面结构进行补强处理，使路面结构整体强度与稳定性处在某一要求的标准时，才可以进行薄层养护处理。在进行超薄磨耗层施工前，还必须对原路面进行清理，包括清除浮尘、泥土、碎屑及可见水分等。

2. 施工温度

超薄磨耗层路面宜在较高温度条件下施工，当气温或下卧层低于15℃时不得铺筑超薄磨耗层路面。

3. 混合料的拌和

超薄磨耗层沥青混合料必须在沥青拌和站采用拌和机械拌制。拌和机械应采用间歇式拌和机制。间歇式拌和机每盘的生产周期不宜小于50s(其中干拌时间不少于10s)。超薄磨耗层混合料只限当天使用。

由于超薄磨耗层较薄，温度散失较快，拌和温度控制是混合料拌和控制的关键，温度偏低不容易压实；温度过高沥青易于老化。

4. 混合料的运输

混合料装车前，应先在运料车车厢底板及四壁均匀涂抹一层很薄的油和水的混合溶液，避免混合料与车厢发生沾黏现象。

运料车进入摊铺现场时，轮胎上不得沾有泥土等可能污染路面的脏物，宜设水池洗净轮胎后进入工程现场。

5. 混合料的摊铺

超薄磨耗层采用专门摊铺机进行施工，设备能够一次性完成黏层油喷洒、热沥青混合料摊铺及熨平，可在黏层油喷洒后5s内进行热沥青的摊铺，在沥青混合料摊铺之前，设备履带或其他部位不能接触喷洒在路面上的乳化沥青。

摊铺机必须连续不间断地摊铺，摊铺速度宜控制在10~12m/min范围内。摊铺机应采用自动找平方式，下面层或基层宜采用钢丝绳引导的高程控制方式，表面层宜采用平衡梁或雪橇式摊铺厚度控制方式，宜采用非接触式平衡梁。

6. 混合料的碾压

由于超薄磨耗层的摊铺厚度较薄，降温速度快，因此，压路机必须保证紧跟、匀速碾压。超薄磨耗层路面采用9~12t的双钢轮压路机静压2~3遍(总遍数)，横向接缝处采取振动碾压，压路机的振动频率宜为35~50Hz，振幅宜为0.3~0.5mm。

7. 接缝、开放交通

超薄磨耗层路面纵向接缝施工中，应特别注意混合料碾压对温度的要求，纵接缝施工要求混合料温度取允许范围上限为宜，应控制混合料温度降至120℃前完成接缝处碾压的施工。

施工完成后，超薄磨耗层应在铺筑路面温度降为50℃以下开放交通，一般需要20min。

(五) 适用条件

超薄磨耗层技术是一种针对交通荷载大、路面性能要求高的高级路面提出的，主要应用于高等级沥青或水泥混凝土路面的预防性养护，也可以作为新建道路的表面磨耗层。超薄磨耗层是一种耐久的表面层，具有良好的抗滑、抗磨耗、抗车辙、防水损害的优良性能。主要适用以下路面情况：

（1）路面出现轻度裂缝、轻微剥落、路面渗水，需校正表面缺陷。

（2）路面光滑、摩擦系数不够或路面纹理深度不足，需要改善行驶质量，路表面横向排水不畅，需要改善表面排水等。

（3）路面贫油、泛油，摩擦力降低。

（4）路面出现轻微到中等病害，需要经济有效的养护，以改善路用性能，延长使用寿命。

（5）行驶过程中路面噪声过大，需要减少路面与轮胎的噪声。

（6）车辙深度小于15mm。

当原路面整体结构强度不足时，即*SSI*（路面强度指数）<0.8，不应采用超薄磨耗层罩面；当原路面破损情况严重时，即*DR*（路面综合破损率）>2%，不应采用超薄磨耗层罩面；当原路面平整度较差时，即*IRI*（该段路面平整度的国际平整度指数）>3.5m/km，不宜采用超薄磨耗层罩面。因此，原沥青路面必须有足够的结构强度、较好的路面状况和平整度。

超薄磨耗层对路面结构能稍微增加承载能力，并能延缓疲劳裂缝。但对于路面出现严重的结构性病害，如严重的疲劳裂缝和严重的车辙，在施工前必须做好预先处理。

五、开普封层技术

开普封层（Cape Seal）是在碎石封层上摊铺稀浆封层或微表处后形成的一种复合式沥青路面，一般用于各等级公路沥青路面养护或中低等级公路新、改建工程面层。这种复合封层首先在南非的开普敦使用，因此被叫做开普封层。其外观平整、密实、抗滑、防水，运营期限较长，综合造价较低，在美国、南非、澳大利亚等国应用较为广泛。

（一）技术特点

开普封层充分利用了石屑封层强度高和稀浆封层整体效果好的优点，稀浆封层后，石屑颗粒不松散脱落，具体特点有以下几点。

（1）透层乳化沥青和碎石封层沥青结合层能有效防止渗水。

（2）足够厚度的胎体沥青能有效延缓路面的反射裂缝。

（3）采用碎石封层为主受力结构的开普封层能适应重载交通要求的道路。

（4）稀浆封层或微表处作为上封层结构，空隙率很小，可进一步防止水渗入基层，避免道路受水破坏，增强了基层的耐久性。

（5）稀浆封层或微表处能有效增强路面结构的内聚力，防止石料脱落，为路面提供一个平整抗滑的表面，提高了行车的安全性与舒适性。

（6）稀浆封层施工方便、速度快，缩短了开放交通时间，维修养护操作简易。开普封层整个施工全部由专用设备完成。

（7）造价节省，比传统的沥青路面节省30%~40%，比水泥混凝土节省10%~20%。

（8）常温施工，降低能耗，不释放有害气体，真正实现节能减排。

（二）材料要求

1. 胶结料

开普封层所用胶结料主要包括普通道路石油沥青、改性沥青、乳化沥青和改性乳化沥青。普通沥青用作开普封层下部碎石封层的胶结料，以及制备改性沥青或乳化沥青的基质沥青；改性沥青则只用于碎石封层的胶结料。碎石封层的胶结料原则上可以使用热沥青和乳化沥青，但为了提高开普封层路用性能，建议只用普通热沥青或改性沥青。改性沥青一般选用SBS改性沥青或橡胶沥青，应确保所选用改性剂与基质沥青配伍良好。实际应用时可选成品改性沥青，也可在现场加工。现场加工时宜随产随用，并且加工设备必须设有适宜的采样口，以便随时取样检测；当现场加工的改性沥青需要贮存时，应进行连续搅拌或泵送循环。成品改性沥青应贮存在设有搅拌设备的改性沥青罐中，并进行搅拌，使用前和使用过程中应定期取样检测，确认没有离析、凝聚等现象且各项指标符合要求。

乳化沥青和改性乳化沥青用作开普封层上部稀浆封层的胶结料，普通乳化沥青还可用作黏层或透层。用作稀浆封层的胶结料时，要求与实际所用矿料的黏附性、可拌和时间、成型时间应满足使用要求。改性乳化沥青用作改性稀浆封层的胶结料，一般采用SBR(Polymerized Styrene Butadiene Rubber，丁苯橡胶)改性乳化沥青，在选定SBR胶乳品种和剂量时，要以试验结果为准。

2. 集料

粗集料宜采用碱性石料，一般选用石灰岩，也可使用安山岩和辉绿岩，在重交通路段宜选用玄武岩。

在国外，热拌沥青混合料使用酸性石料时普遍采用消石灰进行处理，并取得较好的路用效果，因此，对采用热沥青的碎石封层并不禁止使用酸性石料，但采用酸性石料时，应掺加适量的抗剥落剂。

现有的乳化沥青与酸性石料一般的配伍性能比较差，而消石灰、抗剥落剂等物又会改变乳化沥青的pH值，所以，稀浆封层的粗集料应使用碱性石料，稀浆封层的细集料也应采用碱性石料生产的石屑和机制砂。

3. 填料

水泥对稀浆混合料的拌和时间有很大影响，因此，填料应采用石灰石等碱性石料磨细的石粉，如采用水泥则必须经过试验，保证可拌和时间满足使用要求。

（三）配合比设计

开普封层并不只是碎石封层和稀浆封层(微表处)的简单叠加。稀浆封层(微表处)在开普封层中所起的主要作用是渗透和填充，同时锁定碎石。碎石封层中胶结料的主要作用是防水，碎石的主要作用则是抵抗荷载、抗磨耗、提高路面的抗剪切滑移性能。充分深入地理解开普封层各层次的主要作用，是成功进行封层设计的前提。

开普封层的组合类型确定以后，即可分别进行碎石封层和稀浆封层的配合比设计，但设计应考虑开普封层的技术特点对碎石封层和稀浆封层各自设计结果予以调整，并对两者的施工间隔时间、衔接施工工艺做出规定。

1. 碎石洒布量

碎石封层的碎石洒布量对开普封层的施工质量有着重要影响。石料洒布量过低，将无法提供足够的层间内摩阻力，同时由于沥青膜缺乏保护，压路机或施工车辆碾压时会出现严重的黏轮现象，以致无法施工。如果石料洒布量过高，碎石层就会出现重叠现象，上层石料与沥青膜的裹覆面积减小，这部分石料的黏结力下降，而且上层的稀浆混合料不易渗透和填充，影响上下层胶结料的结合，从而导致层间黏结力不足，因此，碎石封层的石料洒布量必须适宜。根据经验，开普封层的碎石洒布量宜比普通碎石封层小约10%，这样既有足够的碎石来抵抗上部荷载、耐磨耗，又给稀浆混合料的充分填充提供了空间。

进行开普封层设计时，待碎石封层的粒径规格确定以后，参考开普封层下部碎石封层分类初选几种碎石洒布量进行单位面积石料用量试验，并根据碎石覆盖率确定适宜的洒布量。

2. 碎石封层胶结料类型及洒布量

碎石封层的胶结料宜采用普通热沥青，交通量较大、重交通以及路面病害较严重的路段宜采用橡胶沥青，对路面高、低温性能有特殊要求的路段宜采用SBS改性沥青。碎石封层的沥青用量可参考相应的规范要求执行，在无机结合料稳定基层上摊铺碎石封层时，应喷洒透层油，其他下承层上摊铺碎石封层时，可将沥青用量增加10%~20%，不再另洒透层油或黏层油。

3. 稀浆混合料级配

开普封层的组合类型及使用要求确定以后，即可确定稀浆混合料集料的目标级配。稀浆混合料集料的级配设计应考虑稀浆混合料的和易性，间断级配的稀浆封层施工和易性一般不好，在拌和、运输或摊铺中会出现离析现象，因此，不宜使用间断级配。另外，粒径偏大的石料过多时，也会造成开普封层表观不均匀、大料飞散等问题。大颗粒的石料容易卡在摊铺槽后沿，并在摊铺槽的拖动下在封层表面形成划痕，严重影响开普封层的美观，所以大颗粒必须在施工前予以清除。

4. 稀浆混合料胶结料类型及配合比设计

稀浆封层(微表处)在我国应用比较广泛，技术比较成熟。开普封层中的稀浆封层(微表处)与现行规范中关于稀浆封层(微表处)的规定基本一致，但应注意稀浆混合料胶结料类型的选取。一般情况下，稀浆混合料采用普通乳化沥青，但对开放交通时间、路面高、低温性能有特殊要求，以及交通量较大或重交通路段，稀浆混合料宜采用改性乳化沥青。

稀浆混合料配合比设计与现行规范的规定基本一致，设计时应在充分考虑气候及交通特点的基础上，综合确定稀浆混合料的配合比。

(四) 施工工艺

开普封层的施工工艺与普通碎石封层和稀浆封层(微表处)的施工工艺基本相同，宜选择在干燥和较热的季节施工，施工期间气温不应低于15℃和10℃(碎石封层采用乳化沥青时)，且施工24h内应无雨、连续5天平均气温不应低于5℃。

开普封层施工前应对下承层进行调查和评定，并对下承层病害进行处理。下承层处理工作应根据病害产生的原因、路面结构类型和现场条件采取相应的处理措施。下承层处理工作应尽早进行，处理工作距开普封层施工的间隔时间不宜少于10d。

1. *碎石封层施工要点*

沥青的洒布温度应根据胶结料类型进行严格控制，现场试测人员要随时抽查沥青温度。

碎石洒布量以覆盖率控制，开普封层的碎石覆盖率以70%~80%为宜，对于局部洒布量不足的地方应人工补足。

开普封层中碎石封层碾压后的清扫工作十分重要，否则未嵌牢或多余的浮石即使是铺完稀浆封层也会松散，碾压结束后应间隔一定时间对碎石封层进行清扫。清扫间隔时间以沥青爬升高度达到最大、乳化沥青完全破乳成型、沥青与石料黏牢不被扫掉为宜，热沥青宜间隔1~2h，乳化沥青宜间隔2~6h。清扫工作应采用清扫机，不得人工清扫，且宜在早、晚气温较低时进行。

2. *稀浆封层施工要点*

注意稀浆封层(微表处)施工需等碎石封层施工结束一定时间后，碎石与胶结料结合稳定、多余碎石清扫收集完毕后方可进行。碎石封层采用热沥青时间隔时间宜为2~7d，采用乳化沥青时宜为1~3周。气温较高时，可适当缩短间隔时间，气温较低时，则应适当增加间隔时间。稀浆封层分两次摊铺时，应待第一层完全固化成型并碾压密实后再摊铺第二层，一般间隔不宜少于7d。

原则上，稀浆封层一般摊铺完1h内即可通车，但在交通量大、重型车辆多的路段，摊铺0.5h后用轮胎压路机碾压一遍效果更好，因为碾压后把封层中析出的水分挤出，提高封层的密实度与强度，可以加快开放交通时间，提高封层的抗刹车能力，消除纵缝与横缝的不平。

开放交通初期混合料的强度还未完全形成，所以应对行驶车辆进行限速、禁止刹车、调头等交通控制。

(五) 适用条件

开普封层使用范围广泛，包含了碎石封层和稀浆封层(微表处)能解决的路面病害，一般多用于中、低交通量公路新建工程的表面层或各等级道路养护工程的罩面层。适用于各种基层，如无机结合料稳定基层、柔性基层等以及原有泥灰结路基的路面，有着很强的变形随从性，特别适用于基层强度不稳定的农村道路，但造价较高。

具体适用于以下路况的路面：①纵、横向裂缝和块裂；②磨耗及松散、贫油的路面(松散材料必须清楚)；③轻度泛油的路面；④轻度不平整的路面；⑤摩擦系数小的路面；⑥渗水的路面。但结构损坏，如严重的疲劳裂缝和车辙较深、大量的温缩裂缝、路面损坏严重、剩余寿命短的路面不适宜采用开普封层。

六、碎石封层技术

碎石封层(Chip Seal)是在喷洒沥青胶结料同时，立即撒铺一定粒径的粗集料，经碾压而形成的薄层封层。碎石封层主要作为路面表面层使用，不仅能够提高沥青路面的防渗水性能、耐磨性和抗滑性能，还可缓解沥青路面的老化速度，有效防止路面出现轻微的网裂、车辙、沉陷等病害，而且提高了作业效率，缩短养护时间，从而提高路面的服务能力。

碎石封层按工艺可分为异步施工和同步施工。

异步碎石封层也称普通碎石封层，施工时一般采用胶结料洒布机对胶结料进行洒布，然后采用碎石洒布机洒布碎石，因此普通碎石封层也称异步碎石封层。由于洒布胶结料与洒布碎石之间存在一定的时间间隔，使得胶结料与碎石之间黏结力降低，开放交通后易产生掉粒现象。

同步碎石封层是用专用设备即同步碎石封层车将碎石及黏结材料(改性沥青或改性乳化沥青)同步铺洒在路面上，通过自然行车碾压或胶轮压路机碾压形成单层沥青碎石磨耗层。

碎石封层技术根据胶结料的不同可分为普通基质沥青碎石封层、乳化沥青(改性乳化沥青)碎石封层、SBS 改性沥青碎石封层、橡胶沥青碎石封层，该技术具有卓越的抗滑性能和有效的封水效果、随从变形能力强、造价低、施工工艺简单、施工速度快等优点。

由于普通碎石封层技术在高速行驶时噪声过大，路面上的松散集料会被高速行驶的车轮带出而发生撞击、黏附在车身和挡风玻璃上，集料的损失还会导致抗滑能力的衰减，所以一般很少用在大交通流量和高速行驶的道路上。

碎石封层适用于以下路况的路面：①纵、横向裂缝和块裂；磨耗及松散、贫油的路面(松散材料必须清除)；②轻度泛油的路面；③轻度不平整的路面；④摩擦系数小的路面；⑤渗水的路面。但下列情况不适宜采用碎石封层：结构损坏，如严重的疲劳裂缝和车辙较深、大量的温缩裂缝、路面损坏严重、剩余寿命短的路面。

碎石封层下承层一般为旧沥青路面、水泥混凝土桥面或无机结合料稳定基层，施工前应按有关规范的规定对下承层进行调查及检测，当下承层质量检测符合要求后方可铺筑碎石封层。

(一) 同步碎石封层技术

同步碎石封层技术的最大优点是同步铺洒黏结材料和石料，缩短了黏结剂的喷洒与集料洒布之间的间隔，增加集料颗粒与黏结剂的裹覆面积，更易保证它们之间稳定的比例关系。实现喷洒到路表的高温黏结料在不降温的条件下及时与碎石结合的效果，从而确保黏结料和石料之间的牢固结合。

1. 技术特点

同步碎石封层具有良好的抗滑性能和防渗水性能，能有效治愈路面贫油、掉粒、轻微网裂、车辙、沉陷等病害，主要用于道路的预防性养护和改正性养护，以及提高高等级路面的防滑性能。无论是高速公路还是普通公路都可以使用此项养护新技术，欧洲 95%以上的公路均采用同步碎石封层进行路面养护。另外，同步碎石封层还可以作为低等级公路面层，法国有 40%以上的公路就是直接采用碎石封层作为路面，目前使用效果良好。因此，在公路建设资金不足的情况下，采用造价低廉的同步碎石封层作为低等级公路路面无疑是有效提高路面铺装率的措施。以下为同步碎石封层的主要特点。

(1) 同步碎石封层实质是靠一定厚度沥青膜(1～2mm)黏结的超薄沥青碎石表面处置层，其整体力学特征是柔性的，能增加路面抗裂性能，治愈路面龟网裂，减少路面反射裂缝，提高路面防渗水性能，用于道路养护可延长路面使用寿命 10 年以上，若使用聚合物改性黏结料效果更佳。

(2) 同步碎石封层粗糙表面大大提高原路面的摩擦系数，既增加路面防滑性能，也能使路面平整度得到一定程度的恢复。

（3）通过采用局部多层摊铺不同粒径石料的施工方法，同步碎石封层能有效治愈深达10cm以上的车辙、沉陷等病害，这一点是其他养护方法无法比拟的。

（4）同步碎石封层作为低等级公路过渡型路面，以缓解公路建设资金严重不足的矛盾。

（5）同步碎石封层工序简单、施工速度快，可即时限速开放交通。

（6）无论用于道路养护还是作为过渡型路面，同步碎石封层的性能(使用年限)价格比明显优于其他表面处理方法，从而大大降低道路的维修养护成本。

2. 材料要求与配合比设计

1）材料要求

同步碎石封层所用原材料主要包括黏结料和碎石两类，其选择需要考虑公路等级、路面类型、交通流量、气候和材料供应能力等因素。原材料选择是实现同步碎石封层优良性能的关键和重要保证，在很大程度上决定同步碎石封层设计质量的好坏，因而原材料的选择和检测工作十分重要。

同步碎石封层技术原则上对沥青的选择和使用无特殊要求，保证沥青合适的洒布温度、洒布量的前提下，使用普通沥青、重交沥青、乳化沥青、改性沥青都可以获得很好的效果。应注意根据交通量、路面状况、施工季节等考虑沥青用量。

石料是同步碎石封层的重要组成部分之一，它主要承受车辆的荷载作用，并为行车提供抗滑作用，因而应选用材料优良的石料。石料的选择坚持三点。

（1）硬度，必须要有足够的硬度来抵挡交通磨损；重载车相对多、车流量较大的情况下，集料的硬度尤为重要。

（2）级配，近乎单一级配，几乎不含粉料。

（3）形状，所用集料的形状要尽可能接近立方体，避免针片状结构，以保证集料在沥青中达到合适的嵌入深度。

2）配合比设计

碎石封层方法认为：碎石用量由碎石级配、形状和密度决定，沥青用量由碎石级配、吸收度、形状，交通量、路面状况和所用沥青材料中基质沥青的含量共同决定。

（1）碎石用量的确定。计算方法如式(5.1)所示。

$$C=(1-0.4\times V)\times H\times G\times E \tag{5.1}$$

式中　C——碎石用量；

V——松散碎石的空隙率；

H——碎石平均最小尺寸；

G——碎石密度；

E——碎石损失系数。

（2）沥青用量的确定。计算方法如式(5.2)所示。

$$B=\frac{0.4\times H\times T\times V+S+A}{R} \tag{5.2}$$

式中　B——沥青用量；

H——碎石平均最小尺寸；

T——交通量修正因子；

V——松散碎石的空隙率；

S——路面状况修正因子；

A——碎石吸收率；

R——乳化沥青或稀释沥青中沥青含量。

同步碎石封层普遍采用开级配抗滑磨耗层进行路面养护，此种级配粗集料多细集料少，强度大小主要由石料本身强度及材料间相互嵌挤力所决定。根据原路面状况及铺筑后路面所要达到的路用性能要求，同步碎石封层可选用不同的结构类型。按石料的粒径范围大小，可分为细封层、粗封层和加粗封层。

（1）细封层：石料的级配范围为4~6mm，石料的撒铺量为4~6m^3/1000m^2、碾压成型厚度为5mm的碎石封层。

（2）粗封层：石料的级配范围为6~10mm，石料的撒铺量为7~9m^3/1000m^2、碾压成型厚度为8mm的碎石封层。

（3）加粗封层：石料的级配范围为10~14mm，石料的撒铺量为11~13m^3/1000m^2、碾压成型厚度为12mm的碎石封层。

3. 施工工艺

同步碎石封层的工作原理是利用专门施工设备——同步碎石封层机，将流体沥青与洁净干燥的均匀石料几乎同时喷洒在路面上，保证沥青与石料在最短的时间内完成结合并在外荷载作用下不断提高强度。同时，由于流体沥青的表面张力，使沥青沿石料表面向上爬升，爬升高度约为石料高度的2/3，并在石料表面形成一个半月面，使石料被沥青裹覆的面积达70%，有足够的结合强度。

同步沥青碎石封层施工工艺：原有路面的处理→施工材料的准备→现场施工→胶轮压路机碾压→开放交通→路面清扫→剩余骨料回收。

（1）碎石封层施工前，应对已喷洒透层的基层顶面进行检查，有破损地方应进行修补，若有其他污染或杂物应进行冲洗或清扫。当用水冲洗时，应等表面水分蒸发完全干燥后才可进行同步碎石封层的施工。路缘石等两旁结构物或设施应采取覆盖措施，以防喷洒沥青时飞溅污染结构物。

（2）选用技术性能先进的同步碎石封层机并保持其良好的技术状态是保证沥青路面同步碎石封层质量与效率的前提和基础，其中包括结构合理的沥青喷洒装置，保证对沥青喷洒及均匀性进行精确的调节与控制；先进合理的沥青控制系统；精确调节和控制碎石洒布量及均匀性；沥青喷洒与碎石洒布要保持高度一致。

（3）在洒布过程中，洒布车应保持匀速行驶，确保洒布均匀。通过调整喷嘴高度使得沥青膜厚度适宜和均匀（喷油嘴高度不同，则各个喷嘴喷出的扇形雾状沥青重叠情况不同，使得沥青膜厚度不同）。为保证雾状喷洒而形成均匀、等厚度的沥青膜，沥青的洒布温度应适当。

（4）沥青与碎石洒布后，应立即进行人工修补或补撒（重点是起点、终点、纵向接缝以及过厚、过薄或不均匀处）。紧跟同步碎石封层车后边，及时把弹出摊铺宽度（即沥青洒布宽度）外的碎石扫到摊铺宽度内（或加工挡板防止碎石弹出摊铺宽度）。

（5）碾压：沥青和碎石同步洒布后，可采用胶轮压路机进行碾压，使单粒径碎石嵌入沥青之中且牢固。碾压效果以沥青与石料充分黏结，表面没有过多浮动碎石为宜，不需要进行过多的碾压。

（6）养护：同步碎石封层铺筑后，严禁施工车辆急刹车和掉头。应封闭交通，沥青封层的施工宜与下面层的施工紧密衔接，摊铺完下面层后再开放交通。当封层施工后必须通行交通时，应控制车速，并保持车辆轮胎洁净，防止污染封层表面。

4. 适用条件

同步碎石封层技术既适用于高速公路、一级和二级公路，也适用于城市公路、乡村和市郊公路，而且可以应对各种情况，比如不同的气候、交通能力等。它主要作为路面表层使用，也可用于低等级公路面层。具体适用条件如下。①高速公路及其他高等级公路的预防性养护罩面层；②新建道路的下封层；③新建低等级公路及农村公路的面层；④桥面及河边公路的防水面层；⑤新建水泥路面下的应力吸收缓冲层；⑥旧水泥路面改造成沥青面层的防水面层；⑦可治理 10~20mm 以下的车辙、沉陷等病害。

（二）纤维碎石封层技术

纤维碎石封层是基于传统碎石封层改进的沥青路面养护方法，采用专用设备同步喷洒两层乳化沥青(底层、上层)及洒布一层纤维(中间层)，再立即洒布一层碎石集料，随即采用胶轮压路机进行初期碾压，最后通过自然行车作用压实形成的沥青路面表面磨耗层或应力吸收中间层。

传统碎石封层的主要目的是封闭路表面的微小裂缝、防止雨水渗入下面层或基层，主要功能包括防止沥青面层的疲劳破坏、提高路面抗滑与耐磨性能、延迟原有公路表面的老化并减少集料松散，在施工方法上采用层铺法，在结构上属于嵌挤类，其施工便捷、造价低廉，适合于低、中等交通量沥青路面的预防性养护与中修。纤维碎石封层施工时，经过专门工艺切割成一定长度的纤维，在上、下两层沥青结合料中呈乱向均匀分布并相互搭接，与沥青混合料形成了网络缠绕结构，有效地提高了封层的抗拉、抗剪、抗压和抗冲击强度等综合力学性能，类似在新建道路基层和面层之间或原有路面基础上加铺了一层具有高弹性与高强度的防护网垫。特别适用于旧沥青路面(或新建路基)、面层层间应力吸收中间层和原有旧沥青路面耐磨层施工，对新旧沥青道路建设及养护起到有效的保护作用，更能延长其养护周期及服务寿命。

1. 技术特点

（1）良好的应力吸收和分散能力。具有网络缠绕独特结构的纤维封层，由于纤维本身高抗拉伸强度和高弹性模量的特点，有效地提高了封层的抗拉、抗剪强度。它能够吸收和扩散旧沥青路面原有裂缝或路基的反射应力，消除旧沥青路面裂缝尖端产生的应力集中，有效地抑制反射裂缝的出现，阻止因车载负荷过重造成的路面破坏，提高道路的使用寿命。

（2）防水性能好。由于具有上、下两层均匀洒布的沥青结合料，其密闭性更强；另外纤维对上、下两层沥青结合料的吸附作用，可明显阻止沥青的流动，形成一层致密的保护膜，具有更好的防水性能。

（3）耐磨性能好。碎石集料嵌入由纤维和沥青结合料构成的网络缠绕结构中被压实成型且紧密裹覆，使得纤维、沥青结合料和碎石集料三者紧密相连，形成稳定复合的力学嵌锁体系，有效地限制碎石集料因车辆载荷产生的滑移脱落，提高路面的耐磨性能。

（4）稳定性能高。由于具有独特的网络缠绕结构，对沥青结合料可起到高温稳定作用，减少路面高温泛油病害；由于具有高弹性模量、高延伸率的综合力学性能，可有效抑制沥青路面的低温收缩裂缝，从而减少水损坏，提高水稳定性。

（5）施工快捷。由于采用专门的纤维碎石封层车同步完成两层沥青结合料的喷洒和一层纤维的自动切割及洒布，并紧随洒布碎石进行初碾，其施工速度快捷；沥青结合料一般采用快凝型改性乳化沥青，缩短初期养护和开放交通的时间。

（6）纤维碎石封层一般均存在过剩的碎石集料，在车辆轮胎的冲击、吸附作用下会引起松散碎石集料的飞扬，对过往车辆的挡风玻璃及车身造成损害，必须在开放交通前进行专门清除。

2. *材料要求与配合比设计*

纤维碎石封层技术与同步碎石封层技术的材料区别主要是纤维的加入，纤维碎石封层中，切割成一定长度的短纤维在两层乳化沥青中呈乱向均匀分布，具有吸附沥青、加筋稳定、增韧阻裂等作用。纤维应具有良好的切割性、较高的断裂强度和较好的吸油率。可采用喷射无捻粗纱型玻璃纤维制品，宜优先选用对身体健康无害的无硼、无氟改进型玻璃纤维。纤维切割长度应根据原路面病害类型及程度、乳化沥青类型及用量、封层厚度、碎石用量、交通量等级及类型等因素综合确定。若纤维长度太短，其加筋稳定、增韧阻裂作用将被减弱，纤维增强的性能得不到充分利用；若纤维长度太长，难以保证洒布的均匀性及乱向分布。

配合比设计过程中，首先是确定乳化沥青、碎石及纤维等材料的类型与特性，再根据工程的性质与目的、道路交通量、原有路面情况、施工季节等因素，采用经验法为主，与理论结合综合确定各种材料的用量，最后根据试验检测结果或现场施工情况进行必要的、合理的调整。施工前按确定的配合比对纤维碎石封层车的洒布情况进行标定。

1）碎石集料的用量范围

纤维碎石封层中碎石集料的用量主要取决于封层的类型、封层的厚度、碎石材料特性、道路交通量及路面技术状况等。纤维碎石封层用作表面磨耗层时，碎石集料的用量应保证100%的覆盖率；纤维碎石封层用作应力吸收层及其他下封层时，碎石集料的用量应保证70%以上的覆盖率。纤维碎石封层的最大厚度一般认为等于碎石集料的最大公称粒径。

2）乳化沥青的用量范围

乳化沥青的用量首先应考虑纤维碎石封层的类型、碎石集料的特性（类型、粒径、形状、级配等）、碎石集料的用量、原路面技术状况、乳化沥青类型及沥青含量等因素。通常，乳化沥青的用量应根据交通量类型与大小、施工季节（气温）等因素进行调整。重载交通多或高交通量路段，宜减少乳化沥青用量5%～10%；秋季施工时的乳化沥青用量应比夏季施工时的乳化沥青用量增加5%左右。

3）纤维的用量范围

根据原路面技术状况、交通量类型等因素进行适当调整。路面龟网裂严重时，纤维的用量应稍大一些；应力吸收中间层的纤维用量应比表面磨耗层的纤维用量大一些。根据国外经验，纤维长度范围一般为30~120mm，通常取60mm。

3. 施工工艺

纤维碎石封层对气候条件的要求较为严格，理想的天气条件是阳光充足、气温较高、湿度较低、微弱风或无风、无雨、无雾。其中最低的温度条件是气温高于15℃，路面温度高于20℃且均处于上升趋势；气温低于20℃、路面温度低于25℃且处于下降趋势时，不可施工；气温高于45℃时、路面温度高于60℃时，不宜施工。施工中应注意树荫下或其他阴凉处的路面温度，以保证满足施工要求。

施工程序为：原路面清洁→施工引导线设置→乳化沥青、纤维洒布→碎石洒布→初期碾压→人工修补→初期养护→过量碎石清除→开放交通→后期养护。

1）原路面处理

纤维沥青碎石封层施工前，对施工路段原路面的坑槽、拥包、沉陷、推移、车辙及裂缝等路面病害进行预先处理，并且保证质量。路面进行彻底清扫，将路面上的泥土、松散粒料、杂草、油污以及任何其他有碍施工的物质加以清除。原路面上不需要的交通标线、油漆标志应用小型铣刨机清除，否则纤维沥青碎石封层日后会在该处发生脱落。

2）沥青喷洒及纤维洒布

纤维沥青碎石封层设备同时进行两层沥青及一层纤维喷洒施工，现场可根据路幅宽度调整沥青洒布宽度，使施工幅数为整数，减少作业时间。

3）碎石洒布

碎石洒布车必须紧跟纤维沥青碎石封层设备，第2层沥青洒布后，马上洒布碎石。碎石洒布车洒布宽度调整到与沥青洒布幅宽相同，车速与纤维沥青碎石封层设备匹配。碎石洒布应在沥青破乳之前施工完毕。

4）局部处理

每车料起点、终点纵向裂缝处根据具体情况进行人工处理，过厚或过薄区域进行人工找平，这些工作应尽量在最短时间内完成。

5）碾压

碎石洒布后应立即采用胶轮压路机进行碾压，并应在乳化沥青破乳凝结前完成。压路机的运行速度应不超过2km/h，其启动、停止及行进均应缓慢、平稳，以防止引起碎石颗粒滑移、拖拽或翻滚，影响碎石集料的嵌挤稳定性。

6）初期养护和开放交通

纤维碎石封层初期碾压结束后，应进行初期养护，禁止车辆通行，并在养护路段内设置相应的交通标志。对于一些散落在路边的骨料，进行及时的清除。初期养护结束后，当乳化沥青与集料及下面层的黏结强度或黏聚力达到一定要求时，乳化沥青完全破乳、强度形成后方可开放交通。

4. 适用条件

纤维碎石封层技术在国内的应用还处于初步阶段，目前主要用于普通公路的预防性养护及中修的表面磨耗层、各级公路的应力吸收中间层及下封层。

1）沥青路面表面磨耗层

纤维碎石封层应用于公路预防性养护及中修表面磨耗层，能较好地封闭原有路面龟网裂、抑制反射裂缝的出现，提高路面的防水、防裂、防老化、抗滑及耐磨性能，延缓路面大修周期，延长路面使用寿命。

2）应力吸收中间层

纤维碎石封层用于沥青路面新建、大修及水泥混凝土路面加铺沥青路面的应力吸收中间层，既能吸收、扩散局部集中应力，又可抑制反射裂缝的出现，减少路面病害的发生。

3）各等级公路下封层

纤维碎石封层应用于各级公路沥青路面的下封层，能较好地封闭表面空隙，防止水分浸入下面层或基层，提高路面的抗水损害能力。

4）桥面铺装防水层

采用高黏度改性乳化沥青结合料，对水泥混凝土桥面有较好的渗透作用，可形成一层致密的保护膜，具有高防水性能、高抗裂性能和高应力吸收与扩散能力。

5）低等级公路的面层

可作为低等级公路(特别是乡村公路)的表面层，具有经济、耐用的特点。

第三节　沥青路面应急养护

应急性养护是指沥青路面出现病害后，为快速开放交通，保障道路通行能力而采取的养护措施。沥青路面应急性养护内容主要有裂缝维修治、坑槽的挖补、路面积水处治等。

《公路沥青路面养护技术规范》(JTG 5142—2019)中对沥青路面应急养护的规定主要有以下几点。

(1) 遵循“快速反应、有效抢险、及时处治、保障安全”的原则，应制订沥青路面应急抢险预案，建立应急抢险工作机制，合理配备应急抢险队伍、设备、物资等。

(2) 对影响通行安全的突发性沥青路面损毁，应启动应急预案，及时开展应急抢通、保通和抢修工作，安排灾后修复养护工程。

(3) 实施沥青路面应急养护时，应设置交通安全设施，需中断交通的应合理采取分流措施。

一、裂缝处治

裂缝是沥青路面的常见病害形式，裂缝的产生不仅使水顺利进入路面内部，而且会使行车荷载作用于路面的应力发生变化。水分通过裂缝渗入路面，在交通荷载作用下，滞留于路面结构内部的水分加剧了沥青与集料的剥离，形成唧浆、松散、坑槽等水损害。此外，当车辆荷载作用在裂缝处时，由于路面结构不连续，内部应力变化不均匀，在裂缝处形成应力集中，同时，汽车行驶在裂缝处冲击力增大，再加上温度的耦合作用，使得裂缝进一步加剧，最终发展为严重的龟裂、块裂及边角破坏。因此，如果对沥青路面上出现的裂缝不加以处治，在水、荷载等外界条件的影响下，裂缝不断扩展，会导致其他病害的出现，进而影响路面的结构性能。

(一) 裂缝类型

沥青路面建成后，不论基层是柔性的还是半刚性的，都会产生各种形式的裂缝。按路面开裂的主要原因，裂缝可分为三大类：①因行车荷载的作用而产生的结构性破坏裂缝，称为荷载裂缝；②因沥青面层温度变化而产生的温度裂缝，包括低温收缩裂缝和温度疲劳裂缝，称为非荷载裂缝；③因填土固结沉陷或地基沉陷引起的桥涵两端横向裂缝，或在路段上出现较长的纵缝，称为沉降裂缝。按照表现形式，裂缝又可分为横向裂缝、纵向裂缝、块裂和龟裂。

（二）裂缝的形成机理

1. 横向裂缝

横向裂缝是指沿路面横断面方向出现的规则裂缝，表现为单根裂缝，裂缝方向与路面中心线大体垂直。横向裂缝严重时通常贯穿整个路面宽度，有时伴有多个横向或斜向的支缝。横向裂缝轻微时多为局部细线状裂缝。横向裂缝是沥青路面最常见的一种路面病害，通常被看作早期损坏现象之一。横向裂缝主要有温度裂缝、反射裂缝和沉降裂缝。

1）温度裂缝

沥青面层是受约束的，所以在低温或温度骤降的情况下，沥青面层中产生的收缩拉应力或拉应变一旦超过沥青混合料的抗拉强度或极限拉应变，沥青面层就会开裂，从而产生横向裂缝。在温度应力的反复作用下，沥青面层也会疲劳开裂形成横向裂缝。

位于路面面层的沥青结构层，一直受到气温变化的影响。当温度下降时，沥青面层就会产生收缩变形，这种变形会受到基层对路面的摩阻力和路面无限连续板体对收缩变形的约束作用，使沥青面层内部产生拉应力而导致开裂。一般来说，温度裂缝有两种。一种是一次性降温造成的温度收缩裂缝(即低温开裂)：在冬季气温骤降时，沥青混合料内应力来不及松弛，温度应力超过沥青混合料的极限抗拉强度。另一种是温度疲劳裂缝：温度升降反复作用的温度应力使沥青混合料的极限拉应变或劲度模量变小，加上沥青老化使沥青劲度增高，应力松弛性能下降，故可能在比一次性降温开裂温度更高的温度下开裂，同时裂缝随着路面使用年限的增加也不断增加。

由于沥青混凝土具有应力松弛性能，在一般的温度范围内，因温度降低而产生的拉应力，会因应力松弛而使拉应力减小，使得拉应力不足以产生裂缝。可是当温度骤然降低的时候，应力就很难松弛，因温度下降产生的应力超过了应力松弛的速度，在沥青混凝土内出现了剩余应力，当这种剩余应力在超过沥青混合料的极限抗拉强度时，便产生开裂。温度裂缝多垂直于路线方向，裂缝间距变化在数米至百米之间。温度裂缝破坏了沥青路面的整体性和连续性，水分通过裂缝渗入基层，浸湿路基，导致路面承载力降低，还为冻融提供了条件。另外，温度裂缝对加铺层的影响也很大，如对裂缝未加处理，病害将会反射到面层上来，降低路面的使用寿命，增加养护费用。而且，在高等级公路上进行补强、加铺层设计，会严重影响正常的交通，造成巨大的经济损失。

2）反射裂缝

反射裂缝是半刚性基层路面的主要病害，世界各国均非常重视。半刚性基层材料在外界温度、湿度变化时，会产生较大的收缩，这是导致半刚性基层裂缝及产生反射裂缝的主因。其危害主要在于路表水沿缝隙不断进入路面结构内部，致使路床或半刚性基层顶面出现水化软弱层。这样，作为道路主要承重层的路床和路面基层，就不能很好地传递和扩散运营车辆的行车荷载，使沥青混凝土面层直接承受全部应力，必然造成沥青混凝土面层迅速开裂。反射裂缝一般都是横向裂缝，但是，当路面很宽时，横向的收缩也足以造成基层的开裂并反射到路表面。反射裂缝的发展与半刚性材料的质量密切相关，同时也与面层、基层的黏结状态以及面层材料的性能相关。反射裂缝产生后，雨水会从裂缝中下渗，并积聚在面层与基层之间，在荷载动水压力下出现基层唧浆现象，同时降低了沥青面层与半刚性基层之间的黏结性能，从而加速了路面结构的破坏。

3）沉降裂缝

（1）薄弱环节所致的裂缝。地基或填土路堤横向不均匀沉降、纵向填挖结合部处理方法不当、沥青混合料摊铺时横向接缝处理不当，会产生横向裂缝，并伴有错台现象。此类裂缝多发生在台背或涵洞、通道等构造物附近，高填方与低填方交界处或施工时各个表段的分界处也有可能发生。

（2）荷载所致的裂缝。由于碾压不合理，路基会出现不均匀沉陷。路肩、边坡处排水措施处理不好，外界水会进入，使得路基的承载力不均匀。路基边部更易出现不均匀沉降。由此，造成车辆荷载主要由面层承担，车轮下方面层底部受到的拉应力急剧增加，在车辆荷载的反复作用下，拉应力一旦超过材料的容许拉应力，则会在空洞处开裂。与此同时，车轮下方的材料还受到急剧增加的剪应力作用，一旦剪应力超过材料的容许剪应力，材料将会产生剪切破坏。因此，由于路基沉陷，面层材料在荷载作用下承受了急剧增加的剪、拉应力联合作用，从而加速了路基沉陷处路面裂缝的出现。

2. 纵向裂缝

裂缝沿着道路纵向投影的长度远远大于沿横断面方向投影的长度，这种裂缝通常称为纵向裂缝。纵向裂缝通常出现在行车道，有时也会出现在超车道或停车带上，而且通常以单条或多条平行的裂缝形式出现，有时伴有少量的支缝。纵向裂缝表现为沿路面行车方向分布的单根裂缝。裂缝方向与路面中心线大体平行，成熟的纵向裂缝一般都较长，为20~50m。纵向裂缝可分为以下三种类型。

1）路面纵向裂缝

大量调查发现，路面纵向裂缝大多属于表面裂缝，其中很多表面裂缝发生在施工离析的部位和两幅摊铺的交界处。国外通常认为，对厚的沥青路面而言，绝大部分路面底部拉应力很小时，很难甚至不可能产生先于表面层损坏的拉应力，认为绝大部分裂缝是表面裂缝，研究表明约70%以上裂缝是表面裂缝。

（1）在路表水渗入路堤下且地基范围较小的情况下，可能仅在中央分隔带两侧行车道上或者接近硬路肩的一侧产生纵向裂缝；在路表水渗入路堤下且地基范围较大的情况下，可能在中央分隔带两侧行车道上和超车道上产生两条纵向裂缝，少数路段甚至有多条纵向裂缝。

（2）当路基边部压实不足，或者路基边缘受水侵蚀，导致路基湿软、承载力不足时，路堤边部会产生沉降，在距路边30cm左右处产生纵向裂缝，亦称为边缘裂缝或啃边。

（3）在沥青混合料摊铺时，纵向接缝处理不当，造成路面渗水或压实度未达到要求时，在行车荷载作用下亦会在纵向接缝处形成纵向裂缝，出现的纵向裂缝相当长并且比较顺直。

（4）地基和填土在横向分布不均匀，加之路表水渗入地基时，路面容易产生细而小的纵向裂缝。但若是路面产生纵向裂缝过多、过早，裂缝宽度过大和长度过长时，将严重影响路面使用性能和使用寿命。

(5) 对于改建公路，因与老路相接处没有处理或者处理不符合技术规范要求，造成路基不均匀沉陷或者滑坡而形成裂缝。特别是填挖结合部分或填高沿横向变化较大处更容易出现纵向裂缝，且纵向裂缝常是连续的。

2) 荷载型纵向疲劳裂缝

美国和欧洲已有越来越多的研究证实，许多与荷载有关的疲劳裂缝发生在路面的表面且向下扩展贯穿沥青混凝土面层。这是一种比传统的疲劳裂缝更为严重的情况，尽管有些表面裂缝对路面结构的承载力没有影响，但它们对磨耗层的耐久性和功能寿命有强烈的影响。而且它们还会造成水和其他外来杂物渗入路面结构，这就是沥青路面向下扩展裂缝(Top Down Cracking，TDC)。向下扩展裂缝可定义为起始裂缝发生在沥青路面表面沿轮迹带方向并且向沥青面层内扩展传播的裂缝。这种裂缝可能扩展穿透表面层和部分中面层，或穿透三层沥青层，这取决于路面的路龄。

自上而下的纵向裂缝一般发生在沥青路面行车道两侧轮迹带边缘，由沥青面层表面开始并向下延伸，表现为纵向裂缝。TDC 也称为表面裂缝(Surface Cracking)、纵向表面裂缝(Longitudinal Surface Cracking)、表面起始纵向轮迹裂缝(Surface Initiated Longitudinal Wheel Path Cracking)及国内所称的车辙裂缝。

TDC 的初期是由出现在轮迹带外侧的单、短、小的纵向裂纹组成；随着时间的推移，TDC 进入第二阶段，此时纵向短裂纹生长变长并在最初裂纹的 0.3~1.0m 的范围内形成裂纹簇；最后，TDC 进入第三阶段，平行纵向裂纹簇通过短的横向裂缝相互连接形成龟裂。沥青面层轮迹带上车辆轮载的反复作用，使行车道的车辙形成 W 形或 U 形，在轮迹带两侧由于拉应力或拉应变的反复作用而产生纵向疲劳开裂。这种裂缝在沥青路面车辙严重的路段很容易观察到，尤其在渠化交通的高速公路上更为明显。

3) 自下而上的疲劳裂缝

自下而上的疲劳裂缝是典型的路面结构性破坏，是我国沥青路面结构设计的主要损害模式。在行车荷载作用下，当沥青层底的拉应变大于极限拉应变时路面将发生破坏。当基层发生破坏，沥青层会显得承载力不足，从而产生疲劳损坏，在这种情况下，裂缝从底部开始向上扩展，最后导致沥青路面网裂而彻底破坏。所以我国半刚性基层沥青路面上产生自下而上的早期结构性破坏的网裂的原因有两个：一是基层没有做好，没有形成结构强度；二是基层强度太大，施工前已经严重开裂。

3. 块裂

块裂是一种近似矩形裂块的交错裂缝，是纵向、横向裂缝密度增大并连通的结果，块的尺寸约为 50cm 以上，面积为 0.1~10m^2。块状裂缝的产生同荷载作用的关系不大，它主要由面层材料的低温收缩和沥青的老化以及半刚性基层的不均匀性所引起，出现在整个路面宽度范围内。块状开裂主要是由热拌沥青混凝土的收缩以及每日循环变化的周期应力和周期应变所致。尽管荷载能增加裂缝的严重程度，但荷载与块状裂缝没有直接的关系。块状裂缝通常出现在路面区域，但有时也出现在非行车部位。块状裂缝不仅在形状和尺寸上都有别于龟裂，二者的产生原因与部位也不同。龟裂通常由重复荷载引起，多出现在行车区域。块状裂缝是路面不规则裂缝交错形成的，具体有以下两种情况。

（1）铺设沥青路面的沥青混合料采用了大量的低针入度沥青和亲水性集料，混合料硬脆性差，以及在长期使用过程中沥青发生老化，失去柔性，在温度的反复作用下，沥青路面产生不规则缩裂。

（2）施工期间混合料发生离析，或面层厚度不一、压实度不均匀、表面不平整，在大量车辆及超载车辆作用下，路面也会产生不规则裂缝。当面层宽度较大时，脆裂、缩裂不但导致横向开裂，也会导致纵向开裂，纵横交错形成块状裂缝。一般认为，当沥青路面的沥青针入度减小到35~50时，沥青的黏性降低，丧失了原有的弹性与韧性，在车辆的反复作用下，路面材料长期处于应力循环变化状态极易产生脆裂破坏。此裂缝出现位置比较随机，在横向、纵向、其他方向都可能出现，裂缝长度不大，纵横交织呈不规则多边形。

4. 龟裂

龟裂也称网裂，裂缝与裂缝连接成龟甲纹状小网格式的、成块的、不规则破碎性的网状裂缝，常伴有沉陷和唧浆现象。龟裂主要由路面结构弯沉较大、结构层压密变形、沥青疲劳强度不足等原因引起，是沥青路面的一种主要结构损坏类型，也有研究称其为鳄鱼裂缝（Alligator Cracking）。其短边长度不大于40cm。在路面纵向有平行密集的裂缝，虽未成网，但其距离不大于30cm者，亦属龟裂。路面一旦出现严重的大范围的龟裂，表明路面结构已经进入设计极限状态。

龟裂是由于路面受交通荷载反复作用，长期处于应力应变交叠变化状态，致使其结构强度逐渐下降，这时在车辆内引起的路面应力超过结构抗力，路面材料就出现疲劳裂缝（Fatigue Cracking）。这种裂缝开始可能只是微观裂纹，后来相互连通形成宏观裂缝。龟裂主要有两种情况：一种情况是在行车荷载的反复作用下，沥青面层产生疲劳开裂；另外一种情况是由于基层强度不足或面层与基层之间结合差而导致的面层疲劳开裂。具体原因如下。

（1）面层空隙率大、压实度不足、混合料离析，使得雨水渗入面层，并积聚在面层之间或面层与基层之间，导致水损害，致使面层与基层之间的连续性变差，在行车荷载的反复作用下逐渐产生疲劳破坏。

（2）由于面层之间或面层与基层之间存在“软弱夹层”，在行车荷载的反复作用下导致疲劳破坏，并最终以龟裂的形式反映到面层上，或者在道路使用末期路面的疲劳次数已经达到或超过其疲劳寿命而出现的一种龟裂。这种龟裂通常位于行车道轮迹下，面积较大，常呈条片状分布，且垂直变形明显。

（3）基层强度不足或基层强度过高。比如，由于材料拌和不均匀、结合料用量不足等，基层强度不足，在行车荷载作用下，面层发生疲劳开裂并导致龟裂。而当半刚性基层强度过高时，易产生收缩裂缝，会因应力集中而引起开裂。

总的来说，龟裂的形成主要是由于路面整体强度不足、路面结构层缺失、基层承载力不足、基层排水不良或沥青路面老化严重，在行车荷载的反复作用下形成的。另外，车辆超载沥青面层摊铺时集料的离析、路基或路面局部压实不均匀，以及沥青在施工期间或长时期使用过程中的老化，都会导致沥青路面形成龟裂。

一般来说，龟裂在发展初期通常随机、孤立地分布在行车道上，面积较小。基层基本处于完好状态，因此垂直变形不明显，裂缝较少，且互不连通。在发展后期，裂缝密集且相互连通，局部的碎块已经开始脱落。在龟裂形成初期，裂缝轻微，对沥青路面的服务水平影响不大，但路面的龟裂会使得路表水渗入，造成底面层及路面基层强度减弱，并出现唧浆破损，这样便会加速龟裂面积的扩大以及裂缝的扩展，导致形成坑槽破损。

（三）裂缝的影响因素分析

影响路面开裂的因素可分为内因和外因，内因主要是沥青及沥青混合料的性质和基层材料的性质，外因主要指的是气候条件、交通条件、施工状况等。

1. 沥青及沥青混合料的性质

沥青和沥青混合料的性质是影响沥青路面温度开裂的主要原因。沥青混合料的低温劲度模量是决定沥青路面抗开裂能力的根本因素，沥青劲度模量又是决定沥青混合料劲度模量的关键因素。

（1）沥青。沥青是一种随时间而老化、硬化的典型黏弹性材料，其材料性能和力学行为与应力、温度、时间、荷载频率及温度频率等有关，同一等级沥青的温度敏感性差异很大。一般情况下，含蜡量高和延度小的沥青易于脆裂。沥青类型对路面开裂也有很大的影响，使用稠度低、温度敏感性低的沥青可以减少或延缓路面的开裂。面层沥青老化往往会加速裂缝等路面损坏的发生，路面的破坏状况（裂缝、松散等）在一定程度上是沥青老化的外在表现形式。

（2）矿料。矿料质量直接影响到沥青混合料的强度，是沥青路面产生裂缝等早期破损的主要因素。碎石的压碎值、磨耗值不符合要求，将造成沥青混合料的稳定度偏低，引起沥青路面早期的开裂和剥落。

（3）矿料的级配和空隙率。认真选择矿料级配非常重要，最主要的指标是混合料的设计空隙率和路面的实际空隙率。沥青路面的实际空隙率在7%以下时，沥青层中的水在荷载作用下一般不会产生动水压力，不易造成水损害。排水性混合料的路面空隙率大于15%时，水能够在空隙中自由流动，也不易造成水损害。而当路面的实际空隙率为7%~15%时，水容易进入混合料内部，且在荷载作用下产生较大的毛细压力或动水压力，造成沥青混合料的水损害，在薄弱处最先产生裂缝和坑槽。

2. 基层材料的性质

基层材料的收缩性愈小，面层裂缝愈少。基层上有透油层以加强与面层的黏结，对抗开裂是有好处的，基层材料种类对沥青面层的裂缝率有明显影响。半刚性基层开裂的主要原因如下。

（1）干燥收缩。干燥收缩是混合料中水分流失引起的收缩，混合料中游离水分减少，缩小了颗粒间的空隙。干缩系数与材料的性质和含水率有关。

（2）低温收缩开裂。半刚性基层多在夏季高温和常温时施工成型，入冬后温度骤降，特别是我国西北地区，季节温差很大，混合料遇冷收缩，在收缩过程中受到下层的约束产生收缩拉应力。温差越大，温度变化越快，则约束越大，混合料就越容易开裂。

3. 气候条件和交通条件

气候条件主要表现为降水和气温。水是沥青路面早期病害引发的一个直接外因。每到春冬季节，由于地表水渗入，地下水位上升，路基湿度变大，路面强度降低，路基承载力下降，从而导致路面病害的产生。一场大雨或几场阴雨过后，路面便开始出现小面积的裂缝，继而出现大面积的松散、翻浆、坑槽等现象。极端最低温度、降温速率、低温持续时间、升降温循环次数是影响沥青路面温缩裂缝的四大要素。极端温度越低、降温速率越快、低温持续时间越长、升降温循环次数越多，沥青路面温缩裂缝越严重。半刚性基层中的最大拉应力，通常是由最重的车轮荷载产生的，并且对于半刚性路面，不同轴载对路面的破坏作用远不是4次方的关系，而是11~13次方的关系，即使是通过次数较少的重载也对路面的破坏起决定性作用。

4. 施工状况

(1) 软土地基沉降。在含水率高、强度低、孔隙比大、压缩性高的软弱土层，即在软土地基上修筑路基，若处理不当，往往会发生路基失稳、过量沉陷和不均匀沉降，路面产生纵向裂缝，导致公路破坏或不能正常使用。为了保证公路路基的稳定性，必须对公路经过地段的软土进行加固处理，使软土排水固结，使路基的工后沉降和不均匀沉降逐渐减小。

(2) 路基压实度不足。路基压实是路基施工过程中的重要工序，亦是提高路基路面强度与稳定性的技术措施之一。土是三相体，土粒为骨架，颗粒之间的孔隙被水分和气体所占据。压实的目的在于使土粒重新组合，彼此挤紧，孔隙缩小，土的密度提高，形成密实整体，最终导致强度增加，稳定性提高。由于路基局部路段压实度不足，会导致公路路面出现纵向裂缝和横向裂缝。

(3) 路面基层施工质量低劣。抢工期、赶进度造成料源紧缺，原材料质量难以保证，不能按照施工规范的要求施工。半刚性基层没有合理的龄期，放松对工程质量的控制，使得基层和底基层质量低劣，造成基层网裂破坏，反射到面层，面层出现网裂。施工中不能严格控制半刚性基层施工碾压时的含水率，碾压完成后不能及时养护，碾压完成后或最迟在养护结束后不能立即用乳化沥青做透层或封层，都会对基层的质量产生较大的影响。

(4) 沥青面层颗粒离析。沥青混合料离析致使局部粗集料偏多、细集料偏少而不易压实或不密实。这样一来，矿料与沥青的黏结力变小，抗剪强度变低，容易出现龟裂和松散。

(四) 裂缝病害处治维修的作用和目的

裂缝是路面常见的病害，一直是困扰世界各国路面设计和养护工程师的难题。路面开裂是不可避免的，如果忽略了加速裂缝和坑槽恶化的因素，将导致路面进一步遭到破坏，从而降低路面的使用性能。养护部门负责处理路面裂缝，充足的资金是其预防或日常性养护措施的保证，这样可以延缓路面裂缝进一步恶化，增加路面的服务寿命。

目前有很多裂缝处理方法，主要有表面养护(如填缝、灌缝、微表处等)和路面翻新(如路面重铺)。裂缝处理包括对有关裂缝进行清理，然后采用合适的填缝材料进行填缝。

路面裂缝修复的作用可以概括为以下几点。

(1) 减缓裂缝扩展和混合料受到侵蚀，减少水对基层材料的影响，同时保护邻近路面等。

(2) 恢复路面应有的表面功能，改善行车的平顺性和舒适性。

(3) 加强裂缝两侧路面材料间的黏结强度，恢复裂缝处路面材料间传递力的功能，恢复路面局部强度和承载能力。

(4) 清除裂缝处松散、破损材料后进行填缝修补，弥补原有沥青路面材料的强度不足。

(5) 对旧路面裂缝的填缝修补，可防止上面的沥青加铺层出现反射裂缝。

总的来说，裂缝处理目的主要有以下几个方面。①保护路面基础设施；②减缓路面损坏速度；③恢复路面使用功能；④延长路面使用寿命。

对裂缝进行处理的情况主要包括：出现裂缝的新路面，时间不超过 2 年的加铺层，在雨季或对路面进行处理之前宽度超过 6mm 的裂缝。裂缝修复施工需要考虑的因素有：气候条件、公路等级、交通量、裂缝特征和密度、材料、裂缝修复结构形式、修复方法、设备和施工安全等。

（五）裂缝病害状况调查

1. 裂缝形式

对裂缝处理之前，必须调查路面裂缝的类型、严重程度和规模，以便对路面上的各种裂缝进行专门的填缝处治。根据裂缝的成因和方向，《公路沥青路面养护技术规范》(JTG 5142—2019)将处治的裂缝分为以下几类：在高温季节不能愈合的轻微裂缝；路面的纵向或横向的裂缝；因沥青性能不好或路面设计使用年限较长、油层老化等原因出现的大面积裂缝(包括网裂)等。从养护工艺的角度，裂缝按其缝宽可分为：微裂缝或发裂缝(2mm 以下)、微小裂缝(2~6mm)、小裂缝(6~13mm)、中裂缝(13~25mm)、大裂缝(25mm 以上)，其中 6mm 以内的裂缝属于预防性养护的范围。美国《沥青路面养护手册》对路面上的各种裂缝病害进行了详细的定义和严重程度划分。

(1) 龟裂或疲劳裂缝。龟裂或疲劳裂缝通常发生在受反复交通荷载作用的地方(如轮迹处)，发展的初期可能形成一系列相互联系的裂缝。进一步向多方面发展后，形成有棱角的块状，通常裂缝最长边不超过 0. 3m，后期将形成典型的网裂和龟裂。龟裂或疲劳裂缝根据严重程度划分如下。

轻度——裂缝区域没有或很少有相互联系的裂缝，裂缝没有完全裂开或还是密封的，唧浆现象并不明显。

中度——形成完整的相互联系的裂缝，裂缝有轻微的裂开，可能有轻微刺落，唧浆现象并不明显。

高度——形成相互联系的中度或严重的裂缝，当受到交通荷载作用时，破裂块将会移动。裂缝可以用材料进行密封，唧浆现象明显。

(2) 块状裂缝。块状裂缝将路面几乎分裂成矩形块状，矩形块的大小在 0. 1~9. 3m^2。块状裂缝根据严重程度划分如下。

轻度裂缝——平均宽度为 76mm 的裂缝，或宽度不能确定且在良好的条件下可以用密封材料密封的裂缝。

中度裂缝——平均宽度在 76~229mm 的裂缝，或平均宽度为 229mm 且边缘有轻微随机开裂的裂缝。

高度裂缝——相当多的裂缝已经裂开，并且路面材料受影响缺失超过 10%。

(3) 边缘裂缝。边缘裂缝仅适用于土路肩的路面，常为新月形裂缝或均匀连续裂缝，这些裂缝横切路面边缘且位于路面边缘 0. 61m 以内。边缘裂缝包括位于轮迹带以外且位于路面边缘 0. 61m 以内的纵向裂缝。边缘裂缝根据严重程度划分如下。

轻度裂缝——裂缝没有裂开或原材料没有缺失。

中度裂缝——一些裂缝已经裂开，并且路面材料受影响缺失达 10%。

高度裂缝——相当多的裂缝已经裂开，并且路面材料受影响缺失超过10%。

(4) 纵向裂缝。纵向裂缝平行于路面中心线，主要位于车道(轮迹与非轮迹)内。纵向裂缝根据严重程度划分如下。

轻度——平均宽度为76mm或者在良好的条件下可以用密封材料密封且宽度不能确定的裂缝。

中度——平均宽度为76~229mm或者平均宽度为229mm且边缘有轻微随机开裂的裂缝。

高度——平均宽度大于229mm或者平均宽度为229mm且边缘有严重随机开裂的裂缝。

(5) 反射裂缝。反射裂缝通常出现在与下层混凝土路面的接缝处。了解沥青混凝土下的面板尺寸将有助于确定在接缝处的反射裂缝。反射裂缝根据严重程度划分如下。

轻度——已裂开的平均宽度为76mm或者在良好条件下可以用密封剂密封且宽度不能确定的裂缝。

中度——平均宽度在76~229mm或者平均宽度为229mm且边缘有轻微随机开裂的裂缝。

高度——平均宽度大于229mm或者平均宽度为229mm且边缘有严重随机开裂的裂缝。

(6) 横向裂缝。横向裂缝主要垂直于路面中心线，并且裂缝不会出现在混凝土路面基层的接触面上。横向裂缝根据严重程度划分如下。

轻度——已裂开的平均宽度为76mm的裂缝，或者在良好条件下用密封剂密封且宽度不能确定的裂缝。

中度——平均宽度为76~229mm的裂缝，或者平均宽度为229mm且边缘有轻微随机开裂的裂缝。

高度——平均宽度大于229mm的裂缝，或者平均宽度为229mm且边缘有严重随机开裂的裂缝。

2. 裂缝密度

裂缝密度亦称裂缝频率或裂缝线密度，用于评价给定长度的路面横向裂缝的发生程度，即指垂直裂缝走向方向上单位长度内的裂缝条数。裂缝的密度可按每100m长路面计算或按裂缝间距划分。

3. 边缘损坏程度

边缘损坏程度用于评价裂缝缝边损坏情况。

4. 维修方案选择

沥青路面裂缝填缝主要是处理纵向裂缝、横向裂缝、块状裂缝以及反射裂缝等较规则的线状裂缝，而对于局部网裂、龟裂和滑移裂缝，则必须采取坑槽修补的方法进行处理。

对路面加铺前需对裂缝进行有效处治，防止加铺层出现反射裂缝；对于大修工程的局部路段，当路面强度和承载力足够时，可仅对裂缝进行填缝修补，恢复路面的整体性和连续性，防止水分下渗。开裂后的路面养护措施取决于裂缝的密度和开裂程度。如果裂缝已经钝化或裂缝边缘已损坏，甚至达到了高度破坏，那么这类路面最好采取石屑封层或稀浆封层等措施；如果裂缝处于低度至中度损坏状态，并开始向边缘损坏发展，裂缝宜采取修补措施。

在裂缝处治调查过程中，如果发现裂缝处伴有其他形式的损坏，如沉陷、边缘损坏、错台等更易引发路面损坏的情况，或在荷载作用下弯沉显著增大的情况，那么这类路面可采取修补或铣刨等维修措施，但如果弯沉很大或损坏很严重，为了临时服务交通，可仅对裂缝进行临时性处治。

（六）裂缝修复材料

裂缝修复必须结合裂缝特征(宽度、密度等)、环境温度、施工条件、服务寿命、成本效益和修复材料性能等条件，合理地选择填缝材料。选择裂缝修复材料的第一步是确定材料的特性，即所选择的材料必须易于施工且能达到预期的性能要求。裂缝中的填缝材料在使用过程中，由于长期暴露在大气中，在热、氧气、阳光、水和荷载等因素的综合作用下，材料需要具备的性能如下。

① 准备时间短、养护时间短。②施工和易性好。③黏附性好、黏聚性高。④抗软化和流动性好。⑤柔软并具有弹性。⑥耐磨、抗老化、抗气候影响等。成本效益通常是决定一个重要项目在选择填料和工艺时的首选因素。花费 16.4 元/m^2的养护费用可以维护 5 年，比花费 32.8 元/m^2的养护费用维护同样年数的效益更加合理。但是，这种方案一般是有限制的。例如，用沥青胶结料隔月进行养护是很不现实的，即使这是成本效益最高的方法。

1. 裂缝修复材料分类

裂缝修复材料主要分为高温热塑性材料、常温热塑性材料、化学处理热凝材料三类。高温热塑性材料(Hot Applied)包括热沥青、橡胶沥青、纤维沥青等，主要用于填缝。常温热塑性材料(Cold Applied)包括乳化沥青、改性乳化沥青，主要用于灌缝。化学处理热凝材料主要是自动找平硅酮材料，常用于填缝，尤其是桥梁接缝填缝。根据沥青路面裂缝修复材料的性能要求，常用的材料包括热沥青、乳化沥青、改性沥青等。下文对它们进行具体介绍。

1）热沥青

普通基质沥青具有较好的黏结性能和极佳的耐水性能，通常将其加热至 140~160℃ 制成热沥青，便可获得很好的流动性和浸润性。同时，热沥青在各种裂缝填缝材料中成本最低，质量最为稳定，施工人员对热沥青的制备及使用经验也最为丰富。因此，热沥青完全可以作为裂缝填缝材料使用。许多情况下，热沥青作为裂缝填缝材料是一种较佳的选择，而且有文献资料表明使用热沥青作为填缝材料的比例较高。但是，对修补裂缝破损的填缝材料的要求通常较高，而一般沥青结合料柔韧性较差、感温性较大，不太适合填缝修补有较大水平位移的裂缝。同时，为了提高热沥青修补裂缝的质量，热沥青必须选用性能较好且符合《重交通道路石油沥青》(GB/T 15180—2010)技术要求的道路石油沥青，并根据施工地区的气候特点，选择不同标号的沥青材料。

2）乳化沥青

乳化沥青主要是由沥青、乳化剂、稳定剂和水等成分组成。乳化沥青按乳液与石料接触后分解破乳恢复沥青的速度，可分为快裂型、中裂型和慢裂型三种乳化沥青。一般情况下，为了减少修补裂缝时中断交通的时间，人们大多采用快裂型乳化沥青作填缝材料。根据沥青表面电荷的正负，乳化沥青又可分为阳离子乳化沥青和阴离子乳化沥青。当裂缝壁面材料为酸性石料，以及裂缝壁面处于潮湿状态或在低温下施工时，可选用表面带正电荷的阳离子乳化沥青作填缝材料；而当裂缝壁面材料为碱性石料，以及裂缝壁面处于干燥状态时，宜选择表面带负电荷的阴离子乳化沥青作填缝材料。

3）改性沥青

从广义上讲，改性沥青是通过在基质沥青中加入橡胶、树脂、高分子聚合物、磨细的橡胶粉或其他填料等外掺剂（改性剂），或采取对沥青轻度氧化加工等措施，使沥青性能得以改善而制成的沥青结合料。沥青改性剂的品种很多，目前常用的改性沥青多是以高分子聚合物作为改性剂来制备的。改性沥青作为裂缝填缝材料，可以大幅提高裂缝填缝修补的效果，并满足多种特殊工况的要求。

2. 几种常用的裂缝修复材料的优缺点

热沥青可在气温变化相对较小的地区（气温适宜、干燥、无雨）用于无水平位移或较小水平位移（<2.5mm）裂缝的填缝。热沥青的优点：①加热后具有较好的流动性和浸润性；②成本低，质量稳定；③施工人员对使用这种沥青经验丰富。热沥青的缺点：①柔韧性稍差、温度敏感性大，当裂缝处于潮湿状态或低温条件时修补效果差；②不太适合填缝修补有较大水平位移的裂缝；③需要加热。

乳化沥青用于无水平位移或较小水平位移（<2.5mm），恶劣工况（气温低、潮湿、有雨）时裂缝的应急填缝修补。乳化沥青的优点：①对环境条件适应性强，可以在雨后、裂缝潮湿或低温条件下进行施工；②无需或稍微加热便具有极好的流动性和浸润性；③施工费用较低，安全、方便且节约能源，并能减少环境污染。乳化沥青的缺点：①价格上比普通沥青高出25%~30%；②需要专用设备制作，黏结性能差，弹性和延展性不足，与裂缝壁面黏结强度较差。

热改性沥青在气温变化相对较小的地区（气温适宜、干燥、无雨），适用于较大水平位移（位移≥2.5mm）裂缝的填缝。优点：改性后其高温抗变形能力、低温抗裂性能、与裂缝壁面的黏附性及耐久性均得到了提高。缺点：①价格高，储存稳定性差；②需要专用设备制作；③对施工条件、环境要求较高。

改性乳化沥青适用于恶劣工况（气温低、潮湿、有雨）时较大水平位移（位移≥2.5mm）裂缝的填缝。改性乳化沥青的优点：具备普通乳化沥青优点的同时，抗变形能力、与裂缝壁面的黏附性能及耐久性能也得到了增强。改性乳化沥青的缺点：成本高，需要进行改性加工，储存稳定性差。

在SHRP（Strategic Highway Research Program，美国公路战略研究计划）中，各州对普通热沥青、乳化沥青及聚合物改性沥青作为沥青路面裂缝填缝材料的性能进行了全面调查。改性沥青的多项性能比普通沥青要提高许多，改性沥青作为裂缝填缝材料可以使填缝裂缝的寿命得到大幅度提高。因此，在条件允许的情况下，为提高填缝裂缝的耐久性，应尽量采用热改性沥青或改性乳化沥青作为填缝材料。

普通沥青和乳化沥青弹性小，易受温度影响，因此，它们多用于没有开槽的非活动裂缝，使用寿命为2~4年。添加剂（如矿物填料或纤维）能提高沥青的弹性，但对沥青的感温性无明显影响，所以矿物改性沥青和纤维改性沥青最适合于没有开槽的活动裂缝，采用灌缝的方式，寿命一般不超过2年。在热液态沥青中加入橡胶聚合物，一般可以在一定程度上改善沥青的弹性。弹性改善的程度基本上取决于沥青的性质和类型以及加入硫化橡胶的比例和方式(即混合或熔化)。其他高分子聚合物也经常被加入沥青中以增加弹性。橡胶沥青可以用于开槽的活动裂缝，采用平填或灌缝的方式，寿命为5~9年(没有开槽的为2~5年)。硅酮材料一般用于开槽或锯槽的活动裂缝的灌缝，寿命至少4年。

(七) 裂缝处治

1. 修复时机选择

在选择材料和施工工序时应充分考虑气候条件。高温的气候条件下不用考虑较软的材料或者抗裂的材料，可以选择较硬的材料；而在低温气候条件下，就应该选择具有良好弹性的材料。施工的时间最好在温度大于零度，路面水分最少，裂缝张开至一半宽的时候。春季路面水分太多，夏季气温较高、裂缝宽度太小，冬天气温变化大、水分多、裂缝太宽，这些季节不是裂缝修复的最佳时机。而秋天气温适宜、雨水最少、裂缝宽度适中，是最适宜修复裂缝的季节。

2. 裂缝修复方法

针对不同种类及不同程度的裂缝，选择合理、正确的修复方法会使填缝裂缝的寿命得到极大的提高。为了获得更好的裂缝填缝效果，应根据施工的实际要求和条件来确定裂缝修复工艺。在裂缝修复的施工过程中必须遵循严格的填缝工艺。填缝和灌缝是目前养护部门较常用的两种方法，是日常性养护的基础，过去这两种方法通常被用作预防性养护。及时合理地进行填缝与灌缝，才能降低养护成本，增加路面使用寿命。裂缝宽度和间距是决定采用填缝工艺还是灌缝工艺的基本依据。一般宽度小于76mm沿路面分布较一致且边缘损坏轻微的裂缝，可采用填缝或灌缝的方法。同时为了有效地密封裂缝，切割机或钻槽机刀片的宽度必须能接触到裂缝两侧边缘。宽度大于102mm且分布较密的裂缝，就不能采用密封的方法，因为裂缝太宽，切割机和钻槽机刀片不能接触到裂缝两侧边缘，另外裂缝数量过多将导致修复工作繁杂且效果较差。因此，对于这种裂缝可采用全深或部分深裂缝修补的方法。根据裂缝的形状和程度，裂缝修复的具体方法可分为填缝(清理并填缝、锯缝并填缝、开槽并填缝)、灌缝、全深或部分深裂缝处治等。

1) 填缝

填缝是一种局部处理的方式，可以用于各种裂缝形式的修补。填缝的主要目的是减少或防止水和硬质杂物侵入路面结构内部破坏基层，同时还可防止路面膨胀和收缩。水分的渗入将削弱路面结构层的强度，是路面损坏的重要原因，因此沥青路面路表的裂缝密封后能预防水分渗入路面结构层。与未密封的路面相比，裂缝密封后的道路损坏迹象将会减少。填缝一般适用于宽度小于76mm的裂缝。填缝可以通过三种途径实现：清理并填缝、锯槽并填缝、开槽并填缝。

(1) 清理并填缝。裂缝处理前清理缝内杂物并吹干裂缝内水分，再使用填缝材料填缝。这种方法适用于基层具有良好的横断面和侧向支撑，路表损坏且无或伴随有少量微小的纵向、横向裂缝，或表面无松散裂缝的情况。通常，在裂缝较小时进行修补比较经济。填缝材料在硬化之前需要控制交通或更改行车路线，如果裂缝密封后要求尽快开放交通，应使用细砂或纸张覆盖在填缝材料表面，避免填缝材料被车轮带起。如果填缝合理，所修复的路面至少可以使用3年才会发生填缝材料剥落现象。填缝材料不能长期防止水和硬质杂物侵入路面结构层内，但却能减少水分渗透和延长路面使用寿命。对裂缝修复后的路面，在裂缝超过使用寿命后还可重复使用这种方法进行修复。填缝材料用量应合理控制，用量过多会降低路面的抗滑性能，同时在修补施工时应确保裂缝处干燥，因为水分会影响填缝材料与裂缝缝壁的黏结性。采用清理并填缝工艺修复裂缝的成本取决于工程的大小。

(2) 锯缝并填缝。这种密封方式能减少或防止水和硬质杂物侵入路面结构，损坏基层材料，控制路面因温度变化引起的膨胀和收缩裂缝。锯缝并填缝工艺一般用于新铺的沥青路面。修复方法是使用路面锯缝机沿新铺路面以一定间距锯出横缝，然后用填缝材料密封。锯缝的尺寸由缝宽与缝深的比值来确定。宽深比越大，填缝材料承受路面收缩膨胀的应力就越小。最常见的锯缝形状近似于矩形。

施工时将填缝材料喷洒于路表，整平后在裂缝边缘额外预留些填缝材料，使填缝材料能更好地黏附于路表或锯缝边缘，但应考虑非机动车的行驶。需要注意：在弯道处密封纵向裂缝会使车轮经过缝边的填缝材料时打滑，从而造成危险。裂缝修复施工中需更改交通路线直到填缝材料完全结合。如果裂缝密封后需尽快开放交通，则应使用细砂或纸张覆盖在密封剂表面，避免密封剂被车轮带起。研究发现新铺沥青路面进行密封后寿命可持续 7~10 年，同时可减少新铺路面的随机开裂现象。对于裂缝修复后的路面，再次出现裂缝后可重复使用这种方法进行修复。在美国，锯缝并填缝的成本大约为 5.6 美元/m^2，具体成本取决于工程的大小。

(3) 开槽并填缝。这种方法是利用路用切割机或凿缝机在现有裂缝中央开槽后使用填缝材料填缝。它能减少或防止水和硬质杂物侵入路面结构内破坏基层材料，同时控制路面的收缩与膨胀。这种密封技术适用于横向和纵向裂缝，在气温适宜时(如春季和秋季)使用，另外在路面使用前期采用这种技术的效果最好。如果裂缝破损严重且较宽则不能采用填缝的方法，此时维修应采用灌缝，如稀浆灌缝或铣刨并灌缝。

整平时缝边缘多预留 19mm 的填缝材料并要再次整平，而且需要考虑非机动车的行驶。如果维修时机选择合适，那么修复的裂缝至少使用三年才会发生密封剂从裂缝边缘剥落的现象。从加拿大安大略湖州的工程可以发现，开槽并填缝工艺能够使路面使用寿命延长 2 年左右，平均使用寿命为 5 年。

2. 灌缝

需要注意灌缝与填缝不能混淆，二者的主要区别在于处理前的准备工作和所采用的裂缝修复材料类型不同。灌缝准备工作很简单，利用压缩气体吹走缝内松散杂物。特殊情况下，灌缝前需使用热风枪清理并干燥裂缝。灌缝使用的材料较填缝材料便宜，可以使用橡胶粉、乳化沥青，也可利用微表处材料和稀浆灌缝。相反，填缝使用的是昂贵的改性聚合物填缝材料，但其性能非常好。高性能的改性聚合物填缝材料需要洁净干燥的裂缝表面，才能很好地附着于裂缝缝壁。而灌缝由于准备工作简单，裂缝边缘粗糙，因此灌缝材料在这种情况下性能较差。而橡胶粉材料黏性好，对裂缝清洁度敏感度低，能很好地黏附于裂缝缝壁上。但在低温条件下，它比聚合物密封剂脆，当路面收缩时不能足够伸展。所以，灌缝材料没有填缝材料耐用，但对于路面破损严重、裂缝较宽的旧路，选择灌缝更好。灌缝时可以考虑耐久性较好的材料，从而减少重复灌缝次数。填缝主要用于具有较窄裂缝的新铺路面，灌缝则常用于路面破损较严重、裂缝较宽且多为不规则裂缝的路面，这种路面的裂缝宽度大于101mm。灌缝不能防止水分渗入路面，但能覆盖裂缝边缘防止氧化。多数情况下，灌缝可以在一年之内任何时间施工，但比较好的灌缝季节应是凉爽的季节(如春、秋季)。这主要是由于这个季节的温度在7~20℃范围内，裂缝张开大部分，施工时可以保证裂缝内充满灌缝料。跟填缝一样，非工作裂缝发展到中等程度时就应该进行预防性的灌缝处治。灌缝的成本取决于准备工作、灌缝材料类型和工程的大小。

3. 全深/部分深裂缝处治

这种方法是在路面过度磨损以致不能使用填缝和灌缝时的一种处理工艺。具体方法为沿裂缝槽内铣刨，然后用热拌沥青混合料填缝并压实至目标压实度。修补后的裂缝随时都可能出现新裂缝，因此当再次出现裂缝时应及时处理，以免耽误最佳处理时机而造成基层材料支撑能力的降低以及再次发生裂缝。采用全深/部分深裂缝处治方法可以修复伴随有新生裂缝的路面裂缝。

当需要修复基层路面材料时，应使用全深裂缝处治方法。路表裂缝比较严重但面层以下部分状况较好时，可以考虑采用部分深(宽且浅)裂缝处治方法。当路表性能衰减极为严重，裂缝处的沥青混合料出现明显的剥落并且路面病害延伸至沥青层底部时，可以考虑采用全深(窄且深)裂缝处治方法。当路面状况较好时，铣刨深度为13~25mm；当路面性能退化比较严重时，一般采用全深式铣刨，铣刨的深度通常为6~13mm。在确定铣刨区域的形状时，必须确保开挖面积足够宽，以保证良好的压实度，但在全深式裂缝修复的开挖区域内则难以达到设计的压实度。这种施工工艺需要一定数量的材料，包括用作黏结料的乳化沥青以及热拌沥青混合料，因此就需要较多的施工机具。施工机具包括铣刨机、储料罐、混合料运输车、压路机等。此外，与其他施工方法相比，上述施工过程还需要较多的人员，因此时间和人工成本更高。

但是，如果路面裂缝极为严重，铣刨灌缝将是唯一可行的裂缝处治方法。这种工艺对施工季节的限制与热拌沥青混合料的限制要求相同，混合料在压实后方可开放交通。采用铣刨灌缝技术修补的裂缝，其使用寿命主要取决于压实后的密度。若密度不足则路面会在交通荷载作用下发生推移，降低使用寿命；若混合料设计不良，路面潮湿同样会缩短其使用寿命。但如果设计合理，施工正确，则铣刨灌缝修补的裂缝的使用寿命可以高达5年。

另外，开挖的宽度限制了要求达到的压实度，因此需要开挖合适的面积，采用压路机碾压基层和沥青混合料需要注意的是所铣刨处理的裂缝必须干燥，如果要在原有路面上铺筑新的沥青混合料面层，那么需要在铺筑新面层前将原有的面层铣刨。铣刨灌缝的成本取决于开挖填补的宽度和深度。

(八) 裂缝修复工艺

结合国内外现有的裂缝修复工艺，按永久性(即耐久性)修补要求，将裂缝修复的主要施工工艺过程分为以下四大步。

1. 裂缝的开槽

对于较宽的成熟裂缝(缝宽≥6mm)，需将破损裂缝开槽后修补。裂缝凹槽通常可采用专用的开槽机或混凝土切割机沿裂缝开凿一条规则均匀的矩形槽，开槽应确保对路面破损小，开槽的目的是将裂缝中的松散碎屑、旧料、杂物切削出去，露出一个坚实的、整齐的裂缝壁面，使填缝材料能够顺利地填入裂缝底部，增加填缝材料与裂缝壁面间的接触面积，提高其黏结性能，延长填缝裂缝的寿命。另外，开槽还可以为正在开裂和即将合拢的裂缝提供一个充足的空间，使填入裂缝中的填缝材料免于受到过分的拉、压应力的作用及交通荷载对其的破坏；特别是对于那些可能由于气温变化而产生较大水平位移的裂缝(主要是针对横向裂缝)必须进行开槽填缝修补，以适应因水平位移而使填缝材料受到的应力。

开槽可以采用垂直刀轴开槽机、转动冲击开槽机、金刚石刀片开槽机。垂直刀轴开槽机引起破损小，但速度较慢，为 0.5~1.0m/min。转动冲击开槽机造成的破损大，但速度快，为 3.5~4.5m/min。金刚石刀片开槽机，速度适中，一般为 1.0~2.5m/min。金刚石刀片的直径为 152~203mm，可以沿着裂缝边缘准确切割。用它切割裂缝，可以提供一个规则的、壁面平滑的矩形沟槽，而且集料表面更大。

通常大多数裂缝的走向都不太规则，因此开槽时应尽可能开在裂缝中央，不能走偏，同时尽可能减小对周围路面材料的破坏。开槽尺寸应以裂缝宽度和破损严重程度为依据，开槽宽度至少应达到将裂缝破损的松散壁面材料切削掉，露出坚实部分的程度，然后再确定一个恰当的开槽宽深比(槽宽/槽深)，即槽的形状系数。槽的宽深比宜取大一些，通常取的值有 1(如 19mm×19mm 方槽)和 4(如 40mm×10mm 浅槽)。

裂缝修复如果存在以下情况时，可以不开槽填缝。

① 对较细的微缝和未成熟的裂缝(缝宽<6mm)，在随着气温的变化过程中，还有合拢的可能，因此再开槽填缝就不太合理，也不经济。②对于无水平位移或较小水平位移裂缝，或纵向裂缝的填缝修补，考虑到节约成本和开槽时间等因素，亦可以不开槽。③如果对裂缝填缝是为了应急，或填缝施工环境条件非常恶劣，或按永久性修补工艺过于耗时或无法实施时，可考虑采取应急性(即临时性)修补工艺，即直接采用适于应急修补的材料(改性乳化沥青)对破损裂缝进行填缝修补。

2. 裂缝的清理和干燥

为保证填缝裂缝的有效性和耐久性，需对裂缝(或凹槽)进行彻底清洁和干燥。裂缝不论是开过槽还是未开过槽，其中或多或少都有一些水分、灰尘、碎屑和杂物。未清洁和潮湿的裂缝壁面会导致与填缝材料的黏附性下降，易造成填缝材料脱出而使填缝裂缝失效。裂缝的清理和干燥工作在整个施工工艺过程中非常重要。SHRP 对裂缝处于潮湿或干燥状态下不同填缝材料修补裂缝的性能做了对比。在裂缝处于干燥状态下进行填缝修补，平均使用寿命为潮湿状态下填缝修补寿命的 2~4 倍；在施工气温大于 40℉(4.4℃)时，填缝裂缝获得的寿命通常比施工气温较低时的寿命更长些。

清缝的方法一般有压缩空气吹、喷砂处理，钢丝刷扫或高压水喷等方法。其中较为有效、简单的方法是高压空气和热空气吹扫两种，常用于开槽后裂缝壁面的清洁和干燥。高压空气吹扫可以有效地吹走缝中的灰尘、碎屑、杂物和少量水分。吹扫裂缝的压缩空气的压力一般为 0.6MPa、风量为 4~5m^3/min。同时，这种方法还可将裂缝附近(距裂缝左右 15cm 范围)的路表面吹扫干净，并用带导向的防护罩防止被吹散的材料飞溅到旁边车道上。

高压空气吹扫清缝的方式适合裂缝处在干燥状态、气温较高等较理想施工条件下裂缝的清理和干燥，而不适合裂缝处于潮湿状态、气温较低等较恶劣施工条件下裂缝的清理和干燥。热空气吹扫方式是用温度较高的压缩空气吹扫裂缝，它可以有效地吹净裂缝中的灰尘、碎屑和杂物，而且还能将裂缝内的潮气、水分蒸发掉，使裂缝完全干燥。同时还可进一步地加热裂缝壁面材料至较高的温度，甚至可使被加热壁面材料至黏性的状态。这时再进行裂缝填缝修补，不仅可以大大地提高填缝材料与裂缝壁面材料的黏结效果，而且还有助于保持填缝材料自身良好的黏结性。

热空气吹扫是一种较佳的清缝方式，不论是在较理想施工条件还是在较恶劣施工条件下都能实现对裂缝的清理。另外，这种方式还能对潮湿裂缝进行彻底清洁、干燥，并使裂缝壁面材料具有适当的施工温度，可极大地提高裂缝的填缝效果。

3. 填缝材料的准备

在对裂缝进行填缝修补前，必须事先将所选用的填缝材料，根据其使用方法和填装的要求准备好，每一种填缝材料都需要某种特定的备料方式，通常填缝材料都是先装在储料罐中。对于乳化沥青，有时为了防止在存放期间出现分解破乳，可在储料罐中安装搅拌装置。对于非改性沥青(如热沥青)一般可不对材料进行搅拌，但对于聚合物改性沥青和纤维改性沥青，则必须进行搅拌、加热，使改性沥青填缝材料保持均匀和温度一致。一般对填缝材料的加热、升温，都是用丙烷或柴油先加热导热油，再通过导热油循环间接对填缝材料加热，直至填缝材料加热升温到推荐的使用温度，使其具有一定的流动性，但应确保不能过热。不同填缝材料推荐的使用温度是不同的，一般热沥青为 140~160℃，改性沥青为 180~200℃，而乳化沥青则为 50~65℃。

4. 裂缝填缝

填缝材料准备好后，便可对裂缝进行填缝。为了确保裂缝凹槽处在清洁和干燥状态，填缝施工应紧紧跟着上一步工艺(即裂缝的清理和干燥)进行，尽可能缩短清缝与填料的时间间隔，减少裂缝被再次污染的可能。填缝与灌缝材料灌入裂缝内的形式有很多，一般可以归纳为平齐式、开槽式、贴封式以及组合式四种类型，其他裂缝修复结构形式都是基于这四种填充方式组合而成的。

(1) 平齐式：一般在不用处理裂缝的情况下，直接将填缝材料浇进裂缝，并把多余的材料刮去，保持与路面齐平。

(2) 开槽式：在裂缝上部锯槽，把裂缝处理材料浇入槽内，填料应填满或稍微低于路表面。一般锯槽的宽度为 12~19mm，深度为 12~25mm。

(3) 贴封式：将填料注入裂缝内直到填满，然后用橡胶滚轴将超出的材料滚压成条带状，如果超出的材料不进行碾压，称之为帽封式。

(4) 组合式：将填缝材料浇入已开槽的裂缝并溢出路表面，然后用橡胶滚轴将超出的材料碾压成条带状，形成的条带与裂缝对称，一般带宽为 75~125mm，厚 3~5mm。

几乎所有的填缝和灌缝作业都是将填料直接填入裂缝或槽中，然而有时会在填料填入裂缝之前，将黏合分隔材料(如聚乙烯嵌缝条)安置在工作裂缝凹槽底部，嵌缝条与凹槽三面相黏结形成整体，从而在填料填入凹槽时阻止填料流入槽底缝中，这样可提高填缝性能。填料的形状(尤其刻槽式)会影响填缝性能。裂缝处理和设计常会用到一种形状参数，其定义为裂缝开槽宽度和深度的比值，即宽深比。一般形状参数单独由切缝作业来控制(例如刻槽深度和宽度)，然而形状参数不仅受切缝作业影响，也受嵌缝条埋入深度的影响。不管是直接的还是结合的嵌缝条填充，目前推荐橡胶沥青填料的形状参数为 1，而硅胶填料的形状参数为2。一般来说，较小的形状参数(窄而深的开槽)会造成填料黏附力的损失，而大的形状参数(宽而浅的开槽)则会增加黏附性。嵌缝条的应用需考虑以下两个因素：应用嵌缝条的成本是否低于直接填料时的成本；其性能是否比直接填料时的性能有所提高。

工程裂缝一般比较直(比如反射裂缝)，并且边缘损坏非常轻。建议热施工的橡胶改性沥青填料直接填入缝内，使用嵌缝条也不会增加太多的费用；以硅树脂作为填料时，应使用嵌缝条。一些弯曲的裂缝，刻槽机操作时很难把握，这样会导致一部分裂缝被遗漏。另外施工中避免不了出现相邻的两道裂缝槽，这就造成这样的难题：是否同时对刻槽和未刻槽的裂缝进行填缝，或是对开槽时遗漏的刻槽再统一填缝。刻槽机和切缝机是可以控制切割深度的常用器械，而切割的宽度一般用手测量即可控制，考虑到形状的影响，嵌缝条一般置于距凹槽底部25~38mm、距路面13~19mm的位置。嵌缝条的宽度一般应该比裂缝凹槽宽25%。因为这样才能竖向固定嵌缝条，并且可以密封凹槽底部，防止填料泄漏。应根据所选用的填料决定是否对裂缝进行封顶，比如硅树脂和乳化沥青不容易被车轮带走，可采用贴封式或帽封式，而其他容易被车轮带走的材料最好不要采用这种方式。用橡胶改性沥青进行填缝，必须明确的是将其做成贴封式还是帽封式结构。一般帽封式结构需要的劳动力很少，但修复的效果没前者好，因为用刮刀或滚轴对裂缝上面多余填料进行修整将有助于"热黏结"，形成一个整体带，而帽封式结构在裂缝填充后，缝面上的材料可能会继续流动，以致材料性能下降。因为材料在自动整平后可能会随着温度变化而收缩。贴封式条带一般宽度为76~127mm，厚度为3~5mm，这种方式不切割裂缝，从而使得填缝作业变得方便快捷，贴封式结构从设计上给裂缝面增加了磨耗带，从而改善了开槽式填缝的性能。

填装填缝材料时，首先将储料罐中存放的填缝材料，通过泵吸或气压的方式，将其吸出储料罐，然后通过专用的填缝材料喷洒杆适量地填装入裂缝中或裂缝上，形成所预期的填缝结构形式。同时，要求整条裂缝的填缝材料的填装结构形式一致、均匀，并应从底部向上填装，避免出现气泡而影响修补质量。裂缝填缝时应连续不断，确保填缝材料充满裂缝凹槽，若填缝材料凹陷进裂缝中或用量不够时，应重新再填些料进去。对于裂缝填缝结构形式，推荐采用贴封式。在裂缝填缝过程中，应注意始终保持路表面的清洁，减少碎屑、杂物进入裂缝，避免出现填装质量问题。

5. 封边修整工作

要将裂缝的填缝形式做成贴封式，即紧贴在裂缝的上方摊成约3mm的带形，还需要一种专用的U形或V形橡胶辊对填缝材料做最后的成型。这一步成型工艺，可以将部分溢出裂缝的填缝材料压入裂缝中，还可擦去表面除成型所需材料外多余的材料。

填缝材料填装和成型完成后，为了保护未凝固的裂缝填缝材料，防止其出现轮印或溜滑问题，应立即使用吸收材料，使它们黏到填缝材料表面，作为填缝材料上面暂时的覆盖物。特别是乳化沥青或改性乳性沥青作为填缝材料时，若破乳固化时间较长，那么为了缩短开放交通的时间，这一步工艺就更为重要了。施工时吸收材料通常采用筛好的干净细砂或石屑，将其均匀地撒在裂缝填缝材料上，形成薄的覆盖层，从而吸收多余的填缝材料。吸收材料可以有效防止轮印，并增加路面的抗滑能力。待填缝材料冷却凝固后，扫去多余的细砂或石屑，最后恢复交通。

（九）裂缝修复效益及性能评估

整个裂缝修复过程的成本效益都受材料、人力、设备等费用的影响，不同材料和工艺的组合将产生不同的成本效益。因此，选择合理的裂缝修复方法以及工艺可以获得最好的效益和修复性能。裂缝处理的性能评估具有很强的操作性，一般一两个小时就能完成，且准确性很高。一年应至少进行一次裂缝处理的性能评估，绘制出裂缝处理的失败比例图，并制订后面的养护计划。一般在冬季进行性能评估效率最高，因为在冬季裂缝受低温影响一般都是裂开的。一般选长度大约152m的路段作为试验段，进行路面裂缝的最初调查，在调查过程中需要目测抽样部分裂缝中的填料是否具备防渗能力。

裂缝处理失败率的估计，可以用测量的失败部分长度除以总的裂缝处理长度来计算，具体如式(5.3)所示。

$$\text{失败率}=(\text{失败长度}\div\text{总处理长度})\times 100\% \tag{5.3}$$

修复效率百分率可以由100%减去失败率计算得出，具体如式(5.4)所示。

$$\text{修复效率百分率}=100\%-\text{失败率} \tag{5.4}$$

通过几次检查可以建立效率时间变化表，当裂缝达到最低允许效率水平（通常是50%）时，则表明该裂缝在随后的计划中应该进行养护。

二、路面坑槽挖补

下文针对沥青路面坑槽的形成机理、可采用挖补方法处理的沥青路面病害种类、施工工序、重点检测项目对沥青路面坑槽的挖补进行阐述。

（一）沥青路面坑槽的形成机理

沥青路面坑槽的形成主要是面层的网裂、龟裂、块裂、小面积的松散、沉陷及人为造成的面层损坏、修补损坏等未及时进行科学的养护，在行车荷载、气候、降雨以及冬春季之交雪水的反复冻融等自然因素作用下逐渐形成了坑槽。特别是水损害性坑槽，水分浸入沥青与集料的界面，影响沥青与集料的黏附性。在反复荷载作用下，沥青路面表面层开始出现麻面、松散、掉粒，产生坑洞，最后形成坑槽。

（二）可采用挖补方法处理沥青路面病害的种类

根据《公路技术状况评定标准》（JTG 5210—2018）并结合实际经验，沥青路面坑槽挖补适合处理路面的中、重度龟裂、大面积不规则裂缝、重度块裂、重度路面松散、沉陷、车辙、坑槽、重度波浪拥包等病害。当纵横裂缝、块状裂缝发展至中重度，可以考虑采取挖补方法进行修复。

（三）施工工序

1. 施工准备

施工作业前，应确定路面病害处治预采取的结构形式，宜采取与原路面同结构的沥青混合料。病害处治面积一般为沿病害四周向外再扩大100mm以上的方形范围，同时还应结合修补设备、路面宽度、通行要求等因素确定。按“圆洞方补、斜洞正补”原则确定处治范围，坑槽轮廓线必须是与路中心线平行或垂直的正方形或长方形。

2. 坑槽清理

切缝：深度不要超过路面表面层厚度，最少也不宜少于 3cm。开槽的四个叉角在切割时不得过线，四壁要垂直。分层修补时，层间应形成阶梯搭接，搭接宽度一般为 100mm 左右。

为使修补材料与坑槽立面和底面具有良好的黏结性，坑槽壁立面和底面必须彻底清理出灰尘、松散颗粒和其他残余物，使坑内彻底清洁。

3. 基层处理

面层凿除后应对基层进行检查，如果基层破坏严重，应将基层凿除，按照原路面基层结构做新水泥稳定碎石基层或贫混凝土，在进行基层施工时，应注意以下问题。①应将基层开挖成规则矩形，并确保立面粗糙，底面平整，厚度一致。②基层施工时，应尽量采用小型机械凿除，避免对周围基层产生破坏影响，应在基底及基层立面涂抹水泥浆，以保证新旧面结合密实，施工时应注重边角振捣或压实。③铺筑水泥稳定碎石基层要严格控制松铺系数及每层的压实厚度，基层最小厚度不得低于 15cm，不得出现夹层。④基层顶面平整度符合规范要求，表面做深拉毛粗糙化处理，以利于面层结合牢固。⑤基层面积较大时，施工完成 48h 内每隔 5m 锯缝，热沥青灌缝，缝宽 1.2cm，深度按 1/4 层厚控制。⑥基层铺筑完成要覆盖养生 7d 以上，且待强度达到设计强度 100%以上时方可进行。

4. 加铺土工布

为防止基层裂缝继续反射至面层，应加铺土工布，并满足以下要求。

(1) 耐高温。其熔点应不低于 170℃，防止在沥青摊铺时产生高温下的收缩变形。

(2) 抗拉强度高。其极限抗拉强度应大于等于 8kN/m^2，断裂伸长率不小于 50%。

(3) 吸附性、渗透性强。土工布要求表面均匀，可以均匀吸收、渗透沥青并达到饱和。

(4) 厚度要求。土工布要求单位质量在 100~200g/m^2，厚度以小于 2mm 为宜。

(5) 土工布还要求应具有单面烧毛工艺，使土工布铺设后不被施工车辆卷起而影响使用效果。

5. 涂洒黏层、透层

洒布前需天气晴朗、基层干燥无积水，将下承层清理干净，不得有松散粒料、夹层及强度较低的浮浆层。洒布透层乳化沥青时采用人机结合，智能洒布车大面积洒布，人工小面积补充，处理边角部位，四边立面涂洒，保证接缝密实。洒布黏层、透层时应注意控制用量。

6. 沥青混合料摊铺

摊铺应采用机械摊铺，人工配合。厚度大于 7cm 应分层摊铺，新补沥青混合料面层宜采用双层或三层式结构，沥青面层的集料最大粒径宜从上至下逐渐增大。要严格按照规范施工，分层摊铺、压实，每层的松铺系数宜为 1.25~1.30，且摊铺高度最终碾压成型后应略高于周围路面，但不得超过 5mm。

7. 混合料修整

新补沥青混合料修整时，应将加热好的新料铺至工作面 10cm 范围内的路面上，然后用铁耙把混合料由外向里耙，使细料能填充在坑槽边缘，准备略小于公称粒径筛孔的筛子，筛取细料填补沥青表面的孔隙，保证坑槽边缘新旧路面接缝在碾压后结合紧密，不渗水。

8. 混合料碾压

沥青混合料修整完后，应根据首件认可中确定的机械组合及碾压遍数及时进行碾压。碾压时应遵循先四边后中心、先静压后振压、前后左右交替碾压的原则，对新旧路面接缝处，应骑缝碾压，碾压边角时采用45°斜压。静压1遍后，立即检查新补路面表面及新旧路面接缝处，对于缺料部位，应即刻补充新料或细料进行碾压。禁止在碾压多遍后再补充新料。对于分层摊铺碾压的路段，可用小型压实机具或振动夯充分夯实。

9. 处治接缝、延伸裂缝

坑槽处治的关键在于新填补的沥青混合料应采用与原路面同结构的沥青混合料，且无论是底面还是四周，均与原路面结合紧密，形成整体。为保证坑槽修补后封闭路表水，在坑槽四周进行贴缝或抹缝处理，称为“坑槽镶边修补法”。并将坑槽周围未包含在内的延伸裂缝同样进行贴缝或抹缝处理，保证路表水不下渗，从而避免坑槽再次出现水损害，延长使用寿命。

（四）重点检测项目

由于挖补的路面与原路面必须接合良好，应着重检测以下几个方面：①新补路面应比原路面略高，但新旧路面高差不得超过5mm；②新补路面与原路面应结合紧密，表面粗糙度适宜，且无泛油和离析、松散等现象；③接缝处渗水系数<120m/min。

三、路面积水处置

沥青路面积水病害通常是由于路面凹凸不平，出现局部积水；或因排水设施设置不到位、排水能力不足，导致路面排水不畅。路面积水已成为公路车辆行驶的重大安全隐患。路面积水若不能及时排除，将渗入路面结构层，且长期滞留于其中，在车辆荷载的反复作用下，造成集料松散，继而形成坑槽病害，降低沥青路面的使用寿命。

（一）路面积水的危害

1. 降低路面抗滑性能

沥青路面抗滑性能与行车安全密切相关，随着人们道路交通安全意识的增强，对路面的抗滑性能也越来越重视。沥青路面抗滑性能主要受汽车轮胎与路面之间的摩擦力影响。在轮胎与路面接触区域存在积水的情况下，轮胎与路面之间产生动力水润滑，路面上小尺寸微凸体对轮胎的微切削作用减弱，使得轮胎与路面间的附着作用减弱，进而对路面抗滑性能产生负面影响。在行车速度较高、路面积水较厚的情况下，轮胎与路面间因为动力水润滑完全脱离接触，形成完全水漂，极易造成行车安全事故。

2. 降低行车能见度

车辆在高速行驶过程中，轮胎与路面接触面产生的真空负压力会将路面积水扬起，附着于轮胎表面，随轮胎高速旋转后形成水雾遮挡侧后方车辆视野，大型车辆尤为明显。此外，夜间行车时，路面积水在车辆灯光照射下形成镜面效应，干扰驾驶人员对路况的判断，严重影响车辆行驶安全。

3. 破坏路面结构

路面积水易引发沥青路面水损害。路表水分经路表微裂缝渗入路面结构内部，并以水膜或水汽的形式长时间滞留，降低沥青与集料的黏附性。同时，在车轮荷载作用下产生动水压力，对沥青混合料产生冲刷作用，水分子将沥青从集料表面置换，沥青膜逐渐从集料表面剥离，导致沥青路面出现麻面、松散、坑槽、龟裂、唧泥等病害。

（二）路面积水机理与原因

沥青路面积水是指大气降水条件下，路表水无法及时通过路面排水设施排走而淤积在路表面，影响行车安全并降低路面使用寿命的一种病害形式。根据工程实践经验，路面积水的原因通常由道路设计缺陷、日常养护不到位和其他路面病害衍生造成。

下文以高速公路为例，对路面积水机理和原因进行分析。

1. 路线变坡

高速公路一般通过设置2%的路拱横坡使路表水以横向排流的方式集于边沟或其他排水设施排除。在高速公路设计过程中，基于地理条件、技术指标和工程造价等因素的综合考虑，路线通常会顺应现有的地形地貌进行平、纵、横组合设计，因此不可避免地造成路线中出现路拱横坡坡度由-2%到2%反向变化的变坡段，这是高速公路路面积水的主要原因。

2. 路基不均匀沉降，产生路面局部沉陷

新填筑的道路路基不可避免地存在部分空隙，在自重和车辆荷载作用下，路基填料进一步压缩密实，使得道路出现沉降。沉降量受地基承载力、路基填料特性、填料级配、施工条件及台前、台背的防排水工程设置等多因素影响。在桥台、软土地基等结构刚度突变处易产生不均匀沉降，进而导致路面局部积水。

3. 路面车辙

高速公路具有典型的交通渠化特征，沥青路面在不断增大的车辆荷载作用下，有时轮迹带范围内路面下凹还伴随轮迹带边缘的隆起，形成车辙。特别在纵坡较大的上坡路段，车辙形成和发展较快。车辙达到一定深度后，凹槽内容易积水且不容易排出，此时，高速行驶的车辆轮胎与路面存在一层水膜，两者之间的摩擦系数减小直至为零，造成车辆出现水漂、失控。

4. 排水设施设计与施工缺陷

为了将路表水排出，高速公路弯道超高路段在超高一侧中央分隔带路缘设置矩形排水沟，路表降水漫流入排水沟后，通过集水井和横向排水管排入路侧排水沟或边沟下纵向排水管中。设计过程中，排水沟截面尺寸以及集水井、横向排水管间距等参数通过水文计算确定。而水文计算中径流系数、设计重现期和平均降雨强度均为经验参数，具有一定的局限性，导致排水设施的泄水能力可能无法满足暴雨等极端天气条件下的排水要求，造成路表降水短时间无法排走甚至无处可排。施工过程中质量控制不到位，也会造成中沟、横向排水管纵坡坡度不符合规范要求，水力梯度小而排水不畅；或者中沟顶面高于路表面高程，使路表水无法汇入中沟而在路表汇集形成路面积水。

5. 标线排水缺陷

高速公路行车道和超车道边缘都设有连续的实线标线，标线与路表面有2mm的高差，路面径流会在标线内边缘处汇集，因此标线施工时每隔 15m 左右设置一条宽度为 3~5cm 的排水缝来排出路表水。然而施工中往往难以在凹型竖曲线最低点设置排水缝，造成路表降水无法排出。

6. 养护不到位

桥面降水通过泄水孔等设施排出路面，高速公路桥梁、隧道等结构物多，相应的桥梁伸缩缝、泄水孔等排水设施也较多。对排水设施的清理是日常养护工作的重要内容之一。但在实际养护过程中存在养护死角，部分桥梁伸缩缝、泄水孔清理不及时，造成异物堵塞，排水设施排水能力降低，进而导致下雨时路面积水。

（三）积水处理方法

根据路面产生积水的各方面原因，采用针对性措施加以处理，增强路面自身泄水和排水能力。具体的处理方法为在公路的中央分隔带处与超车道内侧进行纵向排水沟的设置，并按照 100m 的间隔距离增设横向排水沟，使路面上的积水进入经改造或增设形成的急流槽，进而将积水排至路基边坡以外。

（1）对于纵向排水沟，从技术的适用性、安全可靠性、经济合理性与预期达到的效果几个方面予以综合评估，最后决定选择暗管型。

（2）选择排水沟施工材料时，主要对暗管与格栅盖板两种进行对比。PVC（Polyvinylchloride，聚氯乙烯）暗管的特点为有较强的抗腐蚀性，黏接容易，单价低，质地坚硬，施工方便，经综合评价，其性能可以满足标准要求，但由于抗冲击性相对较差，在纵向排水沟中使用较多；PE（Polyethylene，聚乙烯）管的特点为挠曲性与抗冲击性相对较好，且抗老化能力强，施工方便，经综合评价，其性能可以达到标准要求，但由于在重车荷载条件下需有较强的抗冲击性，因此在横向排水沟中应用较多；铸铁暗管的挠曲性与伸缩性良好，但抗腐蚀能力偏弱，且单价较高；由于单价过于昂贵，经综合评价不建议在工程中使用；混凝土预制暗管有很高的强度，但柔性偏差，且壁厚，安装难度大，成本高；因安装困难和单价相对较高，经综合评价不建议在工程中使用。预制混凝土格栅盖板的特点为有很高的强度，单价适中，易于更换，泄水口的占比在 26%左右，且施工方便，经综合评价，其强度与泄水能力均能满足相关要求；铸铁格栅盖板有很高的强度，但单价高，容易生锈，虽然泄水口的占比可以达到 50%以上，但施工中要进行螺栓预埋；由于单价高，且施工对精度有很高的要求，经综合评价，不建议在工程中使用。最终决定采用 PVC 暗管和预制混凝土格栅盖板。

（四）积水处理施工

1. 纵向排水沟

纵向排水沟的施工需按照以下工艺流程进行：基坑开凿→垫层浇筑→PVC 管安装与泄水口预留→混凝土浇筑→盖板安装→面层铺筑。

（1）基坑开凿：在公路的中央分隔带上，于超车道的内侧进行准确放线；然后用切割机按照 50cm 宽进行切割；对于开凿的深度，按 57cm 控制，其中面层为 17cm，水稳层为 40cm。完成以上施工后，进行必要的清理作业。

（2）垫层浇筑：在凿好的基坑范围内进行防渗土工布的均匀铺设，然后浇筑一层厚度为 10cm 的混凝土，混凝土强度等级为 C25。

（3）PVC 管安装与泄水口预留：将长度为 4m、直径为 20cm 的 PVC 以 50cm 的间隔距离安装在浇筑完垫层的基坑当中，然后在间隔部位进行泄水口的预留，泄水口的规格尺寸为(50×50×47)cm，并对安装好的 PVC 管进行固定。泄水口的模板长、宽、高分别确定为 40cm、25cm 和 37cm。

（4）混凝土浇筑：安装 PVC 管并预留泄水口后，开始浇筑强度等级为 C25 的混凝土，注意预留面层的厚度。

（5）盖板安装：待浇筑完成的混凝土达到终凝后，方可安装预制混凝土格栅盖板，并在盖板的两侧进行混凝土浇筑，以固定盖板。

（6）面层铺筑：采用与坑槽修补相同的方法对面层进行铺筑。

2. 横向排水沟

横向排水沟的施工需按照以下工艺流程进行：基坑开挖→PE 管安装→混凝土浇筑→面层铺筑。

（1）基坑开挖：按照与行车方向保持垂直的方向开挖一个深度不小于 60cm、宽度为 70cm 的基坑，对于基坑内的坡度，按照和路面横坡相同的标准严格控制。

（2）PE 管安装：先把 30cm 直径 PE 管放到开挖好的基坑当中，并按照 2m 的间隔距离加以固定，避免在混凝土浇筑过程中 PE 管产生位移。

（3）混凝土浇筑：安装 PE 管后，浇筑强度等级为 C25 的混凝土，并注意在顶部预留好面层的厚度，为之后的面层铺筑奠定良好基础。

（4）面层铺筑：采用与坑槽修补相同的方法对面层进行铺筑。

3. 急流槽

所有横向排水沟都要进行急流槽的设置，以此在急流槽的作用下使路面上的积水被引到路基以外。如果急流槽已经设置，则要对其进行必要的改造；而如果没有设置急流槽，则应按照要求进行增设，增设的急流槽的具体结构形式必须与改造完成后的结构完全相同。

急流槽的施工需按照以下工艺流程进行：泄水口改造→混凝土浇筑→盖板安装。

（1）泄水口改造：对于已经设置好的急流槽，需在槽口处开挖一个长度为 100cm，深度与宽度均为 60cm 的泄水口。

（2）混凝土浇筑：采用强度等级为 C25 的混凝土对基底进行浇筑，其底部与侧壁的厚度分别为 20cm、10cm，并需形成 2%的坡度，使排水保持顺畅。在浇筑的同时还应进行螺栓埋设，以对预制混凝土格栅盖板进行固定。

（3）盖板安装：将提前准备好且经检查确认合格的预制混凝土格栅盖板放在预留的位置，并用埋设好的螺栓对准放置到位的盖板进行固定。

第四节　沥青路面修复养护

沥青路面再生技术，是将需要翻修的旧沥青路面，经翻挖、回收、破碎、筛分后，与再生剂、新沥青材料、新集料等按一定比例重新拌和，获得满足一定路用性能的再生沥青混合料，并用其重新铺筑路面的一套工艺技术。

根据再生混合料拌制和施工温度的不同，沥青路面再生可分为冷再生和热再生。在冷再生过程中，对旧路铣刨、新旧料的拌和与摊铺是在常温下进行的，冷再生结合料通常采用乳化沥青或泡沫沥青。在热再生过程中，对旧路面铣刨、新旧料拌和时需要加热。根据施工场合和施工工艺的不同，沥青路面再生可以分为厂拌再生和就地再生。就地再生与厂拌再生的区别在于拌和过程发生的地方，就地再生的拌和过程是在旧路面现场进行的，而厂拌再生的拌和过程是在拌和厂进行的。在路面大修工程中，常用的再生方案有就地冷再生、厂拌冷再生、就地热再生和厂拌热再生等。每种再生技术各有特点，各适合于不同状况的路面。在再生利用前，对路面状况进行详细的调查分析，选择最佳的再生方案，以实现效益最优。

下文从就地热再生技术、厂拌热再生技术、就地冷再生技术、厂拌冷再生技术、橡胶沥青技术、高模量沥青混合料技术和应力吸收层技术对沥青路面修复养护进行阐述。

一、就地热再生技术

就地热再生技术是采用专用的就地热再生设备，对沥青路面进行加热、铣刨，就地掺入一定数量的新沥青、新沥青混合料、再生剂等，经热态拌和、摊铺、碾压等工序，一次性实现对表面一定深度范围内的旧沥青路面再生的技术。它可以分为复拌再生和加铺再生两种。

（1）复拌再生：将旧沥青路面加热、铣刨，就地掺加一定数量的再生剂、新沥青、新沥青混合料，经热态拌和、摊铺、压实成型。掺加的新沥青混合料比例一般控制在30%以内。

（2）加铺再生：将旧沥青路面加热、铣刨，就地掺加一定数量的新沥青混合料、再生剂，拌和形成再生混合料，利用再生复拌机的第一熨平板摊铺再生混合料，利用再生复拌机的第二熨平板同时将新沥青混合料摊铺于再生混合料之上，两层一起压实成型。

（一）技术特点

沥青路面就地热再生工艺是对旧沥青路面就地加热、翻松、拌和、摊铺、压实，一次性将沥青路面翻新成型的施工方法。一般是在路面的损坏程度还没有波及基层时采用这种施工方法，其主要特点如下。

（1）旧沥青路面混合料就地再生利用，不需要搬运废料过程及废弃物堆放场地，减少路面材料往返运输量，可减少环境污染和节约运输费用。

（2）旧沥青路面混合料100%得到再生利用，可以节省新混合料的用量，工程费用低，经济效益显著。

（3）与其他维修方法相比，施工进度快、施工周期短，可以快速开放交通。

（4）施工中产生的振动、噪声比其他施工方法小，市区可以进行夜间作业。

（5）由于使用专用机组进行连续机械化施工，此方法不适用于小型维修工程及难以确保连续机械化施工的工程。

（6）这种再生方法是以沥青路面面层为施工对象，当路面损坏波及基层以下时，原则上不适用。

(7) 此方法是在现场加热旧沥青路面，施工容易受气候的影响，寒冷季节一般不宜施工。

(8) 就地热再生设备一次性投资大，无法除去已经不适合进行再生的旧混合料，级配调整幅度有限。

(二) 材料要求

1. 旧料

应对回收沥青路面材料进行相关检测，检测项目包括含水率、沥青含量、针入度、延度、软化点、黏度、压碎值等。

2. 再生剂

回收沥青路面材料中应掺加再生剂。再生剂的选用应综合考虑沥青的老化及性能变化程度，回收沥青路面材料的使用年限、利用比例，再生剂与沥青胶结料的配伍性，再生沥青混合料的用途等因素。再生剂性能应符合以下四方面的规定：①与沥青具有良好的配伍性；②具有良好的流变性质；③具有溶解和分散沥青质的能力；④具有一定的耐热性和耐候性。

就地热再生采用道路石油沥青或SBS(苯乙烯-丁二烯-苯乙烯嵌段共聚物)改性沥青作为再生结合料，必要时掺加再生剂。

3. 新加入材料

无论是新加入沥青胶结料还是矿料均应按照《公路沥青路面施工技术规范》(JTG F40—2004)中的相关标准进行控制。

(三) 配合比设计

就地热再生混合料的目标配合比设计应按以下主要流程进行。

(1) 回收沥青路面材料性能分析与评价，重点是沥青含量和矿料级配。

(2) 确定再生剂的品种和用量，并进行再生剂相关性能试验。

(3) 新加材料试验。

(4) 进行配合比矿料级配设计。

(5) 调整好级配后，预估再生混合料的油石比，以此为中值，以一定的间隔确定5个新沥青用量，分别成型马歇尔试件，确定再生混合料最佳沥青用量。按照《公路沥青路面施工技术规范》(JTG F40—2004)的方法测试试件的毛体积相对密度、吸水率、理论最大相对密度，测试再生混合料马歇尔稳定度和流值。

(6) 通过动稳定度、低温弯曲试验破坏应变等指标验证再生沥青混合料的性能。再生沥青标号的设计目标是使其接近新路面上的沥青标号，由于需要考虑拌和和摊铺过程的沥青老化，因此再生沥青的目标标号要比同一地区经常使用的新沥青标号低。

(四) 施工工艺

就地热再生主要施工工序包括：路面加热、铣刨、收集、添加再生剂和新料、拌和、摊铺、碾压等。就地热再生一般采用现场热再生设备(“现场再生列车”)，添加再生剂和新料、拌和、摊铺为一体的组合设备，整个流程时间短、进度快。

原路面上有稀浆封层、微表处、超薄罩面、碎石封层，采用就地热再生时会存在两个问题：①再生混合料的级配可能会难以调整到良好级配范围；②再生时加热会很困难，很难穿透封层将热量均匀地传递下去，从而影响再生质量，不宜直接进行就地热再生。就地热再生前，应先将其铣刨或经充分试验分析后，做出针对性的材料设计和工艺设计。改性沥青路面的就地热再生，宜进行专门论证。

就地热再生施工前，必须对以下就地热再生无法修复的路面病害进行预处理。

（1）破损松散类病害：破损松散类病害的深度超过就地热再生施工深度时，应予挖补。

（2）变形类病害：根据再生设备的不同，变形深度为30~50mm时，再生前应进行铣刨处理。

（3）裂缝类病害：分析裂缝类病害成因，影响热再生工程质量的裂缝应予处理。采用就地热再生工艺施工的再生工程，宜在15℃以上气温条件下施工，不得在雨天、路面潮湿的情况下施工。

原路面必须充分加热，但不得因温度过高造成沥青老化，并应减小再生机组设备间距，减少热量散失、原路面加热宽度比铣刨宽度每侧应至少宽出200mm。铣刨深度要均匀，铣刨面温度应高于70℃。再生剂喷洒装置应与再生复拌机行走速度连动并可自动控制，能准确按设计剂量喷洒，并保证再生沥青混合料拌和均匀。摊铺应匀速行进，施工速度宜为1.5~5m/min，摊铺温度宜控制在120~150℃。

就地热再生压实完成后，尽管再生混合料摊铺温度不如新混合料高，但由于其下承层往往也被加热到一定的温度，再生路面被压实后其降温速度较慢，要控制开放交通的温度，再生层路表温度低于50℃后方可开放交通。特别是夏季高温时节，可采用洒水降温。

（五）适用条件

就地热再生适用于再生深度一般为20~50mm，仅存在浅层轻微病害的高速公路及一级、二级公路沥青路面表面层的就地再生利用，再生层可用作表面层或中面层。

就地热再生是一种预防性养护技术，再生时原路面应符合以下条件：

（1）原路面整体强度满足设计要求。

（2）原路面病害主要集中在表面层，通过再生施工可得到有效恢复。

（3）路面下面层、基层、路基有较好的强度和稳定性。

（4）沥青路面平均厚度不应小于70mm，对于上拌下贯式路面要求上拌沥青混合料厚度不应小于40mm。

（5）压密型车辙、推挤和拥包深度应小于20mm。

（6）龟网裂率应小于40%。

（7）原路面沥青的25℃针入度不低于20(0.1mm)。

原路面上有稀浆封层、微表处、超薄罩面、碎石封层，就地热再生前，应经充分试验分析后，决定是否将其铣刨掉，做出针对性的材料设计和工艺设计。

二、厂拌热再生技术

厂拌热再生(Central Plant Hot Recycling)是将回收沥青路面材料(RAP)运至沥青拌和站，经破碎、筛分，以一定的比例与新集料、新沥青、再生剂(必要时)等拌制成热拌沥青再生混合料铺筑路面的技术。典型的沥青混合料厂拌热再生原理是：旧沥青在加热、拌和过程中逐渐从回收沥青路面材料（RAP）旧集料中分离出来，并部分地裹覆到新集料表面，新加入的沥青在新、旧集料上均匀分布，从而使再生混合料中的沥青各个组分趋于均匀。

（一）技术特点

（1）设备投资小。所用机械设备除拌和设备与热拌沥青路面施工所用的拌和设备有一部分不同之外，其他设备基本相同。

（2）混合料质量较好控制。通过试验，确定回收沥青混合料中的沥青含量与性能及其矿料级配比例，从而选择合适的再生剂及确定新混合料级配，保证再生沥青混合料的质量。

（3）摊铺碾压成型的沥青路面与新沥青路面基本相同，能较好地恢复路面的承载能力，平整、美观，其施工质量标准不会因使用回收沥青路面材料而降低。

（4）适用范围广，对所有路面损坏均适用。

（5）成品料运输费增加，所有旧料必须运到固定场地进行再生混合料生产，同时再生料又必须运回路面再次摊铺，所以较就地热再生增加运输成本。

（6）RAP 的掺配比例相对较低，很难保证旧料源的质量和一致性。

（7）旧料掺量有限，加热导致沥青混合料的二次老化，消耗大量燃料，产生大量废气。

（二）材料要求

不同的回收沥青路面材料（RAP）应分别回收，分开堆放、不得混杂。旧料回收可选用冷铣刨、机械开挖等方式，应减少材料变异，且在回收和存放时不得混入基层废料、水泥混凝土废料、杂物、土等杂质。使用推土机、装载机等机具将一个料堆的回收沥青路面材料充分混合，然后用破碎机或其他机械进行破碎，应使回收沥青路面材料最大粒径小于再生沥青混合料最大公称粒径，不应有超粒径材料。

用于厂拌热再生的 RAP 必须经过破碎、筛分后方可使用，不允许直接使用未经预处理的 RAP。根据再生混合料的最大公称粒径选择合理筛孔孔径，将处理后的 RAP 筛分成不少于两档的材料。使用回收沥青路面材料时应从料堆的一端开始在全高范围内取料。

再生路面设计前，应选取具有代表性的回收沥青路面铣刨料样品进行抽提筛分试验，对回收沥青路面材料的性质、旧料的级配组成及技术指标等进行全面了解，一般包括以下检测项目：

（1）回收沥青路面材料中矿料级配组成及矿料的表观密度、毛体积密度、压碎值、针片状颗粒含量、棱角性、砂当量。

（2）回收沥青路面材料中旧沥青含量及针入度、延度、软化点、黏度等指标。

（3）回收沥青路面材料的理论最大密度及含水率。

（三）配合比设计

对回收沥青路面材料进行充分调查分析的基础上，根据工程要求、公路等级、使用层位、气候条件、交通、工程经济等情况，选择适合的回收沥青路面材料及其掺配比例，综合确定再生沥青混合料级配范围。厂拌热再生混合料应以回收沥青路面材料中的旧矿料与新矿料合成级配作为设计级配的依据，配合比设计采用马歇尔设计法，主要任务如下。

1. 确定旧料的掺配比例

对回收沥青路面材料性能进行分析、评价，根据再生沥青混合料使用要求，选择不同的RAP掺配比例进行新旧矿料合成级配调整，保证合成级配基本一致，并满足工程设计级配要求。兼顾再生沥青混合料高低温、抗水损害等路用性能，选定回收沥青路面材料最佳掺配比例。

2. 选择再生剂和新沥青材料，并确定其用量

测定回收旧沥青的针入度、延度、软化点、黏度等指标。向回收旧沥青中掺加不同比例的再生剂，并测定再生沥青的性能，通过技术经济比较后获得再生剂掺配比例，此比例为再生剂用量。

3. 选择砂石材料并确定新集料的掺配比例

包括矿料的表观相对密度、毛体积相对密度、矿料级配等，进行目标配合比矿料级配设计。

4. 检验再生沥青品质，并确定再生混合料最佳油石比

调整好级配后，进行马歇尔击实试验，确定混合料最佳沥青用量。

5. 根据路用要求，检验再生混合料的物理力学性能

通过动稳定度、低温弯曲试验的破坏应变、冻融劈裂试验的残留强度比等指标验证再生沥青混合料的性能。

（四）施工工艺

厂拌热再生混合料中回收沥青路面材料（RAP）的掺配比例取决于再生混合料的性能要求与拌和设备的类型。一般回收沥青路面材料（RAP）的使用比例≤30%是比较成熟的技术，优先推荐使用。

厂拌热再生混合料可以选用间歇式拌和设备或连续式拌和设备进行拌制，拌和设备必须具备回收沥青路面材料（RAP）的配料装置和计量装置。使用间歇式拌和设备，当回收沥青路面材料（RAP）掺量大于10%时，宜增加回收沥青路面材料（RAP）烘干加热系统。

厂拌热再生混合料的生产温度与拌和时间应根据拌和设备的加热干燥能力、回收沥青路面材料（RAP）含水率、再生混合料的级配、新沥青的黏温曲线等综合确定，以不加剧回收沥青路面材料（RAP）再老化，提高生产能力，降低能耗，并生产出均匀稳定的沥青混合料为原则。

（1）使用间歇式拌和设备时，应适当提高新集料的加热温度，但最高不宜超过200℃。

（2）使用间歇式拌和设备时，干拌时间一般比普通热拌沥青混合料延长5~10s，总拌和时间比普通热拌沥青混合料延长15s左右。

（3）再生混合料出料温度应比普通热拌沥青混合料高5~15℃。

（4）回收沥青路面材料（RAP）加热时不得直接与火焰接触。

（5）厂拌热再生混合料的摊铺温度宜比热拌沥青混合料高5~15℃。

（6）厂拌热再生混合料的压实温度宜比热拌沥青混合料高5~10℃。

厂拌热再生施工宜在15℃以上气温条件下进行，不得在雨天、路面潮湿的情况下施工。

（五）适用条件

厂拌热再生沥青混合料适用于高速公路、一级公路的中下面层，其他等级公路的面层或者柔性基层。如在高等级公路上面层使用，应进行单独论证。

厂拌再生沥青混合料路面的下承层必须符合下列要求：①满足设计要求的强度和刚度；②有良好的稳定性；③平整、密实，拱度与面层一致。

厂拌再生沥青路面施工前应对下承层的质量进行检查，对于高低不平、松散、坑槽、局部龟裂和软弱等病害，应在铺筑面层前整修完毕。下承层顶面应洒布封层或黏层，保证与面层的有效连接。

三、就地冷再生技术

就地冷再生(Cold In-Place Recycling)技术是采用专门的就地冷再生设备，对沥青路面进行现场冷铣刨，破碎和筛分(必要时)，掺入一定数量的新集料、再生结合料、活性填料(水泥、石灰等)、水，经过常温拌和、摊铺、碾压等工序，一次性实现旧沥青路面再生技术，它包括沥青层就地冷再生和全深式就地冷再生两种方式。仅对沥青材料层进行的就地冷再生称为沥青层就地冷再生；再生层既包括沥青材料层又包括非沥青材料层，称为全深式就地冷再生。

(一) 技术特点

就地冷再生工艺与其他工艺相比较的主要特点。

(1) 旧料全部就地再生。旧料的全部利用大大减少新材料的开采，解决了旧料的运输和堆放问题。

(2) 在翻修路面的补强问题上有着很大的灵活性，可以在再生路面上只铺一层稀浆封层；也可以在其上加铺一层热沥青混合料磨耗层；也可以将再生路面作为底面层，在其上加铺中面层和表面层，构成三层结构的路面；还可以将再生路面作为第一层结构层而在其上铺多层结构的沥青路面。

(3) 工期短。由于旧料不需要其他机械对其耙松和破碎、运输等，同时施工过程的一次性作业大大地简化施工工序，从而缩短施工时间。

(4) 常温下施工，减少环境污染和能源消耗。

(5) 就地冷再生所需专用设备昂贵。

(6) 再生混合料均匀性不如厂拌料，级配控制难度大，再生料质量相对难以控制，再生层一般不能直接用作为表面层。

(二) 材料要求

就地冷再生材料要求与厂拌冷再生基本一致。

(三) 配合比设计

旧路大修、改建时，采用水泥稳定就地冷再生用于基层或底基层，应按半刚性理论进行结构设计。旧路大中修时，采用乳化沥青或泡沫沥青就地冷再生材料用于路面下面层或柔性基层，应按路面加铺罩面或柔性理论进行结构设计。

就地冷再生稳定剂主要有水泥、水泥稀浆、乳化沥青、泡沫沥青、石灰、粉煤灰等。目前常使用的稳定剂以水泥和乳化沥青为主，可单独或二者结合使用。二者结合使用能在获得所需承载力的同时提高基层弹性，以防止产生裂缝。只有在要求快速开放交通情况下，可采用泡沫沥青就地冷再生技术。

乳化沥青或泡沫沥青冷再生混合料中，乳化沥青或泡沫沥青添加量折合成纯沥青后占混合料其余部分干质量的百分比宜为1.5%~3.5%，在设计和施工时应根据需要加入水泥作为活性填料，不宜超过2%。

（四）施工工艺

就地冷再生是把路面现有旧铺层的材料进行铣刨、破碎，必要时加入一定比例的新集料与再生添加剂，然后进行充分均匀拌和，使之成为一种全新的材料重新铺筑在路面上，经压实成型，变成具有所需承载力的新路面结构层。

就地冷再生施工主要采用大型的就地冷再生设备，一般由水罐车、乳化沥青罐、再生机、拾料机、摊铺机等部分构成，具有铣刨、筛分、破碎、添加结合料、拌和等功能。采用乳化沥青或泡沫沥青时，压实厚度80~160mm；采用水泥或石灰时，压实厚度150~220mm。

采用乳化沥青或泡沫沥青作为结合料的就地冷再生路面工程，宜在最低气温10℃以上条件下进行施工；采用水泥作为结合料的就地冷再生路面工程，宜在最低气温5℃以上条件下进行施工；不得在雨天施工。

1. 水泥类就地冷再生

采用水泥进行就地冷再生的施工工序如下。

（1）洒布水泥。为了洒布均匀，水泥应由专门洒布机洒布。水泥的洒布量需根据材料试验确定。经验表明，洒布量约是集料质量的3.5%~4.5%。

（2）铣刨和拌和。通过就地冷再生机铣刨和拌和，废旧沥青路面材料将水泥和水均匀地拌和在一起，然后从再生机上破碎铲的缺口处流出。

（3）铣刨材料的摊铺。用平地机还是再生机的整平板摊铺混合料需根据路面坡度而定。如果坡度较大，需使用平地机。在其他情况下，再生机的整平板可以铺筑出符合要求的路面。碾压应采用适当重量级的轮胎或钢轮压路机。

2. 沥青类就地冷再生

沥青就地冷再生施工方法中可采用乳化沥青作稳定剂，也可采用泡沫沥青作为稳定剂。

使用乳化沥青材料的就地冷再生，一定要检查现场材料的稳定性。应通过试验室试验测试材料的下列特性：①级配；②黏结剂的性质；③乳化沥青的配伍性；④最大压实密度；⑤混合料的力学性质。

乳化沥青就地冷再生的道路需要加铺沥青磨耗层或封层，因此，在缺少沥青拌和站或离拌和站较远的地区，采用乳化沥青再生路面的施工方法具有较大优势。

3. 综合类就地冷再生

使用水泥和乳化沥青进行就地冷再生的方法称为综合类。使用水泥加上乳化沥青可以减少乳化沥青用量，当乳化沥青价格高于水泥价格时，可以节省工程投资；另一方面，加入乳化沥青可以降低水泥稳定层的刚性，因而减少反射裂缝的出现。

（五）适用条件

下承层结构强度满足要求时，沥青路面就地冷再生适用于二级、三级公路沥青路面的就地再生利用，用于高速公路时应进行论证。对于一级、二级公路，再生层可作为下面层、基层；对于三级公路，再生层可作为面层、基层，用作表面层时应采用稀浆封层、碎石封层、微表处等用作上封层。

沥青层就地冷再生应使用乳化沥青、泡沫沥青作为再生结合料；全深式就地冷再生既可使用乳化沥青、泡沫沥青等沥青类的再生结合料，也可使用水泥、石灰等无机结合料作为再生结合料，使用水泥、石灰等无机结合料作为再生结合料时的全深式就地冷再生，沥青层厚度占再生厚度的比例不宜超过 50%。乳化沥青或泡沫沥青就地冷再生可用于中轻交通的一级公路柔性基层、二级公路下面层或柔性基层，用于二级公路下面层必须加铺大于 3cm 的面层。当使用水泥、石灰等作为再生结合料时，再生层只可作为基层，适用于中轻交通一级、二级公路底基层，三级及以下公路、城市出口路的基层或底基层。

四、厂拌冷再生技术

厂拌冷再生(Central Plant Cold Recycling)是将回收沥青路面材料(RAP)运至拌和站，经破碎、筛分，以一定的比例与新集料、沥青类再生结合料、活性填料(水泥、石灰等)以及水进行常温拌和，常温铺筑形成路面结构层的沥青路面再生技术。厂拌冷再生可使用乳化沥青或者泡沫沥青作为再生结合料。

(一) 技术特点

(1) 常温施工，能耗低，污染小。

(2) 铣刨的旧沥青混合料(同基层一起铣刨时，含基层材料)可以全部回收利用，降低了原材料成本，且不产生环境污染。

(3) 与就地冷再生相比，对冷再生混合料配合比控制更为准确，再生料的质量稳定，路用性能更有保证。

(4) 旧料需要运输、储存，增加成本与交通负担。

(5) 旧料中的沥青利用率低。

(6) 再生料的性能不能恢复到原来的水平，混合料性能不及热拌料，一般需要加铺一定厚度的面层。

(二) 材料要求

1. 旧料处理

厂拌冷再生中回收沥青路面材料的回收、预处理和堆放与厂拌热再生要求相同。

2. 沥青胶结料

(1) 乳化沥青。通常情况下，厂拌冷再生宜采用慢裂型阳离子乳化沥青，推荐使用高黏乳化沥青。

(2) 泡沫沥青。泡沫沥青发泡用的基质沥青应符合现行《公路沥青路面施工技术规范》(JJTG F40—2004)的规定。膨胀率不得小于 10 倍，半衰期不得小于 8s。

(3) 水泥。水泥作为厂拌冷再生混合料的活性添加剂，主要作用是增加再生层早期强度，控制破乳时间，有效吸收乳化沥青中的水分。水泥的初凝时间应在 3h 以上，终凝时间宜在 6h 以上，不应使用快硬水泥、早强水泥。水泥应疏松、干燥、无聚团结块、受潮变质。

(三) 配合比设计

必须在对回收沥青路面材料充分调查分析基础上，根据工程要求、使用层位、气候条件、交通情况，充分借鉴成功经验，选用符合要求的材料，进行厂拌冷再生混合料设计。

1. 确定工程设计级配范围

根据公路等级、工程性质、交通特点、材料品种等因素，通过对条件大体相当的工程使用情况进行调查研究后确定。当工程设计文件已规定级配范围时，工程级配范围按照设计文件执行。经确定的工程设计级配范围是配合比设计的依据，不得随意变更。

2. 材料选择与准备

配合比设计所用材料，其质量应满足相关规范的技术要求。当单一规格的集料其某项指标不合格，但不同粒径规格的材料按照级配组成集料混合料指标能符合标准要求时，允许使用。

3. 矿料级配设计

以回收沥青路面材料（RAP）为基础，掺加不同比例的新集料，使合成级配满足工程设计级配的要求。

厂拌冷再生混合料中，回收沥青路面材料中的沥青没有热熔的过程，回收沥青路面材料颗粒主要作为黑色集料发挥作用，与新矿料在乳化沥青或泡沫沥青的黏结作用下重新拌和摊铺。因此混合料级配设计采用 RAP 与新矿料的合成级配。

4. 确定最佳含水率

参照现行《公路土工试验规程》（JTG 3430—2020）或者采用马歇尔击实的方法，对合成矿料进行击实试验，确定最佳含水率。使用乳化沥青时，乳化沥青试验用量可定为 4%，使用泡沫沥青时，泡沫沥青试验用量可定为 3%，变化含水率进行马歇尔或击实试验，获得最大干密度时，其混合料的含水率即为最佳含水率。

5. 确定最佳乳化沥青（泡沫沥青）用量和水泥用量

以预估的沥青用量为中值，按照一定间隔变化形成 5 个乳化沥青（泡沫沥青）用量，保持最佳含水率不变，制备马歇尔试件。

厂拌冷再生混合料中，乳化沥青或泡沫沥青添加量折合成纯沥青后占混合料其余部分干质量的百分比宜为 1.5%~3.5%。水泥等活性填料剂量不宜超过 1.5%，否则再生混合料易变硬变脆，抗疲劳性能降低。

6. 性能检验

按规定进行各种配合比设计检验，确认配合比设计是否合理。

（四）施工工艺

厂拌冷再生施工工艺流程：现场铣刨的回收料运回冷再生拌和站→调整集料级配，加入黏结料拌和生成冷再生混合料→再生混合料运输至施工现场，摊铺、碾压、养生→封层→加铺罩面。

厂拌冷再生施工要点如下。

1. 拌和

使用乳化沥青时应具备乳化沥青喷洒和精确计量系统；使用泡沫沥青时还需配备泡沫沥青发生装置。厂拌冷再生混合料一般应遵循“即拌即用”的原则，尽快将再生混合料用于路面施工。否则，水泥的水化反应、乳化沥青的破乳等都会影响再生混合料的性能。

2. 摊铺

采用摊铺机摊铺，熨平板无需加热。用于三级以下公路时也可选择使用平地机摊铺。厂拌冷再生混合料施工必须保证合理的施工工期，应在尽可能高温情况下施工，当气温或下承层表面温度低于10℃时不得铺筑冷再生结构层，不得低温施工。

3. 压实

需要配备大吨位轮胎压路机、振动压路机，制定科学的压实方案，确保压实度。厂拌冷再生混合料每层压实厚度不宜大于160mm，且不宜小于60mm，一般建议控制在80mm以上。

4. 养生

冷再生层在加铺上层结构前必须养生，养生时间不宜少于7d，当满足以下条件之一时，可提前结束养生：一是再生层可以取出完整的芯样；二是再生层含水率低于2%。

养生方法要点如下：①封闭交通情况下养生时，可进行自然养生，无需采取措施；②开放交通的条件下养生时，再生层在完成压实至少1d后方可开放交通，但应严格限制重型车辆通行，行车速度应控制在40km/h以内。为避免车轮对表层的破坏，可在再生层上均匀喷洒慢裂乳化沥青。

（五）适用条件

下承层结构状况良好时，厂拌冷再生技术适用于对各等级公路的回收沥青路面材料进行冷拌再生利用，再生后的沥青混合料根据其性能和工程情况，可用于高速公路和一级、二级公路沥青路面的下面层及基层、底基层，三级、四级公路沥青路面的面层。当用于三级、四级公路的表面层时，应采用稀浆封层、碎石封层、微表处等做上封层。长大纵坡、地下水位较高的路段不宜采用厂拌冷再生技术。

五、橡胶沥青技术

橡胶沥青（Asphalt Rubber，简称AR）技术是将满足规定要求的废胎胶粉按一定比例（>15%）掺入基质沥青中，在高温条件下，经充分拌和、剪切、研磨、溶胀而形成的满足相关技术指标要求的改性沥青。

橡胶沥青混合料是以橡胶沥青为胶结料的沥青混合料。其中有两种不同的生产工艺：湿法工艺（橡胶沥青混合料）和干法工艺（橡胶粉沥青混合料）。

干法工艺是指橡胶粉与集料先行拌和共混后再喷入沥青拌制混合料的工艺。该方法是将橡胶粉可看作是集料的一部分，但一般橡胶粉的掺量都不能太高。湿法工艺是指将废胎胶粉或颗粒与沥青混炼或混合形成橡胶沥青，然后作为黏结剂再与矿料拌和的工艺，是目前应用较广泛的橡胶沥青生产方法。

国外研究表明，干法工艺铺筑的沥青路面性能不稳定，容易产生松散、剥落等病害，干法工艺中的不相容性是导致早期损坏的主要因素，目前应用相对较少，因此下文仅介绍湿法工艺的橡胶沥青混合料技术。

（一）技术特点

（1）降低沥青路面的温度敏感性，在低温性能不降低的情况下改善抗疲劳开裂性能，提高路面的耐久性，由于道路的耐久性得到提高，使得道路的养护费用显著降低。

（2）橡胶沥青由于黏结剂含量高、自身沥青膜厚度且具有良好的弹性，可以改善抵抗路面产生疲劳裂缝和反射裂缝的能力。

（3）因为胶结料含量高、油膜厚以及轮胎中含有抗氧化剂，提高了道路抗老化、抗氧化能力。

（4）提高沥青胶结料的稠度，具有很好的抗车辙永久变形能力。

（5）橡胶沥青技术能够大量使用废旧轮胎，既节约能源，又有利于环境保护。

（6）相同使用效果前提下，使用橡胶沥青可减少沥青混合料面层厚度。由于施工厚度薄，施工迅速，缩短了施工时间。

（7）开级配或间断级配橡胶沥青路面防滑功能高、减少雨天行车溅水、改善视野、降低噪声，橡胶中的炭黑能够使路面黑色长期保存，与标线对比度高，大大提高路面的行车安全和舒适性。

（8）施工对温度要求高，橡胶沥青及其混合料施工时，对温度要求更加严格。

（9）橡胶沥青生产及生产设备费用较高，不适用于小型工程施工。

（二）材料要求

路用橡胶粉应选用常温磨细的废轮胎橡胶粉，且宜选择斜交胎胶粉或天然胶含量较高的橡胶粉，并应满足相应物理、化学指标，同时橡胶粉应为黑色均质粉末。

保证易于碾压成型和满足使用性能要求前提下，应尽量选用较粗的废胎胶粉。无论是干拌还是湿拌，宜选择 20~80 目之间的路用废胎胶粉。

废胎胶粉的现场储存时间不宜超过 180d，如果超过该储存时间，下次使用之前，应检测废胎胶粉的全部物理性能是否满足要求。

（三）配合比设计

橡胶沥青混合料配合比设计与其他类型沥青混合料基本相同，采用马歇尔击实法确定沥青混合料的配合比。对于密级配橡胶沥青混合料，应采用间断级配。

橡胶沥青混合料设计首先是级配的选择和确定，其次是混合料体积指标和力学指标的分析、确定，最终确定混合料油石比。

（1）根据使用条件要求，确定采用干拌工艺还是湿拌工艺，并初步确定废胎胶粉的掺量，废胎胶粉掺量一般不宜低于 20%(外掺)。

（2）根据工程所使用的石料，进行石料性能检测，测定石料的表观相对密度、毛体积相对密度及吸水率，初定各档石料的比例及混合料级配曲线。

（3）按照初选的矿料级配与初始橡胶沥青用量制作马歇尔试件，初始橡胶沥青用量宜采用 6%~8%。

（4）按照现行试验规程规定的方法，确定橡胶沥青混合料试件的各项体积指标和毛体积相对密度，确定设计级配。

（5）根据确定的混合料设计级配，以初始橡胶沥青用量为中值，按照一定间隔(0.3%~0.5%)，取 5 个或 5 个以上不同的橡胶沥青用量分别成型的马歇尔试件。按照设计要求确定最佳橡胶沥青用量。

(6) 在最佳橡胶沥青用量条件下进行车辙试验、低温弯曲试验与水稳定性试验等性能验证。如混合料技术性能不能满足技术要求，需重新进行理论配合比设计，着重于橡胶沥青或废胎胶粉的类型、掺量等角度进行分析。当橡胶沥青混合料试件的各项性能满足设计要求时，橡胶沥青用量应作为设计橡胶沥青用量。

注意事项有以下几点。

① 橡胶沥青的密度。由于废胎胶粉与沥青作用机理比较复杂，相同类型、掺量的废胎胶粉掺入不同标号的基质沥青中密度并不相同；同时，橡胶沥青密度并不能通过废胎胶粉密度和沥青密度直接计算得到，应通过试验确定。

② 干拌工艺的废胎胶粉密度。干拌橡胶沥青混合料的生产过程中，废胎胶粉与沥青和矿料在高温时拌和，尽管时间较短，但沥青与废胎胶粉仍会产生一些反应，导致废胎胶粉密度和沥青密度直接计算得到，应通过试验确定。

（四）施工工艺

1. 橡胶沥青制备

橡胶沥青的加工温度宜控制在 180～190℃，当废胎胶粉掺量较大时，加工温度可适当提高，但不应高于 210℃。因为反应温度主要与橡胶粉细度、性质、掺量有关，橡胶粉的脱硫温度为 160～180℃，为保证橡胶颗粒在沥青中充分溶胀、反应，一般要求反应温度在 180℃以上。

橡胶沥青加工搅拌时间一般为 45～60min。生产的橡胶沥青宜在 24h 内使用完毕。当需要临时储存时，应将橡胶沥青温度降到 145～155℃内存储，存储时间不应超过 3d。存储期间应检测橡胶沥青技术指标是否满足技术要求，如不满足要求，应重新加工或掺加一定剂量的废胎胶粉，重新预混、反应至满足技术要求。

2. 橡胶沥青混合料生产

将加热后的橡胶沥青结合料输送到沥青拌和站的拌和设备中与集料充分拌和。宜采用间歇式拌和机，拌和时间根据具体情况经试拌确定，以沥青均匀裹覆集料为度，间歇式拌和机每盘的生产周期不应少于 50s，其中干拌时间不宜小于 15s。

橡胶沥青混合料宜随拌随用，储存时间不宜超过 10h，存储过程中温度下降不得大于 10℃。

3. 橡胶沥青混合料运输和摊铺

橡胶沥青混合料运输和摊铺与改性沥青混合料基本相同，一定要保证施工温度。橡胶沥青路面施工的最低气温不应低于 15℃，寒冷季节遇大风降温，不能保证迅速压实时，不得铺筑橡胶沥青混合料。

4. 橡胶沥青混合料碾压

橡胶沥青混合料碾压应遵循“紧跟慢压、高频低幅”的原则，在高温下进行压实。当温度过高时，应增大压路机与摊铺机之间的距离，否则过热碾压会导致混合料的推移。由于胶结料含量较高，为防止橡胶沥青黏结橡胶轮胎，橡胶沥青混合料施工一般多采用钢筒式压路机。

橡胶沥青混合料碾压温度的高低与橡胶沥青的黏度有关，黏度越大，碾压温度越高。

橡胶沥青混合料的初压温度一般不宜低于155℃，复压温度不宜低于135℃，终压的结束温度不宜低于90℃。当混合料的摊铺厚度大于80mm时，初压温度不宜低于150℃。

5. 开放交通

由于橡胶沥青混合料的特殊性质，黏性较大，其停置时间要长于其他类型混凝土。摊铺结束后，橡胶沥青路面应自然冷却，在施工完毕24h后可开放交通。

（五）适用条件

橡胶沥青混合料可用于新建或改建道路的表面层及中下面层，用普通沥青混合料的工程都可以使用橡胶沥青，而且抗裂性能、抗疲劳性均好于普通沥青。橡胶沥青应力吸收层可用于无机结合料稳定基层、旧沥青路面或旧水泥混凝土路面之上。橡胶沥青混合料在旧水泥混凝土路面，旧沥青路面上做薄层罩面效果更为突出。

六、高模量沥青混合料技术

车辙的存在严重影响行车的舒适性和安全性，其维修处置需要大量的资金。目前国内大多数地区的沥青路面都不同程度地存在车辙病害。通过长期观测，我国大部分地区，夏季的最高气温能达到30~35℃，沥青路面的表面最高温度要比最高气温高25℃，可能达到55℃以上，路表以下10cm处可达45℃。如果遇到高温持续时间长，将使沥青路面在重交通条件下迅速变形破坏，产生车辙。沥青作为黏弹性材料，在如此持续的高温下，沥青性能由弹性体向塑性体转化，动态剪切模量大幅度降低，相同应力条件下，其应变量急剧增大，混合料的抗变形能力急剧下降。除了上述客观原因外，出现较为严重的车辙病害的内因与路面设计、使用沥青材料、施工工艺等有关。力学计算和大量的现场调查资料显示，在我国公路沥青路面中，对车辙产生影响最大的是中面层。采用高模量沥青混合料，减少沥青混合料在荷载作用下的应变，减少沥青混合料的高温塑性变形，加大中面层混合料向下传递荷载的扩散角，使路面各结构层充分发挥作用。在不降低沥青混合料低温性能、耐疲劳性能的同时，大幅度提高中面层沥青混合料的高温稳定性和沥青复数剪切模量，确保路面结构的服务功能、延长沥青混合料路面的使用寿命，科学地解决路面建设先期投资与长期使用性能、长远经济利益的矛盾。

高模量沥青混合料（High Modulus Asphalt Concrete，HMAC）是一种通过采用低标号硬质沥青或添加高模量外加剂以及调整混合料级配形成的模量较高的材料。其特点是模量高因而可以减少路面结构层厚度。它的作用原理是通过掺加外掺剂或低标号的沥青，增加沥青稠度、韧度和黏结作用，极大限度地提高沥青混合料材料的劲度模量，增强整个路面结构抵抗车辙变形，提高混合料高温性能，改善抗疲劳能力，从而延长路面的使用寿命。

通过采用适宜的技术，使混合料的动稳定度（DS）值（试验温度60℃、轮压0.7MPa）达到5000次/mm以上，且15℃，10Hz条件下动态模量达到14000MPa以上（国外对于高模量的定义），45℃，10Hz条件下动态模量达到2000MPa以上，45℃，0.1Hz条件下达到500MPa以上，同时满足这些条件的沥青混合料称为高模量沥青混合料。高模量沥青混合料主要解决路面车辙等高温病害问题，因此，评价混合料是否为高模量沥青混合料，重点是看其高温状态下的动态弹性模量，其中10Hz的加载速度相当于行车速度为60~70km/h，而0.1Hz的加载速度相当于慢速行车。

1. 技术特点

高模量沥青混合料优势在于高温状态时路面产生的应变只是 SBS 改性沥青路面的 1/3，大大降低路面产生车辙的概率，减少车辙深度或推迟车辙出现，提高行车的安全性和舒适性，延长维修周期，降低维修费用，可以科学地解决路面建设先期投资与长期使用性能、长远经济利益的矛盾。此外，也为后续长寿命沥青路面研究提供一种材料选择方案。

2. 高模量沥青混合料实现途径

为了达到高模量沥青混合料的设计高模量，主要有两种途径：①掺加低标号沥青；②混合料中掺加高模量外掺剂来提高沥青混合料的模量，达到大幅度提高沥青混合料的高温稳定性且不降低其低温性能和耐疲劳性能，降低路面车辙的深度、推迟车辙的出现，达到延长路面使用寿命的目的。

3. 配合比设计

高模量沥青混合料配合比设计一般采用马歇尔试件体积设计方法，具体分为目标配合比、生产配合比、生产配合比验证(试拌试铺)三部分。

高模量沥青混合料的配合比设计应按以下步骤进行。

(1) 目标配合比设计阶段。用工程实际使用的材料按现行《公路沥青路面施工技术规范》(JTG F40—2004)中规定的马歇尔设计方法，优选矿料级配、确定最佳沥青用量，符合配合比设计技术标准和配合比设计检验要求，以此作为目标配合比，供拌和机确定各冷料仓的供料比例、进料速度及试拌使用。

(2) 生产配合比设计阶段。应按规定方法取样测试各热料仓的材料级配，确定各热料仓的配合比，供拌和机控制室使用。同时选择适宜的筛孔尺寸和安装角度，尽量使各热料仓的供料大体平衡。并取目标配合比设计的最佳沥青用量 OAC、OAC±0.3%的 3 个沥青用量进行马歇尔试验和试拌，通过室内试验及从拌和机取样试验综合确定生产配合比的最佳沥青用量，由此确定的最佳沥青用量与目标配合比设计结果的差值不宜大于±0.2%。

(3) 生产配合比验证阶段。拌和机按生产配合比结果进行试拌、铺筑试验段，并取样进行马歇尔试验，同时从路上钻取芯样观察空隙率的大小，由此确定生产用的标准配合比。标准配合比的矿料合成级配中，至少应包括 0.075mm、2.36mm、4.75mm 及公称最大粒径筛孔的通过率接近优选的工程设计级配范围的中值，并避免在 0.3~0.6mm 处出现“驼峰”。对于确定的标准配合比，宜再次进行车辙试验和水稳定性检验。

4. 施工工艺

高模量沥青路面施工必须由施工组织设计，并保证合理的施工工期。高模量沥青路面宜在较高温度条件下施工，当气温或下卧层表面温度低于 15℃时以及雨天、路面潮湿的情况下不得铺筑高模量沥青路面。当摊铺层较薄或外界气温较低时取高限，反之可取低值。

因为使用低标号硬质沥青并添加高模量添加剂的缘故，高模量沥青混合料施工温度要比普通沥青混合料高 5~10℃，同时加入沥青前，高模量添加剂需与石料干拌 10s 左右。另外，对于高模量混凝土，由于其沥青用量相对较高，为防止在贮料仓保存过程中混合料发生析漏，尽可能在混合料生产后迅速运送至摊铺现场。

与普通沥青混合料相比，高模量沥青混合料的施工主要有以下特点。

(1) 采用外掺剂方案的高模量混合料配合比设计进行体积分析时，需考虑外掺剂的影响。

（2）采用外掺剂方案的高模量沥青混合料拌和时需加入高模量外掺剂(固体颗粒)。

（3）高模量沥青混合料拌和、摊铺、碾压温度、终压温度较使用A级70号、90号道路石油的普通沥青混合料略高。

5. 适用条件

高模量沥青混合料的主要优点是其良好的抗车辙能力和抗疲劳性，这可以使路面厚度减少，主要应用在易发生车辙的路段上，如重载车辆较多和气温较高的地区，由于车辙一般多发生在道路的中面层，因此高模量沥青混合料材料的设置也多为中面层，用以抵抗车辙。其现场应用包括：新建、重建或加铺重交通高速公路或其他等级公路；重建或补强城市道路，由于有高程限制需要减少厚度的路面。

七、应力吸收层技术

常见的无机结合料稳定基层沥青路面，采用水泥稳定级配碎石、水泥稳定级配砂砾、二灰稳定级配碎石、二灰稳定级配砂砾等进行铺筑，具有强度高、造价低、整体性好和水稳定性好等优点。然而这类材料最大的问题是由于自身的温缩和干缩使路面容易产生反射裂缝。反射裂缝的出现不仅影响行车舒适性，而且导致路表水下浸，影响到基层或路基的强度与稳定性。

旧水泥混凝土路面加铺沥青罩面层能够很好地改善路面使用性能，提高行车的舒适性，然而，由于水泥混凝土路面接缝或裂缝的存在，在汽车荷载作用下，路面接缝处形成最大弯拉应力并在附近形成最大剪应力。邻板不均匀沉降时，汽车荷载在接缝处形成竖向剪应力，导致反射裂缝的形成和罩面层的破坏。温度循环变化使接缝处产生水平位移和翘曲，并形成较高的应力，拉裂沥青罩面。加之沥青加铺层与水泥混凝土路面不易黏结，因此，极易产生剪切与推移损坏。

如果在基层和沥青面层之间、旧水泥混凝土路面与沥青罩面层之间设置一层能够与上下层黏结的应力吸收层，依靠其自身的韧性和塑性变形吸收来自下层裂缝尖端处的应力，可以起到预防或延缓反射裂缝出现作用。另外，应力吸收层应具有较好的不透水性，可以防止路面渗水进入基层，从而保证道路的整体性，提高道路的使用寿命。

目前应力吸收层技术主要有改性沥青混合料应力吸收层、复合式应力吸收夹层、土工合成材料、橡胶沥青应力吸收层(SAMI)等。

1. 改性沥青混合料应力吸收层

改性沥青混合料应力吸收层采用特种改性沥青制备，沥青含量大于8.0%，形成富沥青砂粒式沥青混合料，层厚根据交通特点选择，设置于水泥混凝土路面板与沥青面层之间。该混合料的抗裂、抗渗功能主要通过特种改性沥青高弹和超柔韧性，以及高含量沥青混合料的自愈合能力和能量消散作用实现。其技术优势主要集中在以下几个方面。

（1）优良的延缓裂缝扩展能力。

（2）结构密实、能有效防止路表水下渗和毛细水上升，避免路面产生水损害。

（3）良好的层间黏结作用。由于采用特种改性沥青，可确保其沥青含量大于8.0%而成为富沥青混合料，从而将沥青面层和水泥混凝土路面板连接成一个整体。

(4) 优越的抗疲劳性能。

(5) 施工技术相对简单、质量更易控制。

(6) 施工时间短，便于后期路面养护和再生回收利用等。

2. 复合式应力吸收层

复合式应力吸收夹层，该结构层的上层为高强度土工材料，中间填充防裂填充物，下层为低刚度土工织物，设置于水泥混凝土路面板与沥青层之间，起防裂、防渗作用。复合式应力吸收夹层通常为工厂化生产，厚度范围为 8~10mm，铺设于沥青面层底部，应力在接缝附近的很大范围内分布，相比较而言，接缝附近的应力较大，随着远离接缝而逐渐减小。因此，可以认为在水泥混凝土路面板的整个长度范围内没有必要全幅铺设复合式应力吸收夹层，在接缝两边各 1m 左右铺设即可。该防裂方式在室内试验是比较成功的，但缺乏复合式应力吸收夹层与其他目前使用的防止反射裂缝措施使用性能的比较结果，且现场施工工艺烦琐，可操作性差，难以胜任当今大规模反射裂缝防治的要求，防裂效果也还在进一步的检验中。

3. 土工合成材料

采用土工合成材料防止反射裂缝是一种有效措施。常用的土工合成材料主要有土工布和玻璃纤维土工格栅，这两种性能不同的材料在其工程特性和延缓反射裂缝作用效果上有很大不同。值得强调的是，路面结构中设置土工合成材料可以提高面层混合料的抗拉强度与抗变形能力，但实际施工过程中如果土工布或玻璃纤维土工格栅没有被拉紧，就不能和沥青罩面协同受力、变形，也就明显失去减缓反射裂缝的效果。

4. 橡胶沥青应力吸收层(SAMI)

橡胶沥青应力吸收层(SAMI)主要材料是橡胶沥青和集料，主要是在上承层喷洒热橡胶沥青(一般洒布量 2~3kg/m^2)后，洒布(一般建议为 15~22kg/m^2)单一粒径的预拌沥青碎石，经碾压形成 1cm 左右厚度的橡胶沥青应力吸收层，可降低基层与加铺层之间的黏附阻力，消除层间滑移，防止水分下渗，减少温度变化引起的沥青面层内的拉应力和拉应变，可提高路面对裂缝的抵抗能力，延缓裂缝的产生，形成的富油层可起到良好的防渗作用。

八、温拌沥青混合料技术

温拌沥青混合料(Warm Mix Asphalt，WMA)是一类拌和温度介于热拌沥青混合料(HMA)(150~180℃)和冷拌沥青混合料(CMA)(10~40℃)之间，性能达到(或接近)热拌沥青混合料的新型沥青混合料。其技术关键是在不损伤热拌沥青混合料路用性能的前提下如何降低沥青在较低温度下的拌和黏度。

国际温拌技术主要通过外加材料降低沥青混合料的高温黏度来实现，主要有以下四类不同的实现方式。

(1) 沥青-矿物法(Aspha-Min)。沥青-矿物法是采用一种粉末状的合成沸石在沥青混合料拌和过程中将其加入，沸石释放的微量水使沥青发生连续的微发泡反应，泡沫和微量水起到润滑作用使混合料在较低温下具有可工作性，拌和温度可低至130~145℃。实际上Aspha-Min是一种含有18%左右结合水的硅酸铝矿物，Aspha-Min在85~182℃的温度范围时将水分慢慢释放出来。Aspha-Min添加量为沥青混合料质量的0.3%，可使沥青混合料的拌和温度降低15℃。研究表明，该方法可以节约30%的能源消耗。

（2）泡沫沥青法（WAM-Foam）。泡沫沥青法是将软质沥青和硬质泡沫沥青在拌和的两个不同阶段加入混合料中。第一阶段是将130~140℃的软质沥青（针入度>200）加入温度为110~120℃的集料中进行拌和以达到良好裹覆。在第二阶段，将160~180℃硬质沥青（针入度<50）泡沫化后加入预裹覆的集料中。由于软质沥青和泡沫化的硬质沥青都具有较低黏度，从而实现了良好的拌和工作性，最终得到满足需要的沥青混合料。WAM-Foam是由英国伦敦的壳牌石油公司和挪威奥斯陆的Kolo-Veidekke公司共同开发的技术。近年来，随着设备和技术的完善和提高，直接把热沥青通过发泡设备加入冷水发泡实现泡沫温拌成为可能，并不断发展。

（3）有机添加剂法。有机添加剂法是将较低熔点的有机添加剂加入沥青或沥青混合料中，从而降低沥青胶结料的黏度。

目前成功应用的化学添加剂有两类：合成蜡和低分子量酯类化合物，其中以Sasobit合成蜡为主。Sasobit为细粒结晶长链脂肪族碳氢化合物，也被称为费-托固体石蜡。Sasobit的熔点接近100℃，会在116℃的时候完全溶于沥青胶结料中，液态的Sasobit起到很好的润滑作用，从而使沥青混合料的拌和温度降低10~30℃。Sasobit在熔点以下时会在沥青胶结料中形成一种网格状结构，因此可提高沥青混合料的抗车辙性能。德国Sasol Wax公司推荐用量为沥青质量的3%，但不能高于4%，以防止降低沥青胶结料的低温性能。

（4）表面活性剂法。表面活性剂法是由美国美德维实伟克公司（Mead Westvaco）于2003年起开始研究并逐步投入应用的技术，在美国称为Evotherm温拌技术。该方法可在混合料性能达到热拌沥青混合料的同时，将拌和温度降至110~130℃。这种温拌方法目前的工艺有三种：①采用一种特殊乳化剂制作乳化沥青，用该乳化沥青作为胶结料与集料拌和来生产温拌沥青混合料；②直接用特殊乳化剂配制成一定浓度的溶液，在沥青和集料拌和过程中喷入该溶液，经充分搅拌后生产出温拌沥青混合料；③温拌剂直接加到沥青中制备成温拌沥青，然后与矿料拌和生产出温拌沥青混合料。

表面活性类实现混合料温拌化是国内外使用较为广泛的技术，因此，下文主要针对表面活性类第二类温拌技术进行介绍。

（一）技术特点

温拌沥青混合料是采用物理或化学手段，在尽可能少地改变现有工作条件（配合比、设备等）的前提下，降低胶结料施工黏度，实现沥青混合料在较低温度下施工。由于其较低的拌和及压实温度，使其与热拌沥青混合料相比还有许多优点。

（1）节约能源。根据有关资料，沥青混合料拌和温度从150~180℃降至130℃左右，可降低能源消耗30%左右。

(2) 保护环境。较低的拌和及摊铺温度可大大减少拌和站与摊铺现场周围有害气体、烟雾及粉尘等的产生，减少对环境的污染和对人身体健康的损害。

(3) 较低的生产设备损耗。由于生产温度降低，温拌沥青混合料在生产过程中对生产设备的损耗也相应降低，可以延长设备使用期，降低设备维修成本。

(4) 由于降低摊铺温度，温拌沥青混合料可在较低温度下施工，拓展运输和压实"两个空间"，减小其对天气的依赖性，从而延长施工季节；同时，温拌沥青混合料摊铺完成到冷却通车的时间较快，缩短开放交通的时间。

(5) 相对较低温度的拌和与施工，可大大减轻沥青老化的程度，能使沥青更久地保持其弹性和抗疲劳性能，提高沥青的耐久性，从而改善温拌沥青混合料的路用性能。

(6) 温拌沥青混合料的拌和、摊铺及碾压等设备与热拌沥青混合料基本相同，不需要进行大的改造。

(7) 利于施工组织，低排放利于拌和站的设置，同时运输距离允许更长。

(8) 适用范围广，不仅适用于密级配沥青混合料(AC)、沥青玛蹄脂碎石(SMA)等沥青混合料，对于再生沥青混合料也适用。

(二) 材料要求与配合比设计

温拌沥青混合料的材料要求及配合比设计与热拌沥青混合料大致相同。在制备混合料时，由于试验室拌和设备功率相对较弱，添加剂与沥青的比例一般采用 10∶90，而在实际工程中一般采用 5∶95。

为了保证液态添加剂的作用得到充分发挥，室内马歇尔试验拌和一般遵循以下流程：

(1) 50mL 烧杯或者纸杯，充分润湿后，按照比例称量稀释后的添加剂水溶液。

(2) 石料加热。加热温度一般比出料温度高 10~20℃，加热好的石料放入预热好的拌和锅，干拌 1min。

(3) 用拌铲将干拌后的石料拉成一斜面，露出拌锅底部。

(4) 热沥青(温度与热拌同)倒入露出来的拌锅底部。

(5) 搅拌叶下降，降到正好可以将烧杯/纸杯探入的位置，将添加剂倒在沥青液面上，尽量避免倒在石料上。

(6) 降下搅拌叶，开始搅拌，搅拌时间约为 1~1.5min，带纤维和外加剂的拌和时间适当加长。

(7) 略微升起搅拌叶，倒入矿粉(不加热)，再次搅拌(一般不多于 1min)。

(8) 出料，出料温度一般比同型号的热拌混合料低 30℃以上。

采用旋转压实方法进行温拌沥青混合料试验更符合工程实际，如条件允许，建议优先采用旋转压实。

(三) 施工工艺

1. 施工温度

温拌沥青路面宜在不低于 5℃的条件下施工。温拌沥青混合料的施工温度应符合表 5.1 的规定，当摊铺层较薄或外界气温较低时取高限，反之可取低值。

表 5.1　温拌沥青混合料建议施工温度

工　　序		施工温度/℃			测量部位
		密级配沥青混合料		沥青玛蹄脂碎石混合料	
		基质沥青	改性沥青		
沥青加热温度		150~160	160~165	160~165	沥青加热罐
集料加热温度		120~130	140~145	140~145	热料提升斗
混合料出场温度	不低于	110	135	140	运料车
摊铺温度	不低于	100	130	130	摊铺机
初压温度	不低于	95	120	120	摊铺层内部
复压温度	不低于	70	100	110	摊铺层内部
碾压温度	不低于	60	70	90	摊铺层内部
开放交通时路面温度	不高于	50	50	50	路表

注：表中所列施工温度仅供参考，实际施工中要根据环境温度、混合料类型等具体情况确定，找到最适合的摊铺和压实温度。

2. 拌和

温拌添加剂是以浓缩液的形式直接泵送到间歇式拌和机中，浓缩液与沥青用量的比例根据间歇式拌和设备以及混合料的沥青用量确定，一般不应低于5%。为避免粉料被蒸汽带出，温拌和通常采用矿粉后加法，温拌添加剂同步喷入拌缸。温拌添加剂在沥青开始喷洒后延时3s左右喷入，在沥青喷洒完成前完成温拌添加剂喷洒，添加剂喷洒完毕后约6s后再添加矿粉，并与混合料一起拌和。

温拌沥青混合料拌和时间根据具体情况经试拌确定，以沥青胶结料均匀裹覆集料为度。间歇式拌和机每盘的生产周期不宜少于60s，其中干拌不少于3s，喷沥青和浓缩液控制在13s以内，然后湿拌6s添加矿粉，再继续湿拌不少于30s，应保证温拌沥青混合料无花白料。

生产添加纤维的温拌沥青混合料时，纤维必须在混合料中充分分散，拌和均匀。拌和机应配备同步添加装置，松散的絮状纤维可在喷入沥青的同时或稍后采用风送设备喷入拌和锅，拌和时间宜延长5s以上。

（四）适用条件

与热拌沥青混合料一样，温拌沥青混合料适用于路面工程的各沥青结构层。因其具有有害气体排放少和在较低温度下仍有良好压实性能等特点，尤其适用于以下场合：

（1）对环保要求较高的城市道路、人口密集区道路、隧道路面、地下结构工程路面等工程。

（2）道路维修养护时压实较困难的罩面工程。

（3）较低环境温度条件下施工的工程。

（4）适用于再生料比例较高的温再生技术。

第五节　沥青路面专项养护

一、路面改造

（一）双层摊铺技术

我国公路中最常见的路面结构形式为沥青路面，且多为单层铺筑、单层碾压的修筑方式。这种单层铺设碾压的修筑方式的修筑过程为不同成分的沥青摊铺并以上下结构分层，通过使用洒布黏层油将不同成分的沥青结构层黏结叠压。但这种铺设方式容易出现洒布不均匀，层间污染的问题，使得层间黏结性不强，造成公路质量受到影响，在正式投入后，短时间使用就会产生一些鼓包、脱皮等公路早期的伤害状况，制约公路发挥性能，给往来通行的车辆安全造成隐患。经济的快速发展要求公路能够持续稳定地发挥作用，在设计使用年限到达之前修路频率降低。因此，人们要寻求新的技术手段提升公路的结构稳定性和使用强度，满足经济发展及人们出行的需要。

1. 双层摊铺技术效用原理

在进行公路路面沥青铺设期间，使用常见的机械有双层沥青混合料摊铺机和沥青混合料转运车，转运车需与装有多种类混合料的自卸卡车配合使用，转运车把自卸卡车卸下的混合料分别送到摊铺机 2 个料斗中，再通过 2 套螺旋分料器和熨平板及混合料分层一次性完成铺筑工作，紧接着利用压实机把双层铺设完成的路面压实。采用这项技术进行公路沥青铺设有以下 3 点显著优势。

（1）结构间磨耗层的冷却时间减少，发挥沥青平滑流动的优势，增强层间热黏结效力。

（2）磨耗层的劣势与混合料的总热容量较大这一优势互补，混合料压实更紧密、增加施工的密实度，使工程质量得以保障。

（3）提高了工作效率，使施工时间缩短，汽车因施工而禁止通行的时间较少，对整体交通的影响程度低。

2. 双层摊铺技术施工要点

传统摊铺技术与双层摊铺技术并不是对立存在的，可以将两者相结合共同进行路面摊铺。下层摊铺施工采用传统模式，路面施工采用双层摊铺模式。先用转运车将下层铺设需要的混合料送至大料斗中，然后运送到螺旋布料器中，便于下一步开展下卧层摊铺作业。施工人员在通常情况下应采用 2~5m/min 的匀速方式施工，严格控制沥青混凝土路面摊铺的速度，并将厚度控制在合理范围内，否则极易造成路面平整度低、混合料离析的情况。

若同时压实初始密度不同的上下层混合料，压路机在实际操作中极易产生推移现象，使得路面平整度严重受损。对于这种现象，现场工作人员可以采用小钢轮压路机进行 3~4 遍的预制静压措施，巩固上层稳定，保障路面平整度最高。

3. 双层摊铺技术施工注意事项

准备专用摊铺设备，2 套混合料输送设备以及带有压实功能的熨平板。将不同级别的 2 种沥青混合料输送至摊铺机，按照施工方案中的厚度及配合比将双层混合料一次性完成摊铺工作。使用压实设备将其碾压成型。

1）保障摊铺平整度

为了实现平整度最高的目的，要严格控制摊铺速度与厚度。摊铺速度过快，容易打破混合料的均衡状态，使混合料离析。针对上下结构的双层摊铺厚度，要在现场施工过程中用铝板实现2次控制。

预先在下卧层铺设一块铝板，不需要太大，然后进行下层铺筑。完成之后，放入检测之前的铺设工作是否符合设计需求。

铺筑下沉表面，但先不要将表面压实，放一小片薄铝板再进行铺筑。整个上层表面结束铺筑之后，此时在铝板所在的地方进行挖掘，便可量出自铝板向上的厚度。检测完成之后，还原路面，使其保持平整状态。在压实路面之后，根据铝板反射的雷达波可实现无损测定压实厚度。

2）选择纵向接缝方式

在公路沥青路面实际操作双层摊铺期间，若双层摊铺的厚度大，则接缝的高度也随之增高。人们可以选择让前后摊铺接缝进行错峰搭接的纵向接缝方式。根据现场施工的实际情况，改变上层熨平板伸缩边的大小，错开上下层摊铺距离（一般为10cm左右），使错缝搭接更好实现。

4. 双层摊铺技术施工流程

1）准备

准备阶段的主要工作包括保证下承层的平整度、清洁度及转运车性能。对影响下承层平整度的各项指标，譬如高程、压实度、平整度等要准确核实，如若发现不符合标准的部分要进行修缮补充。为保证下承层的清洁度需要进行彻底清扫，空压机大规模清扫结束之后，用人工清扫进行补充，提升清洁度后洒布黏层油。

转运车在铺设过程中至关重要，承担了运输多种类混合料至料斗的功能，要保障其正常运行，一定要在施工前对其进行检查。

保证施工过程中的温度要求，在0℃以上的温度环境中进行普通公路的施工。一级公路和高速公路的施工环境对气温的要求更高一点，施工温度应≥10℃。雨雪等恶劣天气发生时一定要停止施工。如果施工过程中发现下卧层发生冻结，同样也要停止施工。

2）拌和

采用双层铺摊施工过程中，混合料的配合比在路面不同层面中是不一样的，因此，虽然整个生产的过程与普通混合料的生产过程区别不大，但应该分别在2个拌和站中生产。

3）运输

运输设备为自卸运输汽车，汽车数量要与供料速度和摊铺速度成比例，并要保证一定的余量以防意外发生。混合料装载前，将车厢打扫干净，并用油涂刷整个厢壁。运输过程中，因为存在热散失，要做好混合料的保温工作，使运达现场的混合料的温度与施工需求相匹配。

4）摊铺

双层摊铺施工技术实施过程中要重点解决摊铺问题。做好正式摊铺前的准备工作，改变铺摊机的熨平板高度并将仰角调整至合适的角度，使铺厚度满足设计要求。

试铺一段路面，记录铺摊车在连续施工状态下的行进速度，在之后正式使用阶段保持该速度不变，在一次性铺设完成之前不能任意停车。由于一次性进行双层铺摊，在混合料运达现场之后，一定要确认运料单，以防运输错误，对混合料的质量进行检查。检测温度是否符合施工要求，在专人的指挥下进行卸料。

5）双层摊铺施工技术的核心是压实

压实能使混合料更加密实、稳定性更强、强度更高。按照施工设计的要求完成初压、中压、终压的全过程，长时间碾压有利于沥青混合料在较高温度下完成压实，受外部气象环境影响程度低。压路机组以梯队的模式在专人的统一指挥下行进。摊铺机后的小型压路机能将铺摊之后的路面进行初步压实，巩固沥青层的密实度。最后层次的大型振动压路机通过振动提升路面强度。

（二）旧路排水改造施工技术

旧路改造过程中在原路面病害得以处理的基础上，通过黏结层的设置并加铺一定的罩，可有效确保路面结构整体强度。通过长期的使用效果分析，罩面是有效的修养护模式。同时，将旧路改造成排水沥青路面，提升其排水、抗滑以及降噪等性能，也是绿色安全建设理念的应有之义。排水沥青路面是—种空隙结构型路面，空隙率超过 18%。旧路改造以后雨水经排水面层空隙从路面径流排走，可以有效减少或避免沥青路面出现水溅以及雨天水雾现象，大大提高了路面抗滑性。

1. 防水黏结层关键施工技术

1）旧路铣刨与清理

对于原来的路面，当车辙深度超过 10mm 时，为了能够有效避免沥青路面加铺后轮迹带出现积水问题，应当先对车辙铣刨处理。在铣刨过程中选用精铣刨设施，铣刨开始工作的速度大约为每分钟 0. 5m。铣刨深度达标以后，其速度可以控制在每分钟 1～3m。实践中若相邻铣刨面错台超过 5mm，则应当对错台采取精铣刨措施。

应当尽可能减少铣刨设备洒水量，避免铣刨废料出现遇水结团的现象，否则会影响清理效果。利用强制清扫机或人工手段对铣刨设备进行清理，必要条件下也可以使用大功率的空压机和灭火器进行除尘。

2）防水黏结层技术要点

防水黏层施工过程中可以利用改性沥青碎石封层，并且优选橡胶沥青碎石封层。在防水黏层施工之前需清理作业面，洒布改性沥青和碎石之前需先进行试洒，提前确定布量，条件允许时对沥青厚度进行严格检测，以 1. 5mm±0. 2mm 为宜。应当注意接头位置的施工处理，确保洒布均匀性。具体施工过程中为了能够实现凝固彻底，建议罩面之前两天的时间内进行防水黏结层处理。如果不具备相关条件，施工运输车辆需打开刹车喷淋设施向润湿轮胎进行作业面喷雾，或施工之前利用洒水车进行作业面喷雾，防止出现粘轮问题。在碎石撒铺以后，胶轮压路机应当紧跟撒布车进行及时碾压 1～2 遍为宜，碾压稳固以后若存在堆积或者碎石脱落问题，则应当利用清扫车清理干净。

2. 排水路面沥青混合料拌制

1）混合料拌合

混合料拌合过程中，排水沥青混合料拌和装置以间隙式拌合机为宜，整个生产过程均由计算机进行自动监控。机械设备每盘生产周期至少为一分钟，干拌时间至少为 10s。如果出料温度不超过 170℃，应当作废处理。直投式复合改性高黏度沥青应用过程中，应当在粗集料投入时一并加入高黏度改性添加剂，添加剂可自动投放，也可人工投放。

2）运输

混合料运输过程中为了保温以及防止污染，运料车需覆盖篷布，至摊铺时才能将篷布揭开。同时，运输车辆可利用植物油、水以及洗洁精等混合液做隔离剂，注意避免使用柴油等腐蚀性相对较大的油类。需注意的是运料车切忌在黏结层上急转、掉头、紧急启动和制动，也严防在已修好但未充分养生的路面上通行。当混合料运输到施工现场后，其温度由专人进行全面检测，不小于 160℃。排水沥青混合料中含有较多的粗集料，所以与空气有较大的接触面；为了能够有效避免混合料运输时出现短期的老化现象，混合料从出厂到摊铺，整个过程不宜超过 5h。

3. 摊铺

对摊铺机夯锤以及振动参数进行合理确定与设置。对摊铺机收料斗、螺旋等喷洒适量的混溶隔离剂。摊铺机的横向螺旋前端位置应适当加装粗集料防滚落挡板。在具体摊铺之前，基于松铺的厚度以及纵横坡度等，事先对摊铺机的拱度进行合理调整。摊铺之前先预热熨平板，混合料摊铺时的温度至少为 155℃。摊铺混合料时，建议利用一台摊铺机全幅摊铺，同时可以利用多台机器进行联合摊铺。如果采用的是联合摊铺模式，则两台摊铺机的行走间距应当控制在 5～10m，而且搭接的宽度应当保持为 5～10cm。在对面层进行正式摊铺以后，大约每间隔 10m 检查摊铺机之间的对接横坡。接缝处应当尽可能避开车道轮迹带，而且摊铺机应当尽可能保持均匀、缓慢、不间断地进行摊铺作业，其速度应当保持在每分钟 2～3m，其中弯道路段应当适当降低速度，以每分钟 1～2m 为宜。对于路面狭窄处、中央开口带等位置，建议采用人工摊铺模式。

4. 碾压

在初压时，利用钢轮压路机紧跟摊铺机进行至少三遍碾压。初压时的温度至少 155℃。复压时利用胶轮压路机进行作业，在此过程中为了能够有效避免高温粘轮，建议喷淋隔离剂。在复压过程中，通常路表温度小于 90℃时方可进行操作，复压 3～5 遍为宜。在终压过程中，选择钢轮压路机整平与收面，而且紧跟复压环节进行至少两遍碾压。在摊铺以及碾压时应当确保匀速，压路机运行时切忌赶工。

5. 接缝处理

对横缝采用平接缝方式，即摊铺之前选用专用加热器对接缝面进行加热处理，使新旧两种材料能够紧密地结合在一起。同时可以利用冷、热平接缝方式，摊铺之前应当对周边黏结物采用人工方式涂刷适量的改性乳化沥青；摊铺后需对其进行压实处理，从而使其能够平顺连接。路面纵向接缝选用热接缝方式，特殊情况下采用冷、热接缝方式，在面层施工后喷洒适量的改性乳化沥青予以补强。

(三) 路面排水系统改造

1. 路面段

对于罩面施工路段，其起讫选在桥头为宜，这样可以有效避免罩面与路面因高程问题而布设顺坡。实践中如果因设计不当导致起讫处落在了路面段，则应当在起讫处与路面段布设顺坡。顺坡段长度至少 40m；实践中为了能够有效确保线形平顺和行驶安全舒适性，顺坡段中纵坡长度通常不超过顺坡段的 0.1%。同时，顺坡段的应急车道外侧应当布设宽度为 10cm 且与顺坡段长度相等的汇水带，然后辅以泄水口来改造排水系统。泄水口间隔在 8m 左右，应当注意尽可能减少边坡冲刷。

对于车辙半幅铣刨路段，因铣刨设施受限于路侧护栏空间，所以应急车道的外侧边缘位置应当预留阻水带空间。应急车道选择渐变深度的铣刨方法，其内侧宽度控制在 2m 内，铣刨深度从预先设定值逐渐变成 0，剩余的车道不铣刨，以免产生阻水带。

2. 桥面段

在对桥面进行排水沥青铺筑时，应当基于原排水系统，比如碎石盲沟、泄水口等。桥面可以铺筑到混凝土护栏，或者在靠近护栏处布设宽度为 10cm 的汇水带。桥头伸缩缝位置的构筑物排水功能较差，基本没有排水作用，桥面雨水逐渐下渗到沥青面层横排和护栏，因护栏和伸缩缝本身具有一定的阻水功能，所以雨天可能会出现积水问题。针对这一问题，建议在桥头伸缩缝以及护栏处预留泄水口，布置 PVC 管将水引流出去。

二、局部加宽

公路在长期使用过程不可避免会出现一些问题，为了更好地满足当下交通运输的需求量，需对既有公路进行一定的扩建、修整。加强公路路面拓宽中新老路面拼接的问题成为交通运输行业急需解决的问题。

早期的公路路面较窄，多以四车道为主，为了加宽路面，可以采用新老路面拼接手段进行扩宽。日本、挪威、英国等国家都对公路路面扩宽中的新老路面拼接进行了相关研究，提出了软土强化、路堤加铺等多种施工方式。我国近几年对公路路面扩宽中心拼接的研究也逐渐深入，尤其是在沥青路面的铺垫方面。

(一) 公路路面扩宽中新老路面拼接的施工问题

为了能够更好地研究公路路面扩宽中路面拼接施工存在的问题，需要选取一段公路，并以该公路为例进行研究。通过事先勘查了解该公路路段的主要问题，如未精准测量刨铣深度和施工高度，底基层和基层的松铺系数计算不准，台阶顶面的薄层不易铲除，原有公路局部路面出现下沉等问题。

(二) 公路路面拓宽中新老路面拼接施工问题的解决

1. 老路面病害处理

公路路面扩宽中路面拼接的施工过程中，首先要对老路面存在的问题进行处理。前期需要对路面进行全面勘察，看沉降问题是否严重，若严重，对沉降路面进行填充。路面经过长期碾压，容易出现开裂问题，在处理路面开裂问题时可以采用纤维格栅对路面裂痕进行反射预防。裂痕测量宽度<3mm 时，可以忽略；当宽度>3mm 时，需要采用炼化沥青对裂缝进行封堵，以避免裂缝宽度加宽，保证道路平整。对于翻浆问题，必须将翻浆部位全部刨除，然后将有地下水浸渍的基层晾干，并在该基层上填入新的沙砾压实，再铺上乳化沥青进行封盖。老路面由于服务时间较长，路面扩宽的过程中需要进行仔细的检修，以保证拓宽施工质量。

2. 老路面拼接铣刨

对原有公路路面进行拓宽的过程中，老路面拼接铣刨是一个非常重要的环节，要注意以下几点。

（1）在对路面进行铣刨时，施工人员一定要了解设计方案，必须按照设计要求进行铣刨拼接，并且要保证拼接的完整性以及曲线的顺直，更好地保证工程质量。如果在铣刨的过程中未能够达到施工效果，一定要降低施工速度，保证高质量完成施工。

（2）在铣床施工时，施工技术人员应该事先预留出20~30cm的近铣刨距离，随后采用登高设备，对铣刨过程中留下的残渣进行清理。注重路面施工质量的同时需要明确铣刨机的加水方法，以避免错误的加水方法造成水体渗透破坏路面结构。

3. 老路基整治处理

通常情况下，会采用三种方法对老路进行拓宽：单侧加宽、双侧加宽和分幅加宽。在三种加宽方式当中，除了分幅加宽不受老路基影响外，其余两种加宽方式对老路基的稳定性有一定的要求。由于施工路段的不同，施工地基所采用的施工方式也是不相同的，需要根据老路基的施工方式进行新的填充。在处理砂砾路基的沉陷区时，可以继续采用原有的填充方式，这主要是因为沙粒的硬度较高，能够有效地支撑路面的稳定性。当面对软土地基沉降时，施工人员在对其填充之前一定要查明该地区水含量是否超标并查明超标原因，如果是因排水不当导致含水量高，可以通过修整排水设施，以达到排水目的；如果因为路面裂痕下雨渗透所致，若排查发现是土质问题，可以采用硬度较强的砂砾进行填充，以确保公路路面拼接施工质量。

4. 强化路基拼接施工

拼接过程中，最基础的是对老路路面的处理，在对老路面处理之后，才开始对新路面拼接进行处理。

（1）需要对新铺基层路面的高度进行统一，在施工过程中使用摊铺机并进行横向控制，以确保路面两侧高度一致。

（2）在施工的过程中，如果基层厚度并没有达到20cm，可以采用分层铺筑的施工方式进行铺设，但也要确保铺筑的下层养护厚度在7cm左右，当下层厚度达到标准后，再进行上层施工。对上下层进行拼接时需要喷洒水泥净浆黏合剂，更好地保证施工质量。

（3）需要对路基基层进行打磨，同时需要高压吹风机进行储存，当达到标准后再进行正式拼接。

5. 面层拼接施工

面层拼接施工是公路路面拓宽拼接过程中的最后一个环节，为了做好面层拼接施工，需要对公路的标高进行测量，测量方式主要有以下两点。

（1）以原有公路标高为准，寻找新的标高。

（2）以新路标高为准，在新加宽的路面外侧拉铁丝网，内侧设钢铝合金梁，然后通过人工测量，找到标高。

在现阶段，通常会采用第二种方式来寻找标高，这种方式容易操作。一般情况下，施工技术人员会在路基层上喷洒黏层油，而后通过热处理，进行填充和碾压，这种方式有利于保证工程质量的提高。

（三）高速公路路面加宽

由于城市发展进程加快，高速公路的客运量、货运量逐渐增加，以往的高速公路无法满足交通的通行需求，这意味着高速公路路面的加宽及改造是十分必要的。结合高速公路路面的施工特点选取不同的路面加宽技术和施工方案，保证各项施工工序的稳步进行，提高高速公路工程质量。

1. 高速公路路面加宽的施工技术

高速公路路面加宽的施工技术包括双侧加宽技术和单侧加宽技术。

1）双侧加宽技术

在高速公路路面加宽施工中，双侧加宽技术可以分为两种：双侧拼接技术和双向分离技术。

双侧拼接技术作为当前高速公路双侧加宽中最为常用的技术，应该在高速公路两侧分别加宽，有效降低施工对公路施工造成的影响。但是，由于高速公路施工的周期长、难度大，会影响高速公路的正常使用。

双向分离技术一般适用于四车道扩建为八车道、四车道扩建为六车道情况。在该种路面加宽技术的使用中，对新增土地面积的要求相对较高，而且工程造价大。

2）单侧加宽技术

当高速公路一侧存在外界影响因素时，需要选择单侧加宽的技术形式。单侧加宽技术优势：只需要对一侧路面进行加宽，没有加宽一侧的路面防护、排水沟等仍然可以继续使用；未施工的路面可以保持正常畅通的状态；施工中可以方便设备的摆放，满足高速公路路面加宽施工的需求。但是，单侧加宽技术使用中存在一些问题：原本的路基中线发生偏离，所以应该重新调整路基中线；单侧加宽后的公路中央分隔带失去原有的作用，加宽中也应该拆除隔离带；在单侧加宽中，应该拆除上跨桥梁，选择合适的位置进行重建，也增加了工程难度。

2. 高速公路路面加宽施工的技术原则

1）保证公路安全运营原则

结合高速公路路面加宽施工技术的特点，在高速公路路面加宽中，应该在保证路面正常使用的同时实现公路运输的安全性。路面扩建中，应该结合原有路基的稳定性明确加宽施工标准，避免大幅度开挖现象的出现，实现各项施工工序的稳步协调。

2）明确投资最小化原则

在高速公路路面加宽施工中，施工单位应该结合现有道路以及构造物的特点，提升施工资源的利用率，使工程项目在符合施工标准的基础上稳步进行，降低工程难度，满足施工单位的经济发展需求。

3）确定路基加宽设计原则

在高速公路加宽施工中，应该结合工程的特点确定加宽施工方案，有效提高工程质量，满足公路路面加宽工程的稳定性、安全性需求。

3. 高速公路路面拼接加宽中存在的问题

在高速公路路面加宽工程中，路基加宽是较为重要的，一般情况下，应该注意已有路基、加宽路基以及新老路基的融合状态，通过科学化拼接方案的设计，保证高速公路加宽工程的施工质量。

但是，在高速公路拼接加宽中存在以下几方面的问题。

（1）路基加宽中，应该保持原有高速公路的强度。在路基纵向坡度施工中，经常会遇到裂缝的问题，若公路加宽中施工人员没有认识到这些影响因素，会降低公路路面加宽施工的稳定性。

（2）在路基加宽中，需要保持路基压实标准、路基压实沉降的统一性。

4. 高速公路加宽路基的常见病害

高速公路路面加宽的工艺相对复杂、施工难度大，在新加宽的路面中，经常存在以下几方面的问题。

（1）裂缝。裂缝是高速公路扩建中常见的问题，施工人员若在加宽施工中缺少对路基病害问题的防治，会增加高速公路的施工隐患。

（2）在新加宽公路路基施工中，存在着路基失稳的问题。这主要是因为新加宽路面的新老路基出现滑移，甚至坍塌。因此，在当前的高速公路加宽工程中，施工单位应该认识到这些病害问题的严重性，通过构建针对性的防治方案，提高路面加宽工程的稳定性，推动行业的稳步发展。

5. 高速公路路面加宽技术的应用

1）施工前准备

在高速公路路面加宽中，施工单位应该根据工程特点做好施工准备。

高速公路加宽施工之前，施工单位应该对旧路基进行检查，掌握路基的实际状况，分析是否存在病害现象，结合调查内容构建系统性的施工方案，以便为新路基的加宽处理提供支持。

在新路基施工中，施工单位应该按照施工标准、施工进度等对路面加宽工程的原材料、路基结构等进行检验，及时发现施工中存在的问题，通过解决这些问题，提出针对性、科学性的施工准备方案，保证加宽工序的稳步进行，提高公路路面加宽施工的质量水平。

在公路路面加宽施工的准备中，施工单位也应该对工程的含水量、密度等进行检测，确定合理的参数标准，结合公路工程的施工特点，进行各项施工方案的整合。

2）路基结构设计

高速公路路基施工中，旧工程的路基两侧会设置排水沟，这些排水沟在雨水长时间的浸泡下，部分结构的强度降低，而且也存在腐蚀的问题，针对这种问题，应该对路基进行清理。清理结束之后，新路基结构设计中，应该给将路基的压实度控制在 1.1%的状态，避免地基沉降现象的出现。

3）路基加宽施工

高速公路路面加宽中，路基加宽技术是较为重要的内容，使用科学的施工技术，不仅可以保证工程的稳定性，而且可以提高高速公路施工质量，顺利完成路面加宽工程。一般情况下，在路基加宽施工主要内容是台阶处理、填筑材料、路基碾压施工和路面排水的施工。

4）明确补强施工内容

（1）土工积物铺设。在高速公路路面加宽施工中，土工格栅能提高抗拉强度，而且在使用中不容易发生形变。土工格栅与土体结合可以增加土体之间的摩擦力，使土体侧向位移得到约束，满足加宽路面路基结构承载稳定性提升的需求。

（2）冲击夯实。在路基加宽施工中，施工单位应该科学地选择冲击夯实方案，结合工程项目的特点，编制施工方案、明确施工计划，以提高路面路基夯实的稳定性，提升路面的整体强度以及抗载性能，满足高速公路路面加宽施工的核心需求。

5）路面加宽处理

在路面加宽施工中，应该使用水泥混凝土和沥青混凝土路面施工，以便充分满足高速公路路面安全的施工需求。

在路面质量结构确定中，施工人员应该及时清除路基故障，通过路面铺设方案的科学选择，确定路面加宽施工方案。

在旧路面清除中，施工人员应该去除老路面的聚酯玻纤布，通过处理裂缝，保证之后施工工序的稳步进行。

在基层拼接中，施工人员应该在进行柔性面层拼接中，使用黏度较高的改性沥青进行涂刷，人工涂刷中应该保持均匀性，以增强路面加宽铺设的抗拉性、防水性。

在新旧路面连接以及拼接中，施工单位应该在裂缝位置喷洒热沥青，避免裂缝而降低工程质量，提高路面加宽施工的整体质量。

第六章 水泥混凝土路面养护

第一节 水泥混凝土路面日常性养护

公路使用寿命的长短，除受建设中的质量影响外，在很大程度上取决于养护工作的好坏。水泥混凝土路面作为高级路面，虽然具有使用周期长、养护工作量小、耐久性好的特点，但一旦开始被破坏，其破损就会迅速发展，且修补较其他路面困难。因此，必须在对水泥混凝土路面进行经常性认真检查的基础上，及时发现存在的问题和缺陷，采取有效的技术措施，做好预防性、经常性养护，保证路面处于完好状态，充分发挥水泥混凝土路面使用寿命长的特点。

一、水泥混凝土路面日常巡查

水泥混凝土路面在行车和自然因素的不断作用下，由正常使用到破损，其初期有一个逐渐变化的过程。养护工人在巡查中，通过直接观察或简单的量测工具(如手锤、钢卷尺、3m 直尺等)能及时发现这一变化。如水泥混凝土板块出现错台，填缝料脱落，车辆通过时接缝喷水或冒浆等，均是病害产生的特征。对此，巡查时应做好记录，逐级上报。当破损量大、破损状况发展迅速时，应专题上报，供上级制订养护维修方案使用。

1. 巡查的目的

(1) 发现路面的破损情况和结构物的损坏情况。

(2) 发现并清除道路上影响交通的障碍物。

(3) 检查排水系统是否完好畅通。若阻塞，则及时采取措施疏通。

(4) 掌握养护工作的实施情况及工程质量。

2. 巡查的种类

巡查可分为日常巡查和特殊巡查。

日常巡查是对水泥混凝土路面外观状况进行的日常巡视检查。日常巡查由养护班组进行，每天 1 次，主要检查拱起、沉陷、错台等病害，以及路面油污、积水、结冰等诱发病害的因素和可能妨碍交通的路障，日常巡查具体内容有以下几个方面。

(1) 巡查频率不应小于 1 次/d(天)。雨季、冰冻季节和遇台风暴雨等灾害性气候，应加强日常巡查工作。

(2) 日常巡查以车行查路为主，采用观察、目测及人工计量，定性与定量观测相结合，重要情况应予摄影或摄像。

(3) 发现妨碍交通的路障应及时清除，一时无法清除的，应采取相应的安全措施。

(4) 日常巡查结果应及时做好记录。

特殊巡查一般是指台风、暴雨、大雪、大雾、地震等可能危害道路交通安全时进行的巡查，如雨前、雨中、雨后查路即是特殊巡查。特殊巡查可由班组进行，也可由上级部门组织进行。

二、水泥混凝土路面清扫保洁

水泥混凝土路面的清扫是为了维护路面的使用功能、保持路容路貌整洁、保护沿线环境、保证车辆安全。汽车在行驶过程中可能将泥土、灰尘、石子或其他硬质物体带上公路，污染水泥混凝土路面，甚至造成飞石伤人。路面上散落的石子或其他硬质物在行车的作用下会破坏路表结构，其嵌入路面接缝时会使混凝土路面板块伸缩缝丧失功能，因此要经常保持水泥混凝土路面整洁，清除路面上的泥土、污物、石子及其他硬质物。清扫的主要范围包括行车道、人行道、中央分隔带、隧道、桥梁伸缩缝、交通标志等附属设施。

1. 水泥混凝土路面保洁方式

水泥混凝土路面可采用人工保洁、机械保洁或人工保洁结合机械保洁三种方式。

(1) 高等级公路路面保洁。高速公路、一级公路和交通繁忙的其他等级公路，其水泥混凝土路面保洁多采用机械作业，机械清扫不到的死角辅以人工清扫干净。采用机械清扫时，应根据作业路段、作业面积、作业要求拟定行驶路线，保证机械使用效率。

(2) 交通量小的水泥混凝土路面保洁。交通量小的二级(含二级以下)公路水泥混凝土路面，可采用人工清扫，根据情况逐渐过渡为机械清扫。人工清扫时，应注意以下问题。

① 采取人工清扫时，应穿着安全标志服，清扫时应面向来车并避让行车，以保证安全作业。

② 人工清扫应根据不同路段路面污染状况，确定相应的清扫次数。对交通量大、污染速度快的城市近郊区、不同路面连接处、平交道口及保洁有特殊要求的路段，应适当增加清扫人员、增加清扫次数。

③ 保洁作业安排。无论机械或人工清扫，均宜避开交通量高峰时段，即交通量大时可利用清晨或夜晚进行。清扫时，不得污染环境和危及行车安全，清扫后的垃圾应运至指定地点进行处理。

2. 水泥混凝土路面油污、化学药品污染的清除

路面被油类物质或化学药品污染时，应及时清洗干净，以防止污染和损害路面。其清除作业具体内容如下。

(1) 油类清洗。当油类洒落路面面积较大时，要迅速撒砂，以防车辆出现滑溜事故，然后在交通量较小时用水冲洗干净。

(2) 化学物品清洗。化学物品洒落路面后，有时必须采用相应的化学中和剂进行处理，经处理后再用水清洗干净。

(3) 路面清洗的注意事项。一般性污染，应在交通量小的时候进行清洗；对突发事故造成的油类洒落，一定要及时处理，不得污染环境。

对于清洗作业速度、喷水压力、用水量，要预先试验确定。

冬季清洗时，如气温在0℃以下，则路面有结冰的危险，应力求避免。

三、水泥混凝土路面接缝养护

水泥混凝土路面接缝养护质量的优劣，直接影响水泥混凝土路面的使用周期和使用功能。如果接缝失养，往往导致水泥混凝土板块唧泥、脱空、胀裂、接缝剥落、错台等病害。水泥混凝土路面的接缝可分为纵缝、横缝两大类。纵缝是与路线中线平行的缝，一般可分为纵向缩缝和纵向施工缝，横缝一般可分为横向缩缝、胀缝和横向施工缝。

1. 对接缝养护的要求

（1）防止硬质杂物落入接缝缝隙内，妨碍混凝土板块伸长而造成接缝损坏。

（2）防止雨水侵入缝隙内软化路基，导致混凝土板块损坏。

（3）保持接缝料饱满、密实、黏结牢固，从而保证接缝完好，表面平顺、不渗水。

2. 填缝料的周期性和日常性更换及施工工艺

（1）填缝料日常性更换。当填缝料发生局部脱落、缺失损坏时，应当及时填补更换，这是一项经常性的养护工作。

（2）填缝料更换的周期。填缝料何时更换，主要取决于填缝料自身的寿命与施工质量以及路面条件。从我国目前填缝料研制和使用的状况来看，填缝料的使用周期一般在三年左右。

（3）更换填缝料的施工工艺。具体内容有以下几点：①材料及机具准备；②清除接缝内杂物；③灌缝；④待灌缝料冷却后，将缝两侧撒落的灌缝料及滑石粉、砂或泥浆等材料清除干净。

四、水泥混凝土路面排水设施养护

水泥混凝土路面若排水不好，水渗透入路面基层及路基后，将软化路面基层及路基，形成唧泥，产生脱空，从而导致混凝土板块破坏。另外，水泥混凝土路面积水形成水膜，影响行车安全，故必须对其进行妥善的日常养护，保证排水系统的排水功能。

水泥混凝土路面、路肩、中央分隔带、边沟、边坡、截水沟、排水沟等组成地面排水系统。对排水系统养护提出的具体要求有以下几点。

（1）对路面排水设施，应进行经常性的巡查和重点检查，发现损坏及时修复，发现堵塞立即疏通，发现路段积水及时排出。

（2）应坚持雨前、雨中、雨后上路检查制度。雨天重点检查有超高路段的中央分隔带纵向排水沟、横向排水管、雨水井、集水井等的排水情况。

（3）保持路面横坡及路面平整度。当快车道是水泥混凝土路面，慢车道或非机动车道是沥青路面时，应保持沥青路面横坡大于水泥混凝土路面横坡。

（4）保持路肩横坡大于路面横坡，并且保持横坡顺适。应定期对土路肩进行平整填实，对超高地段铲平降高，及时修复路肩缺口，确保路肩平整、整洁。

（5）清除路肩杂草、污物，疏通路肩排水设施和中央分隔带排水设施，同时定期清除雨水井、集水井的沉积物。

（6）保持排水构造物的完好，发现损坏应及时安排修复，修复时宜采用与原构造物相同的材料。

(7) 对路面板裂缝应进行封闭，对路面接缝、路肩接缝及路缘石与路面接缝出现接缝变宽渗水时，应进行填缝处理。

(8) 地下水常以毛细水、结合水、气态水和游离水形式存在于土和粒料路面材料内，存在于路面基层、垫层和土基内的游离水会使材料的强度降低，产生唧泥和造成路面冻胀破坏。

五、水泥混凝土路面冬季养护

在冰冻地区或冬季公路上，常常积冰、积雪，导致路面太滑而经常发生交通事故。冰雪水渗入路面以下，常引发冻融病害，从而破坏水泥混凝土路面。因此，对冰雪地区加强路基和水泥混凝土路面的冬季养护十分必要。

1. 冬季水泥混凝土路面养护要求

(1) 路基养护要求：保证路基排水畅通，保持边坡完好，以利于冰雪融化后水顺利排出路基以外。

(2) 路面养护重求：除冰、防滑。养护作业的关键部位是桥面、坡道、弯道及其他严重危害行车安全的路段。

2. 冬季养护的方法及施工工艺

(1) 清除路面冰雪主要采用四种方法：机械清理、化学处理、路面加热和减少冰与路面的黏着力。目前，前两种方法使用较为广泛。

(2) 除雪、除冰、防滑，要根据气象资料、沿线条件、降雪量、积雪深度、危害交通范围等条件，制订作业计划。对于高速公路及冰雪期较长路段的养护管理部门，还要加强与气象部门的联系，广泛收集气象资料，做好信息预报。

(3) 冰雪期前要做好专用机械驾驶人员、操作人员的培训工作，做好机械设备、作业工具、防冻、防滑材料的准备工作。

(4) 除雪工作应力求在雪刚落时即开始清扫，不使它形成大量堆积。

(5) 路面积雪后要及时清除，防止路面积雪被压实后变成冰，导致清除困难。除雪作业应以清除新雪为主，化雪时应及时清除薄冰。

(6) 清雪质量受温度影响较大，抓住有利时机融雪非常重要。

(7) 除冰作业时应防止破坏路面，除冰困难的路段应以防滑措施为主，除冰为辅，以提高养护作业效率。

(8) 路面防滑的主要措施：使用盐或其他融雪剂降低路面上的结冰温度；使用砂等防滑材料或砂与盐掺和使用，既降低结冰温度又加大轮胎与路面之间的摩擦系数；防冻防滑料撒布时间主要根据气象条件、路面状况等来确定，一般在刚开始下雪时就撒布融雪剂或与防滑料掺和撒布，或者估计在路面出现冻结前 1~2h 撒布。

六、水泥混凝土路面病害的临时性处理措施

水泥混凝土路面产生病害后，为了公路使用的安全，避免病害的进一步恶化，在日常养护中常常要对病害采取临时性处理措施。

1. 病害的临时性处理要求

公路养护维修具有经常性、周期性、预防性、及时性、快速性、安全性的特点，要求发现病害立即处理，确保行车安全。不能彻底处理时，必须采取临时处理措施。

2. 对病害的临时处理方法及施工工艺

对病害的临时处理方法及施工工艺主要有以下几点。

1）裂缝

裂缝可分为表面裂缝和贯穿混凝土板全厚度裂缝。为防止雨水从裂缝中渗透至基层和路基，对裂缝常常采用封闭处理。

（1）对于表面裂缝及虽然贯穿板厚，但面板仍能满足强度要求的裂缝且面板稳定的，可采用聚氨酯类、烯类、橡胶类、沥青类胶黏剂对裂缝进行封闭。

（2）对于裂缝造成板块强度不足的，采用环氧树脂类、酚醛和改性酚醛树脂类胶黏剂对裂缝进行封闭。

封闭方法及工艺流程：①将缝内脱落物及灰尘等清除干净，一般采用铁钩和吸尘器等工具清理，对宽度小于3mm的表面裂缝，也可以采取扩缝灌浆的办法封缝；②根据裂缝长度配备封缝料；③为防止污染路面，在灌缝前应在缝的两侧撒砂或滑石粉；④用灌缝机或灌缝器将封缝料灌入缝中；⑤待封缝料冷却硬化后，清理干净施工现场。

2）坑洞

水泥混凝土路面坑洞产生的主要原因：①粗集料本身不干净而脱落，混凝土材料中带泥块、朽木等杂物；②施工质量差，如局部振捣不到位等；③车辆的金属硬轮或掉落硬物的撞击。

临时处理坑洞的方法有填充沥青混凝土、沥青冷补材料、高强度水泥砂浆等。填充前，应将坑洞内的松动物及尘土清除干净。

3）沉陷

水泥混凝土板块沉陷主要是路基强度不足所致。沉陷的临时处理方法：当沉陷量较小时，可采取铺沥青混凝土方式处理；当沉陷量大时，可在水泥混凝土板下面铺沥青碎石，及在水泥混凝土板上面铺沥青混凝土。

4）断板

当断板无变形时，采取灌填缝料将缝封闭。当断板有变形时，冬季可铺筑沥青冷补料，一般情况可采用沥青混凝土进行临时处理，以保证行车安全。

5）板角破损处理

对于板角破损但无变形的，可采取封缝临时处理；对于板角破损且发生变形的，加铺沥青混凝土或沥青冷补料补平碾压后开放交通。

第二节　水泥混凝土路面破损处理

水泥混凝土路面破损主要包括裂缝、车辙、坑槽、沉陷等。限于篇幅，下文以裂缝为例，对水泥混凝土路面破损处理进行阐述。

一、裂缝的类型及产生的原因

水泥混凝土面板的裂缝可分为表面裂缝和贯穿板全厚度裂缝(简称贯穿裂缝)。

1. 表面裂缝

混凝土面板的表面裂缝主要是混凝土浇筑后表面未得到及时覆盖，在炎热或大风天气，表面游离水分蒸发过快，混凝土体积急剧收缩和碳化收缩引起的。

混凝土混合料是由多相不均匀材料组成的。由于构成混合料的各种固体颗粒大小和密度不同，混凝土表面过度振荡，使水泥和细集料过多而上浮至表面，粗集料下沉，水分向上游动，从而形成表层泌水。

泌水的结果使混凝土路面表面含水率增加。当混合料表面水的蒸发速度比泌水速度快时，水的蒸发面就会深入混合料表面之内，水面形成凹面，其凹面较凸面所受压力大；同时，固体颗粒间产生毛细管张力，致使颗粒凝聚。当混凝土表面尚未充分硬化，不能抵抗这一张力时，混凝土表面则产生裂缝。这种塑性裂缝的发生时间大致与泌水消失时间相对应，在混凝土浇筑后数小时，混凝土表面将普遍出现细微的发丝龟裂。

混凝土的碳化收缩也会引起其表面龟裂。当混凝土配合比不合理、水泥用量较少、水胶比较大时，空气中的二氧化碳易渗透到混凝土内，与其中的碱性物质发生化学反应后生成碳酸盐和水，而碳化作用引起的收缩仅限于混凝土路面表层，故产生混凝土的表面裂缝。

混凝土的碳化收缩速度较失水干缩速度慢得多，因而，由碳化带来的表面裂缝对混凝土强度的危害并不大，有时碳化甚至能增加混凝土的强度。但是，无论是哪种表面龟裂，都给水泥混凝土路面表面的耐磨性带来不利影响，严重的表面裂缝会使路面出现起皮和露骨现象，如不及时维修处理将会影响路面的使用功能。

2. 贯穿裂缝

水泥混凝土路面贯穿裂缝为贯穿面板全厚度的裂缝，主要有以下几种。

1）干缩裂缝

在水泥混凝土中，水在混凝土硬化过程中散失时，水泥浆体就会收缩，这就是干缩。但是，自由收缩不会导致裂缝产生，唯有收缩受到限制而发生收缩应力时，才会引起干燥收缩裂缝。

水泥浆干缩的内部限制主要是混凝土中集料对水泥浆的限制。在普通水泥混凝土中，水泥浆的收缩率被限制为90%，所以，混凝土内部经常存在引起干缩裂缝的应力状态。

水泥混凝土干缩的外部限制，主要是路面板块之间或路面整体的限制。处于限制状态下的混凝土结构，只有当混凝土本身的抗拉应变及徐变应变二者与混凝土硬化干燥过程中的自由收缩值不相适应时，混凝土才会发生裂缝。

从配合比来看，虽然混凝土的坍落度、水泥用量、集料粒径、细集料含量等对混凝土的干缩有影响，但最重要的影响因素还是混凝土的单位用水量。单位用水量越小，自由收缩应变值越小。但在实际施工中，过小的单位用水量，往往不能满足路面施工要求，因而在实际施工中，通常以缩小侧限系数为目的，对于路面长度则借助于设置接缝的方法来缓和约束；对于基层和侧边，则借助隔离层和平整度来缓和约束。

2）冷缩裂缝

水泥混凝土和其他材料一样具有热胀冷缩的性能。混凝土板块的热胀冷缩都是在相邻部分或整体性限制条件下发生的，故热胀属于变形压缩，而冷缩属于拉伸变形，很容易引起开裂。

水泥的水化过程是一个放热过程，在混凝土硬化过程中，释放大量热能，致使温度上升。在通常温度范围内，混凝土温度上升1℃，每米膨胀0.01mm。因此，这种温度变形对大面积混凝土板块极为不利。

据有关试验证明，水泥水化过程中的放热速度是变化的，初始较缓慢，25min后增温，大约在水泥终凝后12h的水化热温度可达到80~90℃，使混凝土内部产生显著的体积膨胀，而板面温度随着晚上气温降低，湿水养护而冷却收缩，致使混凝土路面内部膨胀，外部收缩，产生很大拉应力。当外部混凝土所受拉应力超过混凝土当时的极限抗拉强度时，板块就会产生裂缝或横向裂缝。另外，从最高温度降温，由于受到已有基层或已有硬化混凝土的约束力，在温度下降时，就不能自由收缩，从而产生裂缝。这种裂缝大多是贯穿路面的。

3）横向裂缝

水泥混凝土路面施工时，采用切缝将路面分成块，以防止路面的干缩和冷缩裂缝。但由于施工中切缝的时间难以准确控制，故造成混凝土路面出现横向裂缝，从混凝土收缩因素考虑，最好是混凝土中水泥水化初始阶段就切缝。但事实上因抗压强度过低，根本无法切缝。

对于已切缝的混凝土板，除第一天的应力有可能大于该龄期的抗折强度外，其余温度应力均小于相应龄期强度。所以，切缝不及时，就会导致水泥混凝土路面横向裂缝的产生。

4）纵向裂缝

沿路方向出现的裂缝称为纵向裂缝。水泥混凝土路面的传荷顺序为面层、基层、垫层、路基。尽管面板传到路基顶面的荷载应力值很小，往往不会超过0.05MPa，但路基作为支承层却很重要。

由于路基填料土质不均匀，湿度不均、膨胀性土、冻胀、碾压不密实等，导致路基支承不均匀。在混凝土浇筑之前，基底弹性模量在不符合规范要求情况下盲目施工，在路基稍有沉陷时，在板块质量和行车压力作用下产生纵向断裂。开始缝很细，但随着水侵入基层，使其表层软化，而产生唧泥、脱空，使裂缝加大。

在拓宽路基时，由于路基处理不当，新路基出现沉降，混凝土板下沿纵向出现脱空，在行车荷载作用下，使混凝土板发生纵向断裂。

5）交叉裂缝

两条或两条以上相互交错的裂缝称为交叉裂缝。

产生交叉裂缝的主要原因：①水泥混凝土强度不足，车轮荷载应力和温度应力作用下产生交叉裂缝；②路基和基层的强度与水稳性差，一旦受到水的侵入，将会发生不均匀沉陷，在行车作用下混凝土板产生交叉裂缝；③由于水泥的水化反应和碱集料反应。

水泥混凝土在拌和、运输、振捣、凝结、硬化的过程中，始终存在着水泥的水化反应。水泥水化反应是指在混凝土发生升温和降温过程中产生体积的膨胀变形，在内部集料及外部边界的约束下使混凝土的自由胀缩变形受阻，而产生拉压应力，使水泥产生不安定因素，这对混凝土的质量影响很大。在水泥的生产过程中，有时会出现一些过烧的CaO(氧化钙)和MgO(氧化镁)，它们的水化速度较慢，往往在水泥硬化后再水化，引起水泥浆体膨胀、开裂甚至溃散。如果用了安定性差的水泥，浇筑的混凝土路面就会产生大面积龟裂或交叉裂缝。

二、裂缝的维修处治

1. 维修材料

裂缝的维修材料，根据其功能可分为密封材料和补强材料。当水泥混凝土路面出现裂缝或贯穿裂缝而板面强度仍能满足使用要求时，应选用密封维修材料；当路面由于裂缝和断裂造成了强度不足时，应选用补强材料。

密封材料宜选用聚氨酯、聚硫环氧树脂(聚硫橡胶+环氧树脂)高分子工程材料。其材料技术要求应符合表6.1的规定。

表6.1　密封材料技术要求

性　　能	技术要求	性　　能	技术要求
灌入稠度/s	<20	黏结强度/MPa	≥4
拉伸强度/MPa	≥4	断裂伸长率/%	≥50

补强材料宜选用经过改进的环氧树脂或乳化过的环氧树脂乳液。其主要技术要求应符合表6.2的规定。

表6.2　补强材料技术要求

性　　能	技术要求	性　　能	技术要求
灌入稠度/s	<20	黏结强度/MPa	≥3
拉伸强度/MPa	≥5	断裂伸长率/%	2~5

2. 裂缝维修

裂缝维修方法主要有扩缝灌浆法、直接灌浆法、条带罩面补缝和全深度补块。

1）扩缝灌浆法

扩缝灌浆法适用于裂缝宽度小于3mm的表面裂缝。其修补工艺有以下几点。

(1) 扩缝。顺着裂缝用冲击电钻将缝口扩宽成1.5~2cm沟槽。槽深根据裂缝深度确定，最大深度不得超过2/3板厚。

(2) 清缝填料。清除混凝土碎屑，用压缩空气吹净灰尘，并填入粒径为0.3~0.6cm的清洁石屑。

(3) 配料灌缝。采用聚硫橡胶：环氧树脂=16：(2~16)，配制成聚硫环氧树脂溜缝料，拌和均匀并倒入灌浆器中，灌入扩缝内。

(4) 加热增强。宜用红外线灯或装有60~100W灯泡的长条形灯罩，在已灌缝上加温，温度控制在50~60℃，加热1~2h即可通车。

2）直接灌浆法

直接灌浆法适用于裂缝宽度大于3mm，且无碎裂的裂缝。其修补工艺有以下几点

（1）清缝。将缝内泥土、杂物清除干净，并确保缝内干燥、无水。

（2）涂刷底胶。在缝两边约 30cm 的路面上及缝内涂刷一层聚氨酯底胶层，厚度为 0. 3mm±0. 1mm，底胶用量为 0. 15kg/m^2。

（3）配料灌缝。将环氧树脂(胶黏剂)、二甲苯(稀释剂)、邻苯二甲酸二丁酯(增稠剂)、乙二胺(固化剂)、水泥或滑石粉(填料)组成配料，采用配合比为：胶黏剂：稀释剂：增调剂：固化剂：填料=100：40：10：8：填料(200~400)，视缝隙宽度掺加，按比例配制好，并搅拌均匀后直接灌入缝内，养护 2~4h 即可开放交通。

3）条带罩面补缝

条带罩面补缝适用于贯穿全厚大于 3mm、小于 15mm 的中等裂缝。其罩面补缝工艺有以下几点。

（1）切缝。沿裂缝两侧各约 15cm，且平行于缩缝切深 7cm 的两条横缝。

（2）凿除混凝土。在两条横缝内用风镐或液压镐凿除混凝土，深度以 7cm 为宜。

（3）打扒钉孔。沿裂缝两侧 15cm，每隔 50cm 钻一对扒钉孔，其直径各大于钳钉直径 2~4mm，并在二扒钉孔之间打一与扒钉孔直径相一致的扒钉槽。

4）全深度补块

全深度补块适用于宽度大于 15mm 的严重裂缝。全深度补块分集料嵌锁法、刨挖法、设置传力杆法。

集料嵌锁法适用于二级公路水泥混凝土路面，且接缝的间隔小于 300~400cm，不适于寒冷气候和承受重型交通荷载下的水泥混凝土路面。其施工步骤包括画线、切割、破碎、凿毛、处理基层、混凝土拌和、混凝土摊铺、养生、接缝处理和浇筑混凝土。达到通车强度后，即可开放交通。

刨挖法适用于接缝传荷能力很差的水泥混凝土路面，施工步骤同集料嵌锁法。

设置传力杆法适用于寒冷气候和承受重型交通荷载下的水泥混凝土路面，施工步骤同集料嵌锁法。

第三节　水泥混凝土路面修复

下文将从整块水泥混凝土路面板翻修、路面局部路段修复对水泥混凝土路面修复进行阐述。

一、整块水泥混凝土路面板翻修

水泥混凝土路面由于施工、养护和自然因素等，使路面产生严重沉陷或严重破碎等病害，而且集中于一块板内，这时正常养护手段无济于事，只能通过整块面板的翻修，才能恢复其使用功能。整块面板翻修的方法和工艺如下。

1. 清除混凝土碎块

首先，用风镐或液压镐凿除损坏的水泥混凝土面板块，尽可能保留原有拉杆、传力杆。若拉杆、传力杆有损坏，应该重新补设；然后，将破碎的混凝土块清运至合适的地方。

2. 处治基层

在实践中，视基层损坏程度采取不同处治方法，主要方法有以下几点。

（1）基层损坏厚度小于8cm，整平基层压实后，可直接浇筑与原路面强度相同的水泥混凝土，其施工应符合水泥混凝土加铺层施工规范的要求。

（2）基层损坏厚度大于8cm且坑洼不平，应首先整平、压实基层，采用C15贫混凝土进行补强。其补强层顶面高程应与旧路面基层顶面高程相同。

（3）基层损坏极为严重，其厚度大于20cm时，应分层处理基层，其材料应符合有关规定。

（4）在基层上，按0.5kg/m^{2}沥青用量喷洒一层乳化沥青，作为防水层。

3. 排水处理

对翻修的混凝土板，处在路面排水不良地带，路面板的边缘及路肩应设置路基纵、横向排水系统。

（1）单一边板翻修时应在路面板接缝处设置横向盲沟，其设置要求按设置盲沟的有关条款执行。

（2）连续数块混凝土板块翻修时，宜设置纵、横向盲沟，并应在纵坡底部设置横向盲沟，其设置要求按设置盲沟的有关条款执行。

4. 水泥混凝土路面板块翻修工艺

混凝土施工时配合比及所用的材料，应根据路面通车时间的要求，选用快速修补材料。

（1）混凝土施工时配合比及所用材料，可参照前面有关混凝土施工时所用材料要求的有关条款执行。

（2）将混凝土拌和机设置在施工现场附近，可采用翻斗车运送混合料。

（3）混合料的摊铺由运输车直接卸在基层上，用铁锹摊铺均匀，严禁使用钉耙、搂耙，以防离析；摊铺的材料厚度，应考虑振实的影响而预留一定的高度，松铺系数根据试验确定。

（4）混合料的振捣应先用插入式振动器在板边、角隅处或全面顺序振捣一次，同一位置不少于20s。再用平板振动器全面振捣，振捣时应重叠10~20cm，以不再冒泡并泛出水泥浆为止。在全面振捣后再用振动梁振实、整平，往返拖拉2~3遍，振动梁移动的速度应缓慢而均匀，其速度以1.2~1.5m/min为宜。对不平处，应及时人工补平，最后用平直的滚杆进一步滚平表面，使表面进一步提浆。

（5）混凝土表面整修，应用木抹多次抹面至表面无泌水为止。发现面板低处应补充混凝土，并用直尺检查平整度。

（6）按原路面纹理修面，可用尼龙丝刷或拉槽器在混凝土表面横向拉槽。

（7）混凝土凝结硬化后，要在尽早时间内用切割机切缝，切割深度宜为板块的1/4厚度，合适的切缝时间需依据经验并进行试切后决定。

（8）混凝土的养护：①混凝土板抹平之后，可在其表面喷洒养护剂进行养护，养护剂应在纵、横向各洒1次，洒布要均匀；②洒水养护，用草帘或麻袋覆盖在混凝土板表面，每天洒水2~3次，使混凝土经常保持潮湿状态。

(9) 混凝土接缝填封应在混凝土板养护期满后立即进行。接缝填缝材料可分为接缝板及填缝料两种，其中填缝料又可分为加热施工式和常温施工式两种。

接缝板和填缝料的技术要求，应符合接缝板和填缝料的有关技术规定。

填缝前缝内必须清扫干净，灌注填缝料必须在缝槽干燥状态下进行，其灌注深度以3~4cm为宜，下部可填入多孔柔性材料。

填缝料的灌注高度，夏天应与面板平，冬天宜稍低于面板。

(10) 混凝土强度达到设计要求后，开放交通。

二、水泥混凝土路面局部路段修复

1. 准备工作

水泥混凝土路面局部路段修复准备工作主要有以下几点。

(1) 对损坏路段进行详细、全面的调查，分析原因，并制订科学的修复措施。

(2) 编制施工组织设计。包括修复的资金、人员、机械、材料、施工工艺、计划进度等。

2. 施工

水泥混凝土路面局部路段修复施工内容包括旧混凝土破碎、处理基层、部分路段排水系统、部分路段施工前准备工作、新老混凝土板交界处应设传力杆、混凝土拌和物的浇筑、混凝土拌和物整平、混凝土面板接缝施工、纵缝施工、混凝土板养护。

1) 旧混凝土破碎

用风镐进行混凝土板块破碎，尽量使其的破碎板成为约30cm×30cm的矩形小块，以利于旧板利用。采用配备液压镐的混凝土破碎机进行混凝土板块破碎，破碎时液压镐落点的间距约为40cm。清除混凝土碎块，运至指定地点堆放并加以利用，防止环境污染。

2) 处理基层

对基层强度尚好、损坏不严重的基层，应整平基层，采用轻型压路机压实。对压不到的死角部分可用冲击夯等机具压实。

基层强度不足且损坏较为严重时，可采用水稳性较好的材料，如水泥稳定碎石或石灰粉煤灰稳定碎石等结构层进行补强。其材料技术标准、施工工艺应符合有关规定。

3) 部分路段排水系统

局部路段修复时，应设置纵、横向排水系统，排水系统设置应按照相关规范执行。

4) 部分路段施工前准备工作

混凝土施工前，应在路面基层上做沥青下封层，沥青用量为1.0kg/m^2。

5) 新老混凝土板交界处应设传力杆

在新老路面板交界处，旧面板1/2板厚位置，每隔30cm钻一直径为28mm、深为22.5cm的水平孔。用压缩空气清除孔内混凝土碎屑。向孔内灌入高强度砂浆。在旧混凝土板侧涂刷沥青，将直径为25mm、长为45cm的光圆钢筋插入旧混凝土面板中。对损坏的拉杆要补齐，在原拉杆位置附近，打直径为18mm、深为35cm的拉杆孔，用压缩空气清除碎屑，并灌入高强度砂浆，将直径为14mm、长为70cm的带肋钢筋插入旧混凝土面板中35cm。

6）混凝土拌和物的浇筑

模板宜采用钢模板，模板的制作与立模应符合下列规定：

（1）钢模板的高度应与混凝土板厚度一致。

（2）钢模板的高度允许误差为±2mm，企口舌部或凹槽的长度允许误差为±1mm。

（3）立模的平面位置与高程应符合设计要求，并应支立准确、稳固，接头紧密、平顺，不得有离缝、前后错槎和高低不平等现象。模板接头和模板与基层接触处均不得漏浆。模板与混凝土接触的表面应涂隔离剂。

混凝土拌和物的摊铺应符合下列规定。

（1）混凝土板厚度小于22cm时，可一次摊铺；大于22cm时，可分两次摊铺。下部厚度宜为总厚度的3/5。

（2）摊铺厚度应考虑振实预留高度。

（3）采用人工摊铺，严禁抛掷和搂耙，防止混凝土拌和物离析。

混凝土拌和物的振捣，应符合下列规定。

（1）对厚度小于22cm的混凝土板，靠边部和板角应先用插入式振动器顺序振捣，再用功率不小于2.2kW平板振动器纵横交错全面振捣。振捣时应重叠10~20cm，然后用振动梁振捣拖平。有钢筋的部位，振捣时应防止钢筋变位。

（2）振动器在每一位置振捣的持续时间，应以拌和物停止下沉、不再冒泡并泛出水泥浆为准，并不宜过振。用平板振动器振捣时，不宜少于15s；水胶比小于0.45时，不宜少于30s；用插入式振动器振捣时，不宜少于20s。

（3）当采用插入式振动器与平板振动器配合使用时，应先用插入式振动器振捣，而后用平板振动器振捣。大于22cm的混凝土板，分两次摊铺。振捣上层混凝土拌和物时，插入式振动器应插入下层混凝土5cm，上层混凝土的振捣必须在下层混凝土初凝以前完成。插入式振动器的移动间距不宜大于其作用半径的1.5倍，其至模板的距离不应大于振动器作用半径的0.5倍，并应避免碰撞模板和钢筋。

（4）振捣时应以人工找平，并应随时检查模板。如有下沉、变形或松动，应及时纠正。

混凝土拌和物整平。混凝土整平工艺应符合下列规定。

（1）填补找平板面应选用混凝土拌和物的原浆，严禁用纯砂浆填补找平。

（2）混凝土拌和物经用振动梁整平后，可再用滚筒进一步整平。

（3）设有路拱时，应使用路拱成形板整平，整平时必须保持模板顶面整洁、接缝板面平整。

7）混凝土面板接缝施工

混凝土面板接缝施工包括胀缝施工和缩缝施工。

胀缝施工应符合下列规定。

（1）胀缝应与路面中心线垂直，缝壁与板面必须垂直，缝隙宽度必须一致，缝中不得连浆，缝隙下部应设置胀缝板，上部应浇灌填缝料。

（2）胀缝传力杆的活动端，可设置在缝的一边，或交错布置；固定后的传力杆必须平行于面板和路面中心线，其误差不得大于5mm。传力杆的固定可采用支架固定安装的方法。

缩缝的施工应采用切缝法。当受条件限制时，可采用压缝法，但是高速公路必须采用切缝法。

8）纵缝施工

对已浇混凝土板的缝应涂刷沥青，并应避免涂在拉杆上。浇筑邻板时，缝的上部应压成规定深度的缝槽。宜浇筑混凝土板凹处的一边；缝壁应涂刷沥青，浇筑邻板时，应靠缝壁浇筑。整幅浇筑纵缝的切缝或压缝应符合有关规定。纵缝设置拉杆应采用带肋钢筋，并应设置在板厚中间。应预先根据拉杆的设计位置放样打眼。

9）混凝土板养护

混凝土板养护方法包括湿法养护、塑料薄膜养护等。

湿法养护应符合下列规定：

（1）宜用草袋、草帘等在混凝土终凝后覆盖于面板表面，每天应均匀洒水，经常保持潮湿状态。

（2）昼夜温差大的地区，混凝土板浇筑 1d 内，应采取保温措施，防止混凝土板产生收缩裂缝。

混凝土板在养护期间和填缝前，应禁止车辆通行，在达到设计强度的 40% 以后，方可允许行人通行。

塑料薄膜养护应符合以下规定：

（1）塑料薄膜溶液的配合比应根据试验确定，并做好储运和安全工作。

（2）塑料薄膜施工宜采用喷洒法。当混凝土表面不见浮土或用手指压无痕迹时，可进行喷洒。

（3）喷洒厚度以能形成薄膜为度，其用量宜控制在 $350g/m^2$ 以上。

（4）塑料薄膜喷洒后 3d 内禁止行人通行，养护期和填缝前禁止一切车辆通行，以确保薄膜的完整。

拆模时不得损坏混凝土板角、边，尽量保持完好。混凝土板达到设计强度后，方可开放交通。

第七章 公路路面检测

第一节 “三维一体化”检测方法

对于公路病害的治理，若仅仅由养护技术人员根据路面破损状况，结合实际工作经验进行决策，已远远不能满足我国公路发展的需要。因此，研究公路病害“三维一体化”的检测技术，对提高公路检测效率，确保公路正常运营具有重要意义。“三维一体化”检测理论与方法主要有路面破损的图像模式识别、探地雷达探测技术和 GIS(Geographic Information System，地理信息系统)数据库。

一、路面破损的图像模式识别

沥青路面的破损评价指标体系将路面破损分为裂缝类、松散类和变形类。下文对于裂缝类和松散类破损，采用基于视频的计算机图像模式识别系统进行室外自动快速图像采集、室内图像自动识别与人工识别相结合的检测技术；对于变形类破损采用激光辅助三维图像模式识别系统进行室外自动图像数据采集与处理技术。该系统集计算机、通信、摄影测量、激光等技术于一体，综合利用全球定位、里程编码定位、激光辅助三维测量、数字成像、图像识别、神经网络等多行业、多学科的先进技术和设备，完成对路面破损数据的自动采集、处理和分析。

1. 图像采集

图像采集系统按用途可以分为平面类破损图像采集系统和变形类破损图像采集系统。

2. 图像分类

路面破损图像分类是指将设备采集的大量路面图像进行分类筛选，从中找出存在破损的图像，进行破损图像分类，可以大大减少路面破损后期处理的工作量。

3. 图像模式识别原理

路面破损按形态可以分为平面类破损和三维变形类破损。前者可以通过二维的图像直接进行识别，在图像上表现为灰度突变形成的纹理。如将路面放在三维坐标系 $O-XYZ$ 中，Z 方向坐标近似为0。而后者则主要表现为 Z 方向的坐标变化，在图像上灰度变化不明显，无法直接通过图像识别变形的幅度和范围，需通过一定的技术手段，将这种变形转换为二维变形，从而进行识别。

4. 图像测量

虽然通过视频检测的方式确定裂缝宽度是一种间接的测量方式，但却有很多的优点，例如非接触的方式、无需阻断交通、可以实现自动化等。

5. 人机一体化工程

人机一体化检测方法旨在充分发挥人与计算机各自的优势，将人的工作与计算机的工作完美地结合在一起，实现人与自然的和谐统一。在实现过程上，它表现为完成整个工作的过程中，人参与的工作量与计算机的工作量的比例可以自由调整；在处理结果上，它表现为人工处理的结果与计算机处理的结果在形式上没有任何差别。

二、探地雷达探测技术

路面、路基的含水量、空隙率和压实度是公路建设中需要严格控制的重要指标，也是沥青路面、路基病害探测评价的关键性指标。一方面，面层、基层或土基压实度不够，公路在使用过程中就容易产生车辙、沉陷和裂缝。含水量过高会影响路面结构的强度、刚度和稳定性，在冬季还容易产生冻融破坏。基层的含水量达到最佳时才能逐层压实。另一方面，路面破损会造成基层、地基的松散及含水量增大，引起基层、地基的破坏和变形。

探地雷达对路面病害的探测，以含水量、压实度、雷达波异常为评价指标，获得路面的病害信息。

探地雷达(Ground Penetration Radar，GPR)是一种采用短脉冲宽带高频电磁波信号检测地下介质分布的新技术。根据电磁波在有耗介质中的传播特性，通过天线连续拖动的方式以宽频带短脉冲的形式向地下发射高频电磁波，电磁波信号在地下介质内部传播时遇到不同介质的界面时，就会发生反射、透射，其反射系数(反射信号的强度)主要由上、下层介质的相对介电常数决定。上、下层介质的介电常数差异越大，反射的电磁波能量也越大；反之上、下层介质的介电常数差异越小，反射的电磁波能量也越小。反射的电磁波被与发射天线同步移动的接收天线接收后，通过雷达主机精确记录反射回的电磁波的运动特征，获得地下介质的扫描图像，通过对扫描图像进行处理，对地质雷达剖面上目标层(体)的反射波时间延迟、波形特征以及剖面的宏观和微观形态组合进行解译，达到识别地下目标物和道路结构层内隐伏缺陷的目的。

相比于其他检测技术，GPR具有明显优点：①路面无损坏。探地雷达检测无需开挖和钻孔取芯，不会对公路造成损坏；②分辨率高。探地雷达通过观察剖面来分析确定公路路面结构的内部情况，采用的高频脉冲电磁波检测，分辨率可达到厘米级；③效率高。探地雷达设备简单，数据采集快速，需要工作人员较少，可连续采集数据。

根据探地雷达记录的地面反射波与地下反射波的时间差，即计算出地下异常的埋藏深度，如式(7.1)所示。

$$H=V\cdot\Delta T/2 \tag{7.1}$$

式中 H——目标层厚度；

V——电磁波在特定介质中的传播速度；

ΔT——地面反射波与地下反射波的时间差。

电磁波在特定介质中的传播速度计算如式(7.2)所示。

$$V=C\sqrt{\varepsilon} \tag{7.2}$$

式中 V——电磁波在特定介质中的传播速度；

C——电磁波在大气中的传播速度；

ε——相对介电常数，取决于地下各层构成物质的介电常数。

雷达波反射信号的振幅与反射系数成正比，在以位移电流为主的低损耗介质中，反射系数 r 的计算如式(7.3)所示。

$$r=\frac{\sqrt{\varepsilon_1}-\sqrt{\varepsilon_2}}{\sqrt{\varepsilon_1}+\sqrt{\varepsilon_2}} \tag{7.3}$$

式中：ε_1、ε_2 分别为界面上、下介质的相对介电常数。对公路检测而言，ε_1 为面层的相对介电常数，ε_2 为基层的相对介电常数。

雷达波的穿透深度主要取决于地下介质的电性和中心频率。导电率越高、中心频率越高，穿透深度越小；导电率越低、中心频率越低，穿透深度越大。反射信号的强度主要取决于上、下介质的电性差，电性差越大，反射信号越强；反之，电性差越小，反射信号越弱。对沥青混凝土面层而言，面层与基层(稳定层)存在明显的电性差，可以预期面层底部会有强反射出现。不同面层(上、中、下)之间所用材料也存在细微差别，因此也可以得到较弱的反射信息。

三、GIS 数据库

系统所采集的所有图像，都可以通过查找定位文件确定其所在的里程位置。里程位置对于某一条路的某一个行车方向来说是具有唯一性的，因此任何一张图像都可以在路面上找到一个确切的对应位置。在病害检测时，病害信息中最重要的一项就是病害所在的里程位置，可以根据病害的里程位置，通过一定的对应关系，与 GIS 数据库建立连接，实现公路养护与公路地理信息系统的统一，以更方便指导公路网的建设和管理。

1. 基于 GIS 的路面管理系统

1）路面管理系统组成

路面管理系统(Pavement Management System，PMS)按照一定组织方式将与路面有关的各个方面联系在一起，从采集数据、分析数据、确定改建和养护计划到设计、施工、养护实施计划，在各个方面之间建立联系和协调的关系。PMS 从功能上大致可划分为数据采集系统、数据库管理系统、网修管理系统和项目级管理系统四部分。

2）基于 GIS 的路面管理系统

基于 GIS 的路面管理系统是将 GIS 嵌入到 PMS 中的一个综合的管理系统，GIS 技术可以丰富和扩展 PMS 的功能。通过 GIS 强大的空间数据处理能力，能够将路面的空间位置信息和属性信息有机的结合起来，从而能够直观、形象、准确地对道路及附属设施进行有效的管理，提高了 PMS 的可视化程度，使得决策者的管理决策依据更加可靠。

基于 GIS 的路面管理系统主要由数据库、图层管理、系统功能模块三部分组成。这里需要注意的是数据库和图层管理。数据库是路面管理系统的基础，构建系统时，首先要把路面结构、材料、交通、气候、单价等信息纳入数据库中为地区级路面管理系统的建立提供更为详细的数据信息。图层管理能方便实现可视化、为用户提供一个良好的用户界面的目标，数据库和图层管理的构建为实现系统功能提供了基础。

3）基于 GIS 的路面管理系统的功能

基于 GIS 的路面管理系统能够实现空间位置属性与路面状况属性相结合，能够将道路的等级、位置、病害类型以及地形地貌形象的展现出来，通过对图层的筛选能够清楚的得到想要的路面信息，方便做出决策。基于 GIS 的路面管理系统的功能主要有以下几点。

（1）基本地图管理。应用 GIS 的地图表现能力，将公路及相关信息导入到系统中。基本的地图管理操作包括地图的数字化修改、放大、缩小、图层控制、坐标信息以及输出功能等。由于公路信息的不断变化，需要不断地更新地图，地图管理成为 GIS 的优势和基础功能。

（2）数据查询。通过将数据与地图信息设定，就能将选定的数据在地图上显示，这是 GIS 最具代表性的数据可视化功能。对于路面的空间信息、基本属性以及路面的评价都有直观的认识。

（3）空间查询。空间查询是指通过对空间范围的选择，在一定的范围内选择相关信息的属性数据，能够对路面多方面的信息进行查询和认识。路段的高程维修破损情况等都是决策和养护人员迫切了解的。

2. 基于 GIS 的路面管理系统的应用

基于 GIS 的路面管理系统具有道路空间特性、地理编码、属性数据动态性的特点，其强大的空间分析和决策功能，对于路面的养护、维修、加固及评估等都有重要的作用，其应用主要体现在以下几个方面。

（1）对道路的地理空间特征的数据进行录入。

（2）建立空间数据与道路属性数据的对应关系。

（3）实现空间数据和属性数据的动态交互查询。

（4）用图形信息动态显示道路状况及病害特征。

（5）动态直观显示道路的维修方案及费用。

基于 GIS 的路面管理系统的目的就是通过将养护工作中所用到的文档、工程图纸以及与道路有关的属性数据进行归类、整理、组织，从而建立起方便管理的地图数据与属性数据相结合的数据库。这使得养护人员可以快速准确查询相关结果，进行路面性能评价等。

第二节　路面病害科学性检测

一、路面病害类型

（一）沥青路面病害类型

1. 龟裂

路面龟裂是在重复交通荷载作用下，沥青面层或稳定基层疲劳破坏产生的一系列相互贯通的裂缝。裂缝最先出现在沥青面层或稳定基层底部，荷载弯拉应力或应变最大的位置。裂缝传至表面，开始时只是一条或数条平行的纵向裂缝。在车辆重复荷载作用下，裂缝连通起来，形成了多边、锐角的小块，发展成为网状或龟纹状的裂缝。

2. 块状裂缝

裂缝纵横交错即为块状裂缝，损坏按面积计算。其主要由以下原因引起：

(1) 路面结构中夹有软弱层或泥灰层；粒料层松动，水稳性差。

(2) 沥青与沥青混合料质量差，延度低，抗裂性差。

(3) 沥青层厚度不足，层间黏结差，水分渗入，加速裂缝的形成。

(4) 路面总体强度不足，在损坏初期形成网裂，日后裂缝逐步扩展，缝距缩小。

3. 纵向裂缝

纵向裂缝是指与行车方向基本平行的裂缝，缝宽不一。其主要由以下原因引起：前后摊铺幅相接处的冷接缝未按有关规范要求认真处理，结合不紧密而脱开；纵向沟槽回填土压实质量差而发生沉陷；拓宽路段的新、老路面交界处沉降不一。

4. 横向裂缝

横向裂缝即与行车道基本垂直的裂缝，缝宽不一，缝长有贯穿整个路幅的，也有穿部分路幅的。其主要由以下原因引起。

(1) 施工缝未处理好，接缝不紧密，结合不良。

(2) 沥青未达到适合于本地区气候条件和使用要求的质量标准，致使沥青面层温度收缩或温度疲劳应力(应变)大于沥青混合料的抗拉强度(应变)。

(3) 半刚性基层收缩裂缝的反射缝。

(4) 桥梁、涵洞或通道两侧的填土产生固结或地基沉降。

5. 坑槽

路面坑槽是指在行车作用下，路面集料局部脱落而产生的坑洼，是沥青路面易发、多发的常见病害，影响行车安全性、舒适性和路容路貌。如果养护维修不及时，会对行车安全构成极大威胁，同时会致使养护成本大幅增加。水损坏是产生沥青混凝土路面坑槽的最主要因素。水对沥青混凝土产生软化作用(含水率提高，导致其强度和刚度降低)、剥离作用(降低黏附性)和冲刷作用(在荷载作用下产生的动水压力不断冲刷细料)，造成沥青混凝土松散，从而形成坑槽。

6. 松散

沥青混凝土中沥青与集料的黏结力作用逐渐下降并丧失，在车辆荷载作用下使沥青混凝土表面层呈松散状态，面层中的集料颗粒脱落，粗、细集料散失起砂，路面磨损，路表粗麻，多处微坑，表层剥落，路面外观质量差，行车不适。其主要由以下原因引起。

(1) 沥青混合料中沥青偏少，油石比偏低，使得沥青与集料之间的黏结性差。

(2) 因低气温施工，压实度过小，造成沥青面层内部空隙率过大，在车辆的荷载作用下造成的沥青面层松散。

(3) 沥青混合料拌和时沥青温度过高，导致沥青老化，沥青膜剥落使沥青与集料的黏结力减弱而产生松散。

(4) 集料选择有误，选择了酸性集料，与沥青黏附性差而造成松散。

(5) 水损害导致的松散，由于车轮动态荷载的作用，水分逐渐渗入沥青与集料的界面，使沥青黏附性降低并逐渐丧失黏结力，沥青膜从集料表面脱落，沥青混合料出现掉粒、松散。

（6）集料颗粒被足够厚的粉尘包裹，使沥青膜黏结在粉尘上，而不是黏结在集料颗粒上，在表面摩擦力的作用下磨掉沥青膜，并使集料颗粒脱离。这种情况主要是由于集料含泥量超标所造成的。

7. 沉陷

沉陷是指大于10mm的路面局部下沉。沉陷是路面变形中最普遍的一种，其特点是面积大，涉及的结构层次深，主要出现在挖方段和填挖交界处。其产生的主要原因如下。

（1）土质路堑排水不畅，路床下部路基过湿润而产生不均匀沉降，引起路面局部下沉。

（2）路面强度不能适应日益增长的交通量，易发生疲劳破坏。

（3）路基或基层强度不足或填挖路基强度不一致，在车辆荷载作用下，路基或基层结构遭破坏而引起沉陷。

（4）桥头路面沉降不均匀而引起沉陷并与桥面发生错位。

8. 车辙

车辙是指轮迹处深度大于10mm的纵向带状凹槽(辙槽)。

（1）磨耗型车辙。产生原因：在交通车辆轮胎磨耗和环境条件的综合作用下，路面磨损，面层内集料颗粒逐渐脱落；在冬季路面铺撒防滑料(如砂)时，磨耗型车辙会加速发展。

（2）结构型车辙。产生原因：这类车辙主要是基层等路面结构层或路基强度不足，在交通荷载反复作用下产生向下的永久变形，作用或反射于路面。

（3）失稳型车辙。产生原因：绝大多数车辙是由于在交通荷载产生的剪切应力的作用下，路面层材料失稳，凹陷和横向位移形成的。此类车辙的外观特点是沿车辙两侧可见混合料失稳横向蠕变位移形成的凸缘。一般出现在车辆轮迹的区域内，当经碾压的路面材料的强度不足以抵抗交通荷载作用于它上面的应力，特别是重载车辆高频率通过，路面反复承受高频重载时，极易产生此类车辙。另外，在公路的进、出口，交费站或一般公路的交叉路口等减速或缓行区，这类车也较为严重。因为这些地区车速较低，交通荷载对路面的作用时间较长，故易引起路面材料失稳，横向位移和永久变形。

（4）压密型车辙。产生原因：压密型车辙是由于碾压不足，开放交通后被车辆压密而形成的。这类车辙如果是由于路面施工质量控制不严造成的非正常病害，一般在讨论车辙时，不做考虑。

9. 波浪壅包

波浪壅包是沥青面层因受行车推挤而形成局部隆起的现象。其主要由以下原因引起。

（1）沥青面层中沥青含量过多、黏度和软化点偏低，矿料级配不良，细料偏多，致使面层材料自身的高温抗剪强度不足，在行车作用下产生壅包。

（2）基层局部含水率过高，水分滞留于基层，或基层浮土过多，或透层沥青洒布不符合要求等原因，影响面层和基层之间的结合，在行车水平力的作用下，使路面产生推移而形成局部不规则隆起的变形。

（3）由于基层局部强度不足或水稳性不好，使基层松软，在行车作用下，形成局部壅包。

10. 泛油

泛油是路面沥青被挤出或表面被沥青膜覆盖形成发亮的薄油层，损坏按面积计算。其主要由以下原因引起。

（1）沥青混合料的设计空隙率过小，油石比偏大，在高温季节，沥青受热膨胀，在填满混合料中的空隙后溢出路表面形成泛油。因此，泛油现象的内因是空隙率过小，而诱发的直接外因是高温。

（2）沥青混合料由于压实度标准偏低或压实度不足，路面开放交通后在重载车辆的再次压密作用下，沥青混合料内的集料不断嵌挤而空隙率减小，最终使沥青胶浆被挤压到路表而发生泛油。在高温季节，沥青受热体积膨胀，会进一步加剧轮迹带的泛油现象。

（3）路面积水时在高速行驶的汽车轮胎下形成很高的动水压，这种动水压随车速的提高呈现几何级数增长。当车速较高时，所产生的动水压足以击穿表面层沥青混凝土，进入面层底部；路表水侵入面层内部并长期滞留在沥青层底部，在行车荷载的反复作用和动压水冲刷下，集料表面的沥青膜剥落成为自由沥青，并在水的作用下被迫向上部迁移，从而导致面层上部泛油而底部松散。

（4）常见的施工不当型泛油的原因有集料离析；混合料中矿料含水率超标；石油或柴油污染基层顶面；施工时改性沥青结合料易聚积在施工机械上，机械碾压过程中这些聚集的沥青从机械上掉落下来，从而导致油斑现象。

11. 修补

修补按龟裂、坑槽、松散、沉陷、车辙等的修补面积或修补影响面积计算（裂缝修补按长度计算，影响宽度为 0.2m）。长度大于 5m 的整车道修复不计为路面修补损坏。修补范围内再次发生的损坏，应按新的损坏类型计算。

（二）水泥路面病害类型

1. 破碎板

破碎板应按板块面积计算，损坏程度应按以下标准判断。

（1）轻度应为板块被裂缝分为 3 块及以上，破碎板未发生松动和沉陷。

（2）重度应为板块被裂缝分为 3 块及以上，破碎板有松动、沉陷和唧泥等现象。

2. 裂缝

裂缝应为板块上只有一条裂缝的情况，应按长度（m）计算。检测结果应用影响宽度（1.0m）换算成损坏面积。损坏程度应按以下标准判断。

（1）轻度应为裂缝宽小于 3mm，一般为未贯通裂缝。

（2）中度应为裂缝宽为 3~10mm。

（3）重度应为裂缝宽大于 10mm。

裂缝具体内容参考前文“裂缝处治”部分。

3. 板角断裂

板角断裂应为裂缝与纵横接缝相交，且交点距板角小于或等于板边长度一半的损坏，应按断裂板角的面积计算。损坏程度应按以下标准判断。

（1）轻度应为裂缝宽小于 3mm。

（2）中度应为裂缝宽为 3~10mm。

（3）重度应为裂缝宽大于 10mm。

4. 错台

错台应为接缝两边出现的高差，应按长度(m)计算。检测结果应用影响宽度(1.0m)换算成损坏面积。损坏程度应按以下标准判断。

(1) 轻度应为接缝两侧高差为5~10mm。

(2) 重度应为接缝两侧高差大于或等于10mm。

5. 拱起

拱起应为横缝两侧板体高度大于10mm的抬高，损坏应按拱起涉及板块的面积计算。

6. 边角剥落

边角剥落应为沿接缝方向板边上出现的碎裂和脱落，裂缝面与板成一定角度，应按长度(m)计算。检测结果应用影响宽度(1.0m)换算成损坏面积。损坏程度应按以下标准判断。

(1) 轻度为板边上的碎裂和脱落。

(2) 中度为板边上的碎裂和脱落，接缝附近水泥混凝土有开裂。

(3) 重度为板边上的碎裂和脱落，接缝附近水泥混凝土多处开裂，开裂深度超过接缝槽底部。

7. 接缝料损坏

接缝料损坏应按长度(m)计算，检测结果应用影响宽度(1.0m)换算成损坏面积。损坏程度应按以下标准判断。

(1) 轻度应为填料老化，不密水，尚未剥落脱空，被砂、石、土等填塞。

(2) 重度应为三分之一以上接缝出现空缝或被砂、石、土填塞。

8. 坑洞

坑洞应为板面出现直径大于30mm、深度大于10mm的坑槽，损坏应按坑洞或坑洞群的包络面积计算。

9. 唧泥

唧泥应为板块接缝处有基层浆涌出，损坏按长度(m)计算。检测结果应用影响宽度(1.0m)换算成损坏面积。

10. 露骨

露骨应为板块表面细集料散失、粗集料暴露或表层疏松剥落，损坏应按面积计算。

11. 修补

修补应为裂缝、板角断边剥落和坑洞等损坏的修复。块状修补应按面积计算，裂缝类的条状修补应按长度(m)乘以0.2m影响宽度计算。长度大于5m的整车道修复不计为路面修补损坏。修补范围内再次发生的损坏，应按新的损坏类型计算。

二、路面抗滑性能检测

路面抗滑性能是路面的表面安全技术性能，是指车辆轮胎受到制动时，路面防止轮胎滑移的能力。影响抗滑性能的因素主要有路面表面特性、路面潮湿程度和行车速度。

路面抗滑性能是指车辆轮胎受到制动时沿路表面滑移所产生的抗滑力。通常，抗滑性能被看作路面的表面特性，其计算如式(7.4)所示。

$$f=\frac{F}{W} \tag{7.4}$$

式中　F——作用于路表面的摩阻力，N；

W——作用在路表面的垂直荷载，N。

然而，笼统地说路面具有某一摩阻系数是不确切的，应该对轮胎在路面上的滑移条件给予规定。不同的条件和测定方法，可以得到不相同的摩阻系数值。因此，需规定标准的测定方法和条件。

抗滑性能可采用5种方法评定：制动距离法、锁轮拖车法、偏转轮拖车法、摆式仪法和构造深度。

1. 制动距离法

以一定速度在潮湿路面上行驶的4轮小客车或轻货车，当4个车轮被制动时，车辆减速滑移到停止的距离，可用以表征非稳态的抗滑性能，以制动距离数(*SDN*)表示如式(7.5)所示。

$$SDN=\frac{v^2}{225L_s} \tag{7.5}$$

式中　v——制动开始作用时车辆的速度，km/h；

L_s——滑移到停车的距离，m。

测试路段应为路面混合料组成均匀、磨耗均匀和龄期相同的平直路段。测试前和每次测定之间，先洒水润湿路表面到完全饱和。制动速度以64.4km/h为标准速度，也可采用其他速度，但宜不低于32km/h。

2. 锁轮拖车法

装有标准试验轮胎的单轮拖车，由汽车拖拉，以要求的测定速度在洒水润湿的路面上行驶。抱锁测试轮，通过测定牵引力确定在载重和速度不变的状态下拖拉测试轮时作用在轮胎和路面间的摩阻力，以滑移指数*SN*表征路面的抗滑性能，其计算如式(7.6)所示

$$SN=\frac{F_b}{W}\times 100 \tag{7.6}$$

式中　F_b——作用于试验轮胎上的摩阻力，N；

W——作用在轮胎上的垂直荷载，N。

轮上的载重为4826N，标准测试速度为64.4km/h。牵引力由力传感器量测，速度由第五轮仪量测。

3. 偏转轮拖车法

拖车上安装有两只标准试验轮胎，它们对车辆行驶方向偏转一定的角度(7.5°~20°)。汽车拖拉以一定速度在潮湿路面上行驶时，试验轮胎受到侧向摩阻力的作用。记下此侧向摩阻力，除以作用在试验轮胎上的载重，可得到以侧向力系数*SFC*(也称横向力系数)表征的路面抗滑性能，其计算如式(7.7)所示。

$$SFC=\frac{F_s}{W} \tag{7.7}$$

式中 F_s——作用于试验轮胎上的侧向摩阻力，N；

W——作用在轮胎上的垂直荷载，N。

锁轮拖车法和偏转轮拖车法都具有测定时不影响路上交通，可连续并快速进行的优点。

4. 摆式仪法

这是一种主要在室内量测路面材料表面摩阻特性的仪器，也可用于野外量测局部路面范围的抗滑性能。

摆式仪的摆锤底面装一橡胶滑块，当摆锤从一定高度自由下摆时，滑动面同试验表面接触。由于两者间的摩擦而损耗部分能量，使摆锤只能回摆到一定高度。表面摩阻力越大，回摆高度越小。回摆高度直接从仪器上读得，以摆值 *BPN* 表示路面抗滑性能。

5. 构造深度

路面表面的构造深度(Texture Depth，TD)也称纹理深度，是路面粗糙度的重要指标，是指一定面积的路表面凹凸不平的开口空隙的平均深度。主要用于评定路面表面的宏观粗糙度、排水性能及抗滑性能。

三、路面平整度检测

路面平整度是路面评价及路面施工质量验收中的一个重要指标，主要反映路面纵断面曲线的平整性。

当路面纵断面曲线相对平滑时，则表示路面相对平整，行驶舒适性好，反之则表示平整度相对较差。路面平整度的检测能为决策者提供重要的信息，使决策者能为路面的维修养护做出优化决策。另一方面路面平整度的检测能准确地提供路面施工质量的信息，为路面施工提供一个质量评定的客观指标。在 20 世纪 70 年代，平整度测量主要是水平仪、3m 直尺等，精度低、速度慢。90 年代后，平整度检测手段逐步得到了提高，出现了连续式平整度仪、颠簸累积仪，激光断面仪等一批新型检测设备。

路面平整度测试设备主要分为断面类及反应类两大类。断面类实际上是测定路面表面凹凸情况，如连续式平整度仪、激光断面仪等。反应类是司机和乘客直接感受到的平整度指标，因此，它实际上是舒适性能指标，如颠簸累积仪等，其原理是测试车以一定的速度在路面上行驶，由于路面不平整引起汽车激振，通过机械传感器测量后同车厢之间的单向位移累积值 *VBI*，*VBI* 越大，则行车越不舒适。

由于 *VBI* 不是标准的国际平整度指标，因此，需通过标定试验建立与断面类设备国际平整度指数(*IRI*)之间的转换关系予以标定转换。如将车载式颠簸累积仪测定结果换算成国际平整度指数的评定方法，具体有以下几个步骤 .

(1) 将标定路段每隔 0. 25m 作一补充标记。

(2) 在各路段上用校准的水平仪分别测出各标点上的标高。

(3) 将各路段国际平整度指数 *IRI* 与颠簸累积值 *VBI* 绘制成图并进行回归分析，建立相关关系式(7. 8)。

$$IRI = a + b * VBI \tag{7.8}$$

式中 IRI——路段国际平整度指数；

VBI——颠簸累积值；

a、b——回归系数。

其他各种测定平整度方法可依此方法建立回归方程，换算 IRI。

早期进行平整度检测的产品为连续式平整度仪，其检测原理很简单，即由间距为 3m 的前后轮作为支点，架起平衡梁，而由一位移传感器检测出平衡梁中点至路面的垂直距离的变化量，然后换算成平整度标准差。连续式平整度仪由于测试速度较慢，正常测速在 5km/h 左右，主要用于施工过程中检测。

激光断面仪是应用较多的断面类测试设备，正常测速在 80km/h 左右，具有测试速度快、精度高的特点，可用于平整度等指标的测试。其基本原理是利用激光传感器测量车体到路面的距离，同时利用加速度计测量车体本身的竖向位移，从而得到路面纵断面的剖面，然后利用该剖面实时计算国际平整度指数。

围绕激光断面仪所展开的研究主要是测试的可重复性、可再现性。欧洲和美国均进行过较大规模的可重复性和可再现性研究，在其所使用主流设备之间建立了相关关系。目前我国使用的激光断面仪有多种品牌，这些设备已经开始大量使用，但由于尚没有进行系统的可再现性研究，不同设备之间数据的可比性有待考察。

2. 路面摩擦系数检测

路面抗滑性能是路面使用性能的重要组成部分，直接影响到道路行车安全性。路面抗滑性能包括纵向和横向两个方面，纵向抗滑性能决定车辆在刹车时的滑行距离，对避免追尾交通事故的发生有直接的决定作用：横向抗滑性能决定车辆的方向控制能力，对车辆弯道行驶安全性较为重要。

随着人们安全意识的提高，路面抗滑性能已开始得到人们的普遍重视。现阶段我国规范常用的摆式摩擦系数仪在用于摩擦系数测试时尚存在不足之处，主要表现在影响道路交通，测试速度慢、效率低、操作者存在安全隐患等。

自动化摩擦系数检测设备根据测试方法的不同，可分为三类：横向力系数测试仪、刹车式摩擦系数测试仪、不完全刹车式摩擦系数测试仪等。

（1）横向力系数测试仪在我国应用最广泛，由于从国外引进价格较高，20 世纪 90 年代中期实现了国产化。该设备的基本原理是设定试验轮与行车方向成一定角度，横向力与试验轮对路面荷载的比值即为横向力系数，反映车辆在路面上侧滑的危险性，正常测速约 50km/h。

（2）刹车式摩擦系数测试仪是在行驶的过程中，每间隔指定的距离自动对测试轮在刹车期间测试轮在路面上的滑动。根据传感器所记录的力，即可计算制动力系数。该设备在美国是抗滑能力测试标准设备之一，测试速度最高可以达到 110km/h。

（3）不完全刹车式摩擦系数测试仪的测试轮和行驶轮之间，用不等直径的同轴齿轮和链条连接，使得测试轮的滚动线速度小于行驶轮的滚动线速度。在正常测试时呈现连滚带滑的运动状态，根据力传感器记录的数据即可计算路面摩擦系数。该设备在路面上的测试速度为 50km/h 左右，由于不是现行规范规定的采集设备，在进行摩擦系数测试时需进行与摆式仪或横向力系数测试仪间的对比试验，建立两者之间的关系。

3. 路表破损状况检测

路表破损状况往往是道路使用者对于路面施工及养护质量的直观感受，因此，我国各级公路部门对路面破损状况一向都比较重视。路表破损测试系统基本原理是通过摄像系统连续采集路表图像，然后通过后处理软件自动处理与人工判读相结合识别，分类与统计路表破损。路表破损测试系统极大地提高了工作效率，降低了人工破损调查的危险性。

沥青路面综合破损率计算如式(7.9)所示。

$$DR = \frac{D}{A} \times 100 = \frac{\sum\sum D_{ij}K_{ij}}{A} \times 100 \tag{7.9}$$

式中 DR——路面综合破损率；

D——调查路段折合破损面积；

A——调查路段的路面面积；

D_{ij}——第 i 类损坏、第 j 类严重程度的实际破损面积；

K_{ij}——第 i 类损坏、第 j 类严重程度的换算系数。

四、路面渗水系数检测

渗水是指水透过结构物表面进入结构物内部或穿过结构物的过程。渗水系数是用来表征这个过程的难易程度。下文以沥青路面为例，对路面渗水系数检测进行阐述。

沥青路面渗水系数采用固定渗水面积、渗水压力下单位时间内水的通过量来衡量。沥青路面渗水系数用以评价沥青路面渗水性能。沥青路面渗水性能是反映路面沥青混合料级配组成的一个间接指标，也是沥青路面水稳定性的一个重要指标。如果整个沥青面层均透水，则水势必将进入基层或路基，使路面承载力降低。相反，如果沥青面层中有一层不透水，而表层能很快透水，则又不致形成水膜，对抗滑性能有很大好处。

一、方法简介

1. 测试原理

本方法利用密封材料、压重块及渗水仪底座(标准环)固定渗水面积，利用渗水仪上部的量筒固定水量(渗水压力)，利用开关控制试验，利用秒表记录渗水时间。

2. 仪器设备

(1) 路面渗水仪：上部盛水量筒由透明有机玻璃制成，容积为600mL，上有刻度，在100mL及500mL处有粗标线，下方通过ϕ10mm的细管与底座相接，中间有一开关。量筒通过支架连接，底座下方开口内径为150mm，外径为220mm，仪器附不锈钢圈压重两个，每个质量约为5kg，内径为160mm。

(2) 套环：金属圆环，宽度为5mm，内径为145mm，主要防止密封材料被挤压进入测试面而导致渗水面积不一致。

（3）水筒及大漏斗。

（4）秒表。

（5）密封材料：防水腻子、油灰或橡皮泥。

（6）其他设备：水、粉笔、塑料圈（塑料圈与底座接地断面大小一致，可自制）、刮刀、扫帚等。

二、检测过程

1. 准备工作

每个测试位置按照《公路路基路面现场测试规程》（JTG 3450—2019）的规定进行选择，随机选择3个测点，并用粉笔画上测试标记。试验前首先用扫帚清扫表面，并用刷子将路面表面的杂物刷去。新建沥青路面的渗水试验宜在沥青路面碾压成型后12h内完成。

2. 测试步骤

（1）将塑料圈置于路面表面的测点上，用粉笔分别沿塑料圈的内侧和外侧画上圈，在外环和内环之间的部分就是需要用密封材料进行密封的区域。

（2）用密封材料对环状密封区域进行密封处理，注意不要使密封材料进入内圈，如果密封材料不小心进入内圈，必须用刮刀将其刮走。然后再将其搓成拇指粗细的条状密封材料摞在环状密封区域的中央，并且摞成一圈。

（3）将套环放在路面表面的测点上，注意使套环的中心尽量和圆环中心重合，然后略微使劲将套环压在条状密封材料表面；采用同样的方法将渗水仪放在套环上并对中，施加压力将渗水仪压在套环上，再将配重加上，以防压力水从底座与路面间流出。

（4）将开关及排气孔关闭，向量筒中注水超过100mL刻度，然后打开开关和排气孔，使量筒中的水下流排出渗水仪底部内的空气，当量筒中水面下降速度变慢时，用双手轻压渗水仪使渗水仪底部的气泡全部排出，当水自排气孔顺畅排出时，关闭开关和排气孔，并再次向量筒中注水至100mL刻度。

（5）将开关打开，待水面下降至100mL刻度时，立即开动秒表开始计时，计时3min后立即记录水量，结束试验；当计时不到3min水面已下降至500mL时，立即记录水面下降至500mL时的时间，结束试验。当开关打开后3min时间内水面无法下降至500mL刻度时，则开动秒表计时测试3min内渗水量即可结束试验。

（6）测试过程中，如水从底座与密封材料间渗出，则底座与路面间密封不好，此试验结果为无效。关闭开关，采用密封材料补充密封，重新按（4）~（5）测试。如果仍然有水渗出，应在同一纵向位置沿宽度方向就近选择位置，重新按（1）~（5）测试。

（7）测试过程中，如水从外环圈以外路面中渗出，可以人工将密封材料在外环圈之外5cm宽度范围内再次进行密封处理，重新按（4）~（5）测试，只要密封范围内无水渗出，就认为试验结果为有效。

（8）重复（1）~（7）的步骤，测试3个测点的渗水系数。

三、数据处理

沥青路面的渗水系数计算如式(7.10)所示，计算时以水面从 100mL 下降至 500mL 所需的时间为标准，若渗水时间过长，也可采用 3min 通过的水量计算。

$$C_w = (V_2 - V_1)/(t_2 - t_1) \times 60 \tag{7.10}$$

式中　C_w——渗水系数，mL/min；

V_1——第一次计时的水量，mL(通常为 100mL)；

V_2——第二次计时的水量，mL(通常为 500mL)；

t_1——第一次计时的时间，s；

t_2——第二次计时的时间，s。

以 3 个测点渗水系数的平均值作为该测试位置的结果，准确至 1mL/min。

第三节　路面弯沉检测

随着我国综合国力的稳步提升，国家基础设施投入不断加大，我国公路建设取得了长足的发展和进步，在道路工程建设中，路基路面弯沉检测是影响道路工程质量、后期道路安全性和舒适性的重要指标。路面弯沉作为一项重要的检测指标，反映了路面的整体强度质量。在路面工程分项工程的质量评定中，公路和一级公路的弯沉分值分别为 15mm 和 20mm，如弯沉达不到，该分项不可能达到优良。

弯沉(Deflection)是表征公路路基路面整体强度的重要参数，虽然世界各国测试弯沉的设备和方法有所不同，但对弯沉基本概念的理解是相同的。弯沉定义一般是指路基或路面表面在规定标准车的荷载作用下轮隙位置产生的总垂直变形值(总弯沉)或垂直回弹变形值(回弹弯沉)，以 0.01mm 为单位。针对落锤式弯沉仪而言，弯沉是指与落锤自重对应的当量荷载使路表面产生的瞬时变形值。

一、沥青路面的表面弯沉的变化阶段

路表弯沉的变化，是一个多方面因素综合作用的复杂过程。路基路面各层的材料性质、结构组成类型、压实状况、压实程度、温湿度环境、气候条件、交通组成检测时的环境条件以及所使用的仪器设备及检测人员的检测水平等均对弯沉的大小产生很大影响。

沥青路面的表面弯沉变化过程分为三个阶段。

(1) 第一阶段为路面竣工后的前 1~2 年。在这一阶段，由于车辆荷载的重复碾压，渐趋压实，加上半刚性基层材料随着龄期强度增长，从而导致路表弯沉将逐渐减小，大约在路面竣工后的第 2 年达到最小值。

(2) 第二阶段为路面竣工后的第 2 年到第 4 年。在这一阶段，表现为路表弯沉的不断增长。这是因为：①半刚性基层的强度增长已十分缓慢，并逐渐趋于相对稳定状态；②由于车辆荷载的重复作用以及水、温度状况的变化，加之路面混合料本身因拌和不均匀，而导致强度不均匀性等因素的影响，结构内部的微观缺陷将因局部范围的应力集中而扩展，

并逐渐出现小范围的局部破坏，从而导致路面结构整体刚度的下降，使得路表弯沉急剧增大。如果设计不当，没有严格控制工程质量，或是工程质量的不均匀性，则有可能在这一阶段出现局部路面的早期破坏。

(3) 第三阶段为路面竣工 3~4 年后直至达到极限破坏状态。在这一阶段，路面由于各种复杂因素产生的局部强度不足的问题已充分暴露，内部缺陷附近局部区域积蓄的高密度能量也已通过缺陷的扩展而转移，并自动实现了整个系统的能量平衡，从而使得结构内部损伤的进一步发展得到抑制。路面结构的整体刚度重新达到一种新的较低水平的相对稳定状态。因此，路表弯沉进入了一个相对稳定的缓慢变化阶段，即所谓的结构疲劳破坏的稳定发展阶段，并一直延续到路面结构出现疲劳破坏。

在路面竣工后的 1~2 年，路表弯沉值最小。可见，在此期间路面整体结构处于最大刚度状态。但是，在测定材料参数时，养生时间最长的基层材料的设计龄期也只有 6 个月。这个时间，正好接近于路面竣工后第一年的不利季节。

沥青路面弯沉变化及测试竣工后第一年不利季节的弯沉值与最大刚度状态所对应的弯沉值比较接近。因此，将路面竣工后第一年不利季节近似地假定为路面整体结构的最大刚度，而取得沥青路面的设计状态。这个状态，也正是我们测量路面弯沉代表值的状态。

二、弯沉检测的主要存在问题

(1) 原先的柔性路面设计规范容许弯沉的定义为路面在设计使用年限末期的最不利季节在标准轴载作用下容许出现的最大弯沉值，它不能直接作为竣工验收指标，否则标准偏低，易出现早期破坏。

(2) 目前半刚性基层的沥青路面弯沉检测多数采用 3.6m 的贝克曼梁弯沉仪，但很少考虑由荷载车造成的支架下降变形的影响。

(3) 弯沉检测车的轮压不足，从而导致回弹弯沉值偏小。

(4) 弯沉检测车不称重或装载偏位吨位不足，从而导致轴载与标准轴载偏差过大，而引起弯沉值偏小。

(5) 弯沉仪测头的位置不正确。一般来说，测试时弯沉仪的梁臂不得碰到轮胎，测头应置于测点上，即轮隙中心前方 3~5cm 处。

(6) 温度修正不正确，往往仅利用当时的气温进行弯沉修正。

(7) 弯沉测定时间不正确，代表弯沉应在路面竣工后第一年不利季节。

三、贝克曼梁弯沉仪路面弯沉检测

目前，贝克曼梁弯沉仪在工程上得到了广泛的使用，下文将从标准车、弯沉仪的选择及弯沉仪误差修正、弯沉检测频率、温度修正、路面弯沉的计算等方面介绍贝克曼梁弯沉仪。

1. 标准车

标准车为双轴、后轴每侧为双轮胎的载重汽车，其具备标准轴荷载、轮胎尺寸、轮胎间隙及轮胎气压等技术。

测定弯沉用的标准车是很重要的，我国一直规定用解放牌 CA-10B 型及黄河牌 JN-150 型作为两个荷载等级的标准车。但这两种车型逐渐淘汰和不再生产，渐趋灭绝。因此，规范对标准车的规定，仅规定轴重、轮压、气压等主要参数，凡符合这些参数的车型皆可使用。

测试前，应测定测试车的轴重、轮压、轮胎接地面积，与标准车的要求相差应符合规定值。如有不符，应适当调整。

2. 弯沉仪的选择及弯沉仪误差修正

弯沉仪由贝克曼梁、百分表及表架组成。弯沉仪长度有两种：一种 3.6m，前后臂分别为 2.4m 和 1.2m；另一种加长的弯沉仪长 5.4m，前后臂分别为 3.6m 和 1.8m。当在半刚性基层沥青路面上测定时，宜采用长度为 5.4m 的贝克曼梁弯沉仪，并采用 BZZ-100 标准车。这是因为随着公路路面刚度的提高，弯沉仪影响半径也越来越大。20 世纪 60 年代中级路面的弯沉影响半径为 0.5~1m；70 年代三级沥青路面为 1~1.5m，二级路面为 1.5~2m；90 年代高等级公路兴建后，路面弯沉影响半径普遍已发展到 3m，有的已达到 4m 以上。在这种情况下，3.6m 弯沉仪臂长的支点已落入弯沉影响区，这样很难避免由于荷载车造成的支架下降变形的影响，使测定的弯沉值偏小，造成测量误差。

因此，若采用 3.6m 的弯沉仪，测定时应检验支点有无变形，此时应用另一台检验用的弯沉仪安装在测定用弯沉仪的后方，其测点架于测定用弯沉仪的支点旁。当汽车开出时，同时测定两台弯沉仪的弯沉读数，如检验用弯沉仪百分表有读数，即应记录，将两台弯沉仪的测定弯沉相加，得到测点弯沉，并进行支点变形修正。

当在同一结构层上测定时，可在不同位置测定 5 次，求其平均值，以后每次测定时以此作为修正值。

3. 弯沉检测频率

测定代表弯沉值时，应以每公里每一双车道为一评定路段。每路段检查 80~100 个点。对多车道公路必须按车道数与双车道之比，相应增加测点数。

4. 温度修正

对于沥青路面来说，弯沉强度测定是在沥青路面上进行的，而表层区域受天气影响变化较大，夏天沥青路面发软，冬天又变硬发脆。因此，如在夏天测定时，由于过软，也会产生失真现象。所以，需要定出一个温度为测定弯沉的标准状态。

路面弯沉值是以 20℃ 为测定沥青路面弯沉值的标准状态。当沥青面层厚度小于或等于 5cm 时，不需要温度修正；当路面温度在 20℃±2℃ 时，也不需进行温度修正；其他情况下测定弯沉值均应进行温度修正。温度修正及回弹弯沉的计算宜按下列步骤进行。

（1）测定时的沥青层平均温度计算如式（7.11）所示。

$$T=(T_{25}+T_M+T_E)/3 \tag{7.11}$$

式中　T——测定时沥青层平均温度，℃；

T_{25}——根据 T_0 得出的路表下 25mm 处的温度，℃；

T_M——根据 T_0 得出的沥青层中间深度的温度，℃；

T_E——根据 T_0 得出的沥青层底面处的温度,℃;

T_0——测定时路表温度与测定前 5 天平均气温的平均值之和,℃。

(2) 与日平均气温为日最高气温与最低气温的平均值。

(3) 由沥青层平均温度从路面弯沉温度修正系数曲线查找沥青路面弯沉温度修正系数,其计算如式(7.12)所示。

$$L_{20}=L_T \cdot K \tag{7.12}$$

式中 K——温度修正系数;

L_{20}——换算为 20℃的沥青路面回弹弯沉值, 0.01mm;

L_T——测定时沥青面层内平均温度为 T 时的回弹弯沉值, 0.01mm。

5. 路面弯沉的计算

路面测点的回弹弯沉值计算如式(7.13)所示。

$$L_T=2(L_1-L_2) \tag{7.13}$$

式中 L_T——在路面温度 T 时的回弹弯沉值, 0.01mm;

L_1——车轮中心临近弯沉仪测头时百分表的最大读数, 0.01mm;

L_2——汽车驶出弯沉影响半径后百分表的终读数, 0.01mm。

当需要进行弯沉仪支点变形修正时, 路面测点的回弹弯沉值计算如式(7.14)所示。

$$L_T=2(L_1-L_2)+6(L_3-L_4) \tag{7.14}$$

式中 L_3——车轮中心临近弯沉仪测头时检验用弯沉仪的最大读数, 0.01mm;

L_4——汽车驶出弯沉影响半径后检验用弯沉仪的终读数, 0.01mm;

其余符号解释同前。

弯沉代表值是弯沉测量值的上波动界限, 其计算如式(7.15)所示。

$$L_R=L+Z_a \cdot S \tag{7.15}$$

式中 L_R——一个评定路段的代表弯沉, 0.01mm;

L——一个评定路段内经各项修正后的各测点弯沉的平均值;

S——一个评定路段内经各项修正后的全部测点弯沉的标准差;

Z_a——与保证率有关的系数。

计算平均值和标准差时, 应将超出 $L\pm(2\sim3)S$ 的弯沉特异值舍弃。对舍弃的弯沉值过大的点, 应找出其周围界限进行处理。

四、其他测定路面弯沉的方法

1. 自动弯沉仪法

为了降低人的劳动强度, 提高测试效率, 增加采样数据的准确程度, 英法等国在计算机和电子技术发展的基础上于 20 世纪七八十年代研制出了自动弯沉仪。我国则在 20 世纪 90 年代初研制成功并逐步推广使用。自动弯沉仪以位移传感器自动测试弯沉信号, 通过工业微机设置程序控制测量机构自动运作, 减轻了操作人员的劳动强度。

自动弯沉仪是利用贝克曼梁法测定原理快速连续测定的设备, 并在标准条件下每隔一定距离连续测试路面的总弯沉及测定路段的总弯沉的平均值。洛克鲁瓦型自动弯沉仪测定车由测试汽车、测量机构、数据采集系统三部分组成，测量机构安装在测试车底盘下面，测臂夹在后轴轮隙中间。自动弯沉仪测试时的速度必须保持稳定，应控制在 3.0~3.5km/h。另外，当路面严重损坏，不平整、有坑槽时，测定设备有可能被损坏，或者当平曲线半径过小时，都不能检测。

自动弯沉仪分为两大类：①从车轮后方插入测试梁，所测结果同贝克曼梁法的回弹弯沉基本一样；②测试梁从车轮前方插入，所测结果为总弯沉，与回弹弯沉有一定区别。

自动弯沉仪利用简单的杠杆原理，通过计算机控制系统进行自动采集和处理数据。在标准轴载(100kN)的测试车下安置有测量机构，测量机构采用前三点式测量基准平面，消除了传统贝克曼梁法由支点弯沉而产生的误差。首先测试梁放下时，利用计算机控制离合器绞盘把测试梁向前拖动，当拖动到一定位置时，前导向柱切割安置在车下的一对光电管发射出的不可见光，计算机控制离合器绞盘停止拖动。这时测试车以约 3.5km/h 速度前进，数据采集系统则把弯沉值采集到，同时在屏幕上显示弯沉盆曲线图。当测试梁发生位移时，会以 10∶1 的比例把位移按杠杆原理传递到夹持机构，夹持机构夹持磁芯作切割磁力线运动，从而把位移变量转化为电信号，由计算机系统采集到。后轮中心越过测试梁尾部 15cm 时，导向柱会切割到测量机构后部的光电管，离合器绞线盘会以二倍的车速拖动测试梁前进。至此，完成了一个完整的测量步骤。

虽然自动弯沉仪是在贝克曼梁法原理基础上发展起来的静力弯沉设备，但是自动弯沉仪不仅在检测精度、检测效率上有了极大提高，而且在一定程度上克服了贝克曼梁固有的支点变形和不能反映行车载荷对道路的动力作用等缺点。

自动弯沉仪在测试过程中会受到各种因素的影响，如果没有正确处理这些影响因素对测值的影响，测试数据的可靠性将大大降低。一般来说，测试车辆在测试过程中受到两种因素的影响：外界条件和设备本身。外界条件一般包括温度、季节、地区及路面形态等影响因素。设备本身的因素包括车辆轴载、测试速度、测试系统偏差等影响因素。

2. 落锥式弯沉仪法

车载落锤式路面弯沉快速测定仪是目前世界上最先进的一种路面弯沉强度无损检测设备之一，分为拖挂落锤式(或外载式)与内载落锤式两种。

落锤式弯沉仪是在标准质量的重锤落下一定高度发生冲击荷载的作用下，测定路基或路面表面所产生的瞬间变形，即测定在动态荷载作用下产生的动态弯沉及弯沉盆。落锤式弯沉仪由简载发生装置、弯沉检测装置、运算控制系统与车辆牵引系统等组成。测定时启动落锤装置，落锤瞬即自由落下，冲击力作用在承载板上，又立即自动提升到原来位置固定。同时，各个传感器检测结构层表面变形，记录系统将位移信号输入计算机，并得到峰值，即路面弯沉，同时得到弯沉盆曲线。

每一侧点重复测定应不少于 3 次，因为第一锤测定的结果往往不稳定，故必须打二锤及第三锤，舍去第一锤的结果。

3. 激光弯沉测定仪法

激光弯沉测定仪是专门用来测定路面微小弯沉用的，这种微小弯沉一般在微米数量级。

例如，冬季气候条件下的沥青混凝土路面，用一般贝克曼梁弯沉仪已无法测量。由于机械之间摩擦所产生的误差已将微变弯沉覆盖，因此只有用激光衍射办法才能测出它的微小弯沉值。激光弯沉测定仪具有操作简易、精度高、读数稳定、体积小、质量轻等特点。

4. 相互换算

当用自动弯沉车或落锤式弯沉仪测定时，首先应建立自动弯沉车或落锤式弯沉仪与贝克曼梁检测之间的相关关系，并将自动弯沉车或落锤式弯沉仪测得的弯沉值换算为贝克曼梁的弯沉值，再计算路段的代表弯沉值。用自动弯沉车或落锤式弯沉仪测定路表弯沉时，应按 5m 的间距等距离布设测点。

参 考 文 献

[1] 艾建杰，罗清波．公路工程施工技术[M]．重庆：重庆大学出版社，2020.
[2] 毕东河，黄振宇，郑雪辉．沥青路面施工作业与养护决策[M]．武汉：华中科学技术大学出版社，2021.
[3] 蔡保佩．公路沥青路面改造中的双层摊铺施工技术[J]．工程建设与设计，2020(3)：203-204+207.
[4] 蔡山．沥青公路路面预防性养护分析[J]．建材发展导向，2023(4)：63-65.
[5] 曹小波，王畅，赵忻，等．高等级公路路面常见病害及养护措施研究[J]．科技与创新，2023(7)：124-126.
[6] 戴莹．公路路面病害检测技术及预防性养护实践[J]．交通世界，2023(9)：172-174.
[7] 丁烈梅．路面施工技术[M]．北京：北京理工大学出版社，2017.
[8] 范毅．沥青路面裂缝养护技术分析[J]．交通世界，2023(Z1)：116-118.
[9] 韩亚飞．公路沥青路面病害特征及其养护技术[J]．大众标准化，2023(2)：22-24.
[10] 侯耀耀．改性沥青混凝土路面施工技术要点研究[J]．交通世界，2023(11)：110-112.
[11] 花二涛．公路沥青路面病害及养护施工技术研究[J]．交通世界，2023(8)：31-34.
[12] 黄杰．高速公路路面加宽技术与方案探究[J]．建材与装饰，2020(3)：242-243.
[13] 冀艳捷．SMA 改性沥青路面施工技术要点浅析[J]．黑龙江交通科技，2023，(5)：73-75.
[14] 贾军政．路基路面养护技术[M]．北京：北京理工大学出版社，2021.
[15] 交通部公路科学研究所．公路沥青路面施工技术规范：JTG F40—2004[S]．北京：人民交通出版社，2005.
[16] 交通部公路科学研究院．公路技术状况评定标准：JTG 5210—2018[S]．北京：人民交通出版社，2016.
[17] 交通运输部公路科学研究院．公路沥青路面养护技术规范：JTG 5142—2019[S]．北京：人民交通出版社，2019.
[18] 交通运输部公路科学研究院．公路路面基层施工技术细则：JTG/T F20—2015[S]．北京：人民交通出版社，2015.
[19] 交通运输部公路科学研究院．公路水泥混凝土路面施工技术细则：JTG/T F30—2014[S]．北京：人民交通出版社，2014.
[20] 李何，何飞．公路路基路面检测与评定[M]．北京：北京理工大学出版社，2021.
[21] 李继业，刘廷忠，高勇．道路工程施工实用技术手册(第二版)[M]．北京：化学工业出版社，2018.
[22] 李思颖．高速公路路面养护方案的分析和探讨[J]．石家庄铁路职业技术学院学报，2023(1)：34-38.
[23] 梁小鹏．公路工程沥青混凝土路面施工研究[J]．工程建设与设计，2018(8)：187-188.
[24] 苗超杰．基于 GIS 的沥青路面养护管理方法[J]．四川水泥，2017(8)：49.
[25] 莫俊杰．公路沥青路面病害成因及养护技术探析[J]．工程建设与设计，2023(2)：191-193.
[26] 秦崇良．沥青路面裂缝和坑槽养护维修技术分析[J]．黑龙江环境通报，2023(1)：166-168.
[27] 屈江锋．道路建造新技术探究[J]．工程建设与设计，2022(10)：198-200.
[28] 沈丽鹃，葛忠清．有关沥青路面修复性养护的新技术探究[J]．城市道桥与防洪，2014(6)：61-63+9.
[29] 沈伟．公路路基路面施工技术和质量控制对策探究[J]．工程建设与设计，2023(4)：118-120.
[30] 唐翔．基于数据挖掘技术的路面养护分析[J]．西部交通科技，2023(3)：192-194.
[31] 唐宇俊．公路工程施工技术管理和控制研究[J]．信息系统工程，2023(3)：85-87.

[32] 王小静，王海燕．公路沥青混凝土路面施工及病害防治措施[J]．城市建设理论研究(电子版)，2023(12)：128-130.
[33] 王元昊．公路工程中路面基层施工技术研究[J]．工程建设与设计，2022(14)：192-194.
[34] 魏景新．沥青路面同步碎石封层施工技术[J]．交通世界，2023(11)：86-88.
[35] 吴磊．旧路改造排水沥青路面关键施工技术探究[J]．科技创新与应用，2020(3)：145-146.
[36] 玄立艳．微表处技术在高速公路沥青路面养护施工中的应用[J]．黑龙江交通科技，2023(3)：32-34.
[37] 颜大林，杜康．浅谈探地雷达法检测路面结构层[J]．科技视界，2012(24)：329-331.
[38] 杨彦海，杨野．公路路面养护技术[M]．沈阳：东北大学出版社，2018.
[39] 姚永茂．高速公路养护施工技术研究[J]．科学技术创新，2023(4)：157-160.
[40] 于洪江，李明樾．公路施工技术[M]．北京：中国水利水电出版社，2015.
[41] 张彩文．高速公路路面预防性养护施工技术[J]．工程建设与设计，2022(17)：220-222.
[42] 张洪涛．公路路面平整度的影响因素及控制措施[J]．交通世界，2023(11)：98-100.
[43] 张江文．公路沥青路面病害分析及养护[J]．中国储运，2023(4)：92-94.
[44] 赵世恒．高速公路路面裂缝焊接施工工艺研究[J]．交通世界，2023(8)：69-71.
[45] 郑立瑞．公路路面施工中的沥青摊铺施工技术研究[J]．中华建设，2023(5)：129-131.
[46] 中交路桥技术有限公司．公路沥青路面设计规范：JTG D50—2017[S]．北京：人民交通出版社，2017.
[47] 周怀恩，赵春辉．沥青路面病害检测与养护决策研究[J]．工程建设与设计，2021(15)：117-119.

后 记

党的十九大报告首次明确提出建设交通强国的发展战略，自此国家对交通强国战略的重视程度持续加深；党中央、国务院2019年9月印发《交通强国建设纲要》，2021年2月印发《国家综合立体交通网规划纲要》，擘画了我国交通运输中长期发展的战略蓝图和美好愿景；党的二十大报告强调，要加快建设交通强国，建设人民满意、保障有力、世界前列的交通强国是新时代交通发展的历史重任；2023年3月，交通运输部会同国家铁路局、中国民航局、国家邮政局、国铁集团印发了《加快建设交通强国五年行动计划（2023—2027年）》，对加快建设交通强国的5年目标任务作出部署安排。当下我国交通建设“马力全开”、蹄疾步稳，公路建设日新月异。

与此同时，我国公路建设存在不少需要克服的问题，如路面存在各种病害，影响日常交通和居民通行。为了避免和减少公路建设存在的问题，要求施工人员在进行路面施工时，要按照相关规范操作，并且严格把控施工过程中每一道工序的质量，同时要不断提高施工人员的技术水平和素质；对于路面的维修养护工作，需要路面管理部门严格把关，建立合格的养护监管体系，将路面养护与科技相结合，保证工作质量；面对交通、资金、气候等诸多困难，需要直面各项“卡脖子”的核心问题，以“起步即冲刺、开局即决战”的状态迅速投入路面建设中，成立科技攻关小组，重点解决“疑难杂症”，保障项目工程正常推进、圆满完成。从施工和养护两方面保证公路工程的质量，从而为人们提供一个安全、舒适的出行环境，并促进我国公路工程行业健康、可持续发展。